40.000 Kilometer Südamerika

40.000 Kilometer Südamerika

Mit dem Motorrad quer durch den Kontinent

Mein Tagebuch

Karl Spiegel

Originalausgabe (2018)
5. Auflage 2024
Autor: Karl Spiegel

www.mototrotter.de

Umschlaggestaltung: © Karl Spiegel
Bildnachweis:
© Karl Spiegel (Bildtafeln 1, 2, 3, 4, 5, 6, 7, 8 unten, 9 unten, 10)
Kleine Umschlagbilder Rückseite
© Marcus Ehren (Bildtafel 8 oben, 9 oben)
Umschlagbild
Lektorat: Thomas Kuphal

ISBN: 978-9-46367-518-5

Bibliografische Information der Deutschen Nationalbibliothek
Die Deutsche Nationalbibliothek verzeichnet diese Publikation in der Deutschen Nationalbibliografie; detaillierte bibliografische Daten sind im Internet über http://dnb. d-nb.de abrufbar.

Was mache ich hier?

Grübelnd sitze ich auf einem alten klapprigen Stuhl, in einem kleinen Zimmer. Am Dreiländereck Brasilien, Bolivien und Peru, schaue ich durch ein löchriges Fliegengitter in einen staubigen Innenhof. Eine nackte Glühbirne baumelt gelangweilt von der Decke. Ein Kühlschrank, der nicht geht, eine Tür, die nicht richtig schließt, erheitern auch nicht gerade mein Gemüt. Aber einen alten Fernseher mit zwei Programmen gibt es immerhin. Etwas zu essen und zu trinken habe ich mir aus einem Laden um die Ecke geholt, denn das einzige Restaurant im Ort hat abends geschlossen.

Wie schön wäre es jetzt, die Beine auf meinem Sofa zuhause ausstrecken zu können. Hatte ich mir so meine Südamerikareise vorgestellt? Vor der Abreise hätte ich mit einem klaren Nein geantwortet. Doch inzwischen sind viele Monate vergangen und ich habe gelernt, dankbar zu sein für ein Lächeln, einen Händedruck und die viele Freundlichkeit, die mir entgegengebracht wird. Ich habe gelernt dankbar zu sein für noch so kleine Kleinigkeiten. Und genau dies ist es, was mich glücklich macht, inmitten im Nirgendwo.

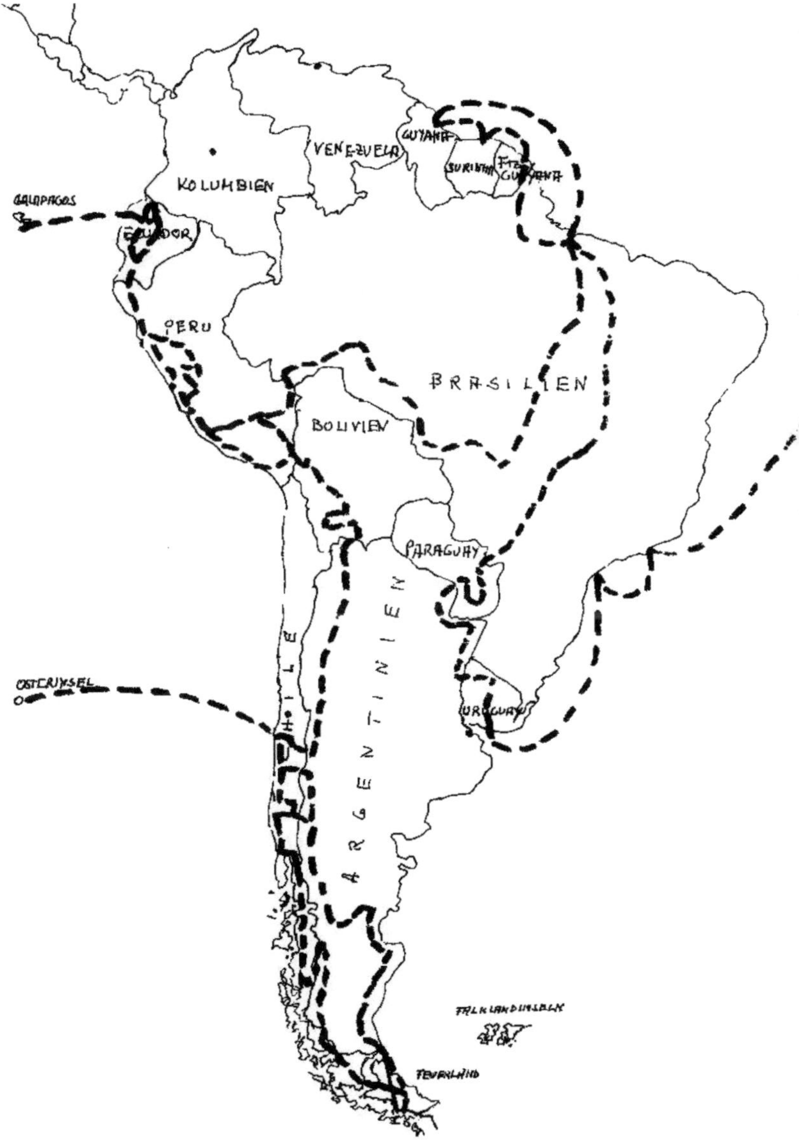
GALAPAGOS
KOLUMBIEN
VENEZUELA
GUYANA
SURINAM
PERU
BRASILIEN
BOLIVIEN
PARAGUAY
URUGUAY
ARGENTINIEN
OSTERINSEL
FALKLANDINSELN
FEUERLAND

Es fühlt sich gut an

27. Mai.

Fast hätte ich vergessen, den Tachostand bei der Abfahrt zu notieren. Ich trage sorgfältig »4.240 Kilometer« in mein kleines Notizbuch ein. Es ist lausig kalt, gerade einmal acht Grad und auf der ganzen Strecke zeigt das Thermometer nur ein einziges Mal 13 Grad an. Dazu nur wenige Minuten Sonne. Aber die Sonne ist im Herzen und der Start zu diesem Abenteuer Südamerika fühlt sich gut an, richtig gut. Natürlich kommen mir Gedanken über meine Entscheidung. Natürlich kommen Gedanken, einfach umzudrehen und ganz entspannt zu Hause die Tage und Monate zu verbringen. Immer und immer wieder frage ich mich, ob ich jetzt nicht lieber entspannt auf meinem Sofa sitzen sollte. Schön gemütlich in der vertrauten Umgebung. Ich fühle mich aufgewühlt, vielleicht auch noch ein wenig zögernd, doch nur ein ganz klein wenig. Und wenn ich in mich hineinhöre, dann sagt meine innere Stimme: nicht Sofa, sondern Südamerika!

28. Mai.

Der Tag begrüßt mich mit herrlichem Sonnenschein und auch das opulente Frühstück lässt die Lebensgeister stark für den Tag werden. Wohlgestimmt mache ich mich auf den Weg nach Norden. Um auf dem ersten Teilstück etwas schneller voranzukommen, nehme ich nochmals die Autobahn. Kurz hinter Magdeburg habe ich genug vom ewigen geradeaus fahren und versuche direkt an die Elbe zu kommen. Gar nicht so einfach. Meist führt die Straße ein gutes Stück davon entfernt entlang. Laut meinem Navi ist die Gegend nur etwa sieben Meter hoch. Spontan kommt mir der Gedanke, dass all dieses Land überschwemmt sein wird, wenn die Erderwärmung zu einem Anstieg des Meeresspiegels führt. Nun regnet es wie aus Kübeln und es wird merklich kälter. Waren es vorher noch angenehme 18 Grad, sinkt die Temperatur nun auf nur noch neun Grad. Doch gut ausgestattet sitze ich im Trockenen. Kein einziger Regentropfen verirrt sich zu mir unter die Jacke. Spontan ändere ich meinen Plan und fahre direkt nach Hamburg weiter in mein Hostel. Mollig warm, mit schönem Blick in einen Blumengarten endet mein Tag.

29. Mai bis 7. Juni.

Warten, warten, warten heißt es, denn nach Auskunft meiner Reiseagentur hat der Frachter noch einmal zwei Tage mehr Verspätung. Zum Glück ist meine Freundin Bärbel gekommen und so kann ich gemütlich mit Bärbel Hamburg genießen. Doch Bärbel muss wieder zurück an den Bodensee. Ich muss `einfach´ ein wenig Demut üben und hoffen, dass am Montag, 8. Juni der Frachter, die »Grande Togo«, auch wirklich am Pier festmacht. Mal sehen und Daumen drücken, rede ich mir ein. Zum Vertreiben der Zeit toure ich mit dem Motorrad durchs Alte Land, schaue auf ein Fischbrötchen in Cuxhaven vorbei, verbringe zwei Nächte in Buxtehude, eine Nacht in Finkenwerder und zwei Nächte wieder in Hamburg.

8. Juni.

Wann endlich bewegt sich die kleine Schiffsmarkierung? Und, ja, ja sie bewegt sich. Die »Grande Togo« hat Kurs auf Hamburg genommen. Ich lasse mir die ungefähre Ankunftszeit berechnen. Mit einem Mal steigt mein Puls, es kribbelt im Bauch, ein Gefühl der Aufgeregtheit stellt sich ein. Und ich dachte schon, ich könnte dies nun emotionslos an mir vorbeigehen lassen. Es ist ein schönes Gefühl, aufgeregt zu sein. Am Strand von Blankenese sehe ich meinen Frachter zum ersten Mal. Ein gelb weiß gestrichenes Schiff, wahrlich nicht schön, aber gewaltig in den Ausmaßen. Über 210 Meter lang und 36 Meter breit. Ich steige wieder aufs Motorrad, damit ich das Anlegemanöver im Hamburger Hafen mitbekomme. Ziemlich zügig versuche ich entlang der Elbchaussee noch vor dem Schiff dort zu sein. Gerade mal fünf Minuten hole ich heraus. Den Verkehr um diese Zeit hatte ich völlig unterschätzt. Was für ein Anblick, als dieser Koloss von zwei Schleppern gewendet wird. Ich kann mich von diesem Blick kaum losreißen. Doch mein Magen knurrt schon seit Stunden, immer öfter und immer lauter. Na gut, sage ich mir und beschließe nach diesem Tag gemütlich und gut essen zu gehen. Und was liegt dabei für mich näher, als mich einem prächtigen Bratkartoffelessen mit Matjes hinzugeben. Dass ich in der Euphorie gleich einen halben Liter Rotwein und einen Ouzo bestelle, merke ich erst am nicht mehr ganz sicher wirkenden Gang, als ich zurück ins Hostel gehe.

An Bord

9. Juni. 1. Bordtag.

Mich reißt es schon um sechs Uhr morgens aus dem Bett. Jedoch erst um zehn Uhr soll ich am Eingang zum Oswaldkai sein. Dort führt mein Gang erst einmal zur Hafenkommandantur, heute Security-Check-Station genannt. Beide Mitarbeiter sind sehr zuvorkommend, kennen sich aus und rufen gleich den Hafenagenten der Reederei Grimaldi an. Nun heißt es wieder warten, warten darauf, dass der Lademeister mir ein Zeichen gibt, aufs Schiff zu fahren. Fast verpasse ich das Signal zur Einfahrt. Es geht los. Ich schwinge mich auf meine BMW und fahre langsam und sorgfältig die Rampe zum Schiff hinauf. Gleich rechts, im riesigen Schiffsbauch, darf ich mein Motorrad abstellen. Ein guter Platz, ist dieser doch ganz in der Nähe des einzigen Aufzugs des Schiffes.

Festmachen kann ich das Motorrad nur auf einer Seite. Und in der Tat, nach der anderen Seite umfallen kann die Maschine nun wirklich nicht, da dort Pfosten sind. Pünktlich um 12 Uhr gibt es den ersten »Captain's Lunch«: Pasta mit Antipasti gemischt, Thunfischsteak, Rindfleischscheiben mit Salat, sehr geschmackvolles Olivenöl, Brot, Kiwi zum Nachtisch und natürlich Espresso. Rotwein gibt es nur für Passagiere, an Bord gilt sonst ein striktes Alkoholverbot. Und der Rotwein steht unter Verschluss. Nur der Kapitän hat Zugang zum Alkoholschrank. Um 18 Uhr wird das Abendessen serviert. Aber dieses Mal ist niemand von den Offizieren mit am Tisch. Warum, merke ich erst, als ich ein leichtes Schwanken verspüre. Ich gehe sofort an Deck. Wir legen ab. Ich erlebe eine kitschig schöne Ausfahrt aus dem Hamburger Hafen, hinein in den Sonnenuntergang auf der Elbe.

10. Juni. 2. Bordtag.

Um acht Uhr morgens wird das Frühstück serviert. Den Kaffee darf ich an der Siebträger-Kaffeemaschine selbst machen. Oh oh, der erste Kaffee ist mir sehr stark geraten. In Sekunden bin ich auf Touren. Es gibt fast alles, Brötchen, Honig, Marmelade, Schinken, Säfte, Wasser, Kekse, Streichkäse und -ungewohnt- Zwiebelkuchen. Auch wenn dieser noch so lecker riecht, lasse ich es für heute und verschiebe das Probieren auf morgen. Überhaupt muss ich mir unbedingt ein Konzept zur Beibehaltung des Körpergewichts einfallen lassen. Ich habe ja schließlich im Laufe der letzten fünf Monate - als Vorbereitung auf meine Reise - über 10 Kilo abgenommen und diese Kilos möchte ich nicht wieder „zurückgewinnen". Doch ab 11 Uhr duftet es verführerisch aus der Küche. Ich kann nicht widerstehen und frage den Koch, ob ich mich ein wenig umsehen darf. Gleich bittet er mich herein und erzählt mir, dass er

Salvatore heißt, aus Neapel stammt und ein Freund der bodenständigen Hausmannskost ist. Und er zeigt mir stolz seine eingelegten Fischfilets, die es heute Abend geben soll. Er hat diese seit zwei Tagen in einer selbstgemachten Marinade eingelegt. Olivenöl, etwas Salz, Rosmarinzweige und einen Schuss weißen Balsamico hat er dazu angerichtet. Andea, der Stewart, hat mir zum Mittagessen wieder eine kleine Rotweinflasche hingestellt. Aber irgendwie komme ich mir komisch vor, vor all den Offizieren, der Mannschaft, diesen zu trinken, während sie eben diesen nicht trinken dürfen. Und wer weiß, wie gerne Italiener ihren Rotwein trinken, kann sicherlich mitfühlen, dass das Trinken desselben vor deren Augen nicht wirklich mitfühlend wäre.

11. Juni. 3. Bordtag

Nichts Aufregendes gibt es heute zu berichten. Die Mannschaft und die Offiziere diskutieren immer wieder über mangelnde Sicherheit in den brasilianischen Städten. Der Kapitän berichtet, dass ein Mitglied seiner Mannschaft mit vorgehaltener Pistole zur Herausgabe des Bargelds gezwungen wurde. Ich komme ins Grübeln und studiere in meiner Kabine stundenlang die Landkarte von Brasilien, um eine alternative Route zu finden, die mich etwas sicherer durch das riesige Land führt.

12. Juni. 4. Bordtag.

Die „faule“ Zeit ist vorbei. Die Stunden, die Tage, einfach an sich vorbeiziehen zu lassen- das ist vorbei. Ganz bewusst mache ich heute eine volle Yoga-Meditationseinheit. Und ich nehme zum ersten Mal meine Portugiesisch Lehrbücher in die Hand. Dies ist, angesichts der Tatsache, dass ich für über fünf Wochen kreuz und quer durch Brasilien fahre, auch notwendig. Es ist unglaublich, wie schnell die Stunden vergehen. Kaum habe ich mittags gegessen, ist es schon wieder Abendessenzeit. Unser Koch meint es viel zu gut mit uns. Die Offiziere nehmen nur noch winzige Portionen oder lassen gleich einen ganzen Gang aus. Gemütlich mache ich es mir auf der Brücke und schaue hinaus auf die schiere Unendlichkeit der Wasserfläche. Plötzlich stupst mich der Vollmatrose an und zeigt mir, ich kann es gerade noch erkennen, eine Wasserfontäne voraus. Und tatsächlich, nun sehe ich es auch: die Fontänen von Walen. Doch näher trauen sich die großen Meeresbewohner nicht an unseren Frachter heran. Doch was ist das? Links und rechts des Schiffes tauchen, wie aus dem Nichts, Delphine auf. Sie spielen mit den Wellen, springen mehrere Meter weit aus dem Wasser und begleiten uns über viele Meilen. Die 16 Knoten oder rund 25 km/h Geschwindigkeit des Frachters sind für diese pfeilschnellen Meeresgeschöpfe keine große Herausforderung. Als sich die Sonne auf der rechten Seite zeigt, leuchtet links des Schiffes ein schillernder Regenbogen auf. Gleich darauf sind es sogar deren zwei. Es ist, als würde der Bogen auf der einen Seite ins Meer eintauchen um danach hunderte Meter entfernt leuchtend aus der Tiefe des Meeres aufzutauchen. Sagt man nicht, dass jetzt, in diesem Moment viele liebe Menschen an einen denken? Schöner kann so ein Tag auf See doch gar nicht enden.

13. Juni. 5. Bordtag.

Wieder erstaunlich, es ist schon wieder kurz vor 18 Uhr. So schnell kann ein Tag vorbeigehen. Ganz ohne irgendwelche Aktionen und Tätigkeiten. Das stundenlange Hinausschauen aufs Meer wird mir nie langweilig. Und wie zur Belohnung zeigen sich vor dem Schiff mehrere Fontänen, die von Walen stammen. Durch das Fernglas kann ich gut ein halbes Dutzend zählen. Wie Wesen aus einer anderen Welt ziehen sie vorbei.

14. Juni. 6. Bordtag.

Laut Kapitän passieren wir morgen, im Laufe des Montags, die Kanarischen Inseln. Und dort, darauf freut er sich sichtlich schon, haben wir für kurze Zeit wieder ein starkes Handysignal, um ganz normal telefonieren zu können. Heute ist die See azurblau und die Sicht reicht bis an den Horizont. Vereinzelt kreuzen andere Handelsschiffe unseren Kurs. Und auch kleine Delphinfamilien spielen mit der Bugwelle unseres Schiffes. Mittlerweile ist es fast 18 Uhr geworden und ich kann mich auf ein bodenständig neapolitanisches Abendessen freuen. Die Speisekarte liest sich vielversprechend: Minestra di Lenticchie, Cordon bleu, Formaggio, Frutta e Gelato. Bon appetito kann ich da nur zu mir sagen. Und auch der sonst irgendwie mit dem Essen nicht immer zufriedene 3. Offizier taut, angesichts der riesigen Menge an Pistazieneis, genauso schnell auf wie die fünf Kugeln in seinem Glasbecher.

15. Juni. 7. Bordtag.

Heute ist kein normaler Tag auf See. Es ist der Tag der 37 glücklichen Menschen. Schon kurz nach acht Uhr morgens schaut jeder- ob Passagier, Offizier oder Mannschaft – alle paar Minuten auf sein Handy. Wir nähern uns der Kanareninsel Gran Canaria, die wir im Abstand von etwas mehr als 15 Kilometer Entfernung passieren. Unser Koch, obwohl es in den Töpfen munter köchelt, in den Pfannen brutzelt, steht an der Reling und palavert voller Emotionen in einem italienischen Dialekt, aus dem ich ganz und gar nichts heraushören kann. Wahrscheinlich Neapolitanisch pur. Der 3. Offizier schreitet mit einem Lächeln im Gesicht aufgeregt die Kommandobrücke auf und ab und ich höre vielmals »Auguri, Auguri« und »Buon compleanno«. Bei meinem Vollmatrosen sehe ich, während er telefoniert, das Bild seiner Familie auf dem Display aufleuchten und genauso strahlend leuchtet auch sein Gesicht. Wie er mir später erzählt, hat er diese seit neun Monaten nicht mehr gesehen. Gerade bei unseren philippinischen Besatzungsmitgliedern ist die große Freude nicht zu übersehen. Und auch ich bin glücklich, als ich endlich wieder mit Zuhause telefonieren kann. Und das eine oder andere Tränchen läuft auch mir die Wangen hinunter. Doch kurz darauf endet der Empfang. Und so gehen die Stunden dahin, die Silhouette von Gran Canaria ist längst im Dunst verschwunden. Ein wenig muss ich den Tag doch noch umtaufen. Es ist der Tag der »37 minus 1« glücklichen Menschen. Unser Kapitän hat sich offensichtlich aus der Gruppe verabschiedet. Es muss wohl mit seinen Telefonaten nicht so gelaufen sein, wie er sich das vorgestellt hat, denn er schreitet missmutig, wort- und grußlos durch die Gänge und lässt durch seinen 1. Offizier ausrichten, dass, bis auf Weiteres, keine Passagiere mehr auf die Brücke dürfen. Wieso und warum konnte auch der Erste Offizier nicht beantworten, der über diese neue Anweisung auch überrascht ist.

16. Juni. 8. Bordtag.

Das Schiff schwankt heute deutlich quer zur Fahrtrichtung. Der Wind hat auf acht Beaufort Windstärken aufgefrischt. Das Schiff rollt, auch in Ermangelung von Stabilisatoren, permanent von links nach rechts und zurück. Ich gewöhne mich jedoch recht schnell daran. Wird es Abend an Bord und die Mannschaft hat sich in ihre Kabinen zurückgezogen, so hört man die unterschiedlichsten Klänge aus den Kabinen. Ziemlich lauter und moderner Sound aus den

Kabinen der jüngeren Philippinen, im Gegensatz dazu die fast schon volksliedartige Musik der älteren Philippinos. Und aus einer Kabine dringt leise herzerfrischender, italienischer Schlager vergangener Tage. Kein Wunder, ist es doch die Kabine des italienischen Kochs. Und zu guter Letzt gibt es noch die rumänische Volksmusikvariante des einzigen rumänischen Besatzungsmitglieds. So nimmt wohl jeder ein Stück Heimat mit auf das Schiff.

17. Juni. 9. Bordtag.

Mittlerweile habe ich den Fitnessraum entdeckt. Ich werde jetzt mal den Lauftrainer in Betrieb nehmen, denke ich mir. Es funktioniert technisch gesehen alles tadellos, der Versuch von mir, etwas in verschärftem Tempo zu laufen, scheitert jedoch schnell. Dadurch, dass ich in diesem Raum kein Gefühl für die Schwankungen des Schiffes habe, laufe ich bergauf und bergab ohne dies jedoch irgendwie zu erfassen. Mit leicht schummrigem Gefühl im Kopf lasse ich es nach 500 Metern auf dem Band gut sein. Diese Strecke kann ich ja viel besser auf dem Oberdeck, mit seiner Länge von 90 Metern, ablaufen. Mit Salvatore, unserem Schiffskoch, unterhalte ich mich am Nachmittag über Gott und die Welt, teils auf Italienisch, teils auf Englisch. Ein lustiges Kauderwelsch, aber es macht Spaß. Dabei erfahre ich auch, dass wir am Samstag den Äquator passieren und es dazu auf dem Oberdeck ein Grillfest geben wird. Aber was noch viel besser ist, es wird »Dolce«, eine süße Nachspeise, geben, ein nach seiner eigenen Phantasie kreiertes frisches Tiramisu. Mit leuchtenden Augen erzählt er mir, wie er dieses herstellt und vor allem, dass er kaum Biskuit nimmt, dafür vorher in Honig karamellisierte Birnen unterrührt.

18. Juni. 10. Bordtag.

Das Wort Alltag bekommt an Bord eine ganz besondere Bedeutung-oder besser noch- es wird auf seinen ursprünglichen Gehalt zurückgeführt: Alle Tage der stets gleiche Ablauf, der gleiche Rhythmus. Und doch, es wird mir etwas Neues geboten. Es sind dies die Flugexperimente der fliegenden Fische. In der Tat, es sind Fische, die große, seitliche Flossen besitzen, die sie nicht nur wie Flügel benutzen können, sondern mit denen sie auch richtige Flatterbewegungen machen. Offensichtlich haben sie Angst vor unserem Schiff, es muss, obwohl ungefährlich, sie dazu im wahrsten Sinne des Wortes, beflügeln, ihre beachtlichen Flugkünste zu zeigen. Bis zu mehreren hundert Metern flattern diese etwa sardinengroßen Geschöpfe nur wenige Zentimeter über der Oberfläche des Wassers dahin, ohne dieses jedoch zu berühren.

19. Juni. 11. Bordtag.

Bücher lesen ist etwas, was sich auf so einer Reise vortrefflich machen lässt. Ich hatte, einer gewissen Vorahnung folgend, vorgesorgt und auf mein E-Book allerlei Romane von Jules Verne und Alexandre Dumas hochgeladen. In den ersten Tagen habe ich die uralten Erzählungen von Jules Verne, auch die weltbekannten Geschichten »In 80 Tagen um die Welt« oder »Die Reise zum Mittelpunkt der Erde« gelesen. Am Abend gibt es noch eine Überraschung, die Anlege- und Abfahrtzeiten unseres Frachtschiffes haben sich nochmal grundlegend geändert und es ist noch ein weiterer Hafen dazu gekommen.

20. Juni. 12. Bordtag.

Die Schiffssirene stimmt einen ohrenbetäubenden Lärm an, einen zehn Sekunden dauernden Dauerton. Das Signal dazu, dass wir gerade den Äquator, eine imaginäre Linie, die die Weltkugel in Nord und Süd teilt, überqueren. Nun befinden wir uns in der südlichen Hemisphäre, in südlichen Breiten. Im ganzen Schiff riecht es nach verbranntem Holz. Seit den frühen Morgenstunden wird der große Blechgrill mit Holzbalken angeheizt. Da stößt mich Salvatore, unser Koch, von der Seite an und bedeutet mir, ich solle doch mal in die Küche kommen. Voller Stolz öffnet er die große Backröhre seines Ofens. Darin brutzelt, so sagt er, nun schon seit vielen Stunden ein Spanferkel vor sich hin. Ihm würde die Variante viel besser schmecken, da er sich hier mit Gewürzen und Kräutern austoben kann. Auf dem Oberdeck ist die Hölle los: Neptun, der römische Gott des Meeres, ist in Form des 1. Offiziers wieder auferstanden und adelt die beiden Seekadetten mit seinem Dreizack. Ganz in ein weißes Laken gehüllt, eine Perücke aus Schiffsleinen und eine papierene Krone auf dem Kopf, macht er seine Rolle gut. Ob die beiden Auszubildenden, die Kadetten, es auch so witzig finden oder nur gute Miene zum bösen Spiel machen, kann ich nicht so richtig deuten. Jedenfalls geht es den beiden ordentlich an ihre Haartracht. Mit einem Langhaarschneider fallen links und rechts des Kopfes büschelweise die Haare. Da sie bisher während ihrer Ausbildung noch nie den Äquator überquert haben, gehört dies zum uralten Ritual auf See. Jetzt, so sagt mir der Erste Offizier, jetzt erst, sind sie richtige Seeleute. Am Abend sitze ich mitten im Südatlantik auf dem hell erleuchteten Oberdeck an einer reichlich gedeckten Tafel und lasse es mir, zusammen mit der Besatzung, gut gehen. Es gibt neben Spanferkeln noch jede Menge Hühnerschenkel, knusprige Schweinesteaks, Pommes Frites und -wie könnte es anders sein- auf einem italienischen Schiff- einen riesigen Topf mit köstlichen Spaghetti. Nur Gemüse und Salat suche ich vergebens.

21. Juni. 13. Bordtag.

An Deck erfreut der strahlende Sonnenschein, der die Bugwelle des Schiffes aquamarinblau erstrahlen lässt. Seit Tagen habe ich kein weiteres Schiff mehr gesehen, auch die fliegenden Fische sind heute nicht am Fliegen und für Seevögel sind wir wohl zu weit draußen auf See. Laut Navigationsgerät fahren wir etwa 200 Kilometer vor der brasilianischen Küstenstadt Natal. Noch zweieinhalb Tage bis zum ersten Hafen in der Stadt Vitória und leider auch noch zweieinhalb Tage bis ich wieder Handyempfang habe. An Deck bläst es mich schier um, so stark hat der Wind aufgefrischt. Aber dass das Schiff merklich schwankt und rollt, merke ich erst jetzt. Nach so vielen Tagen auf See habe ich mich an die Schiffsbewegungen gewöhnt und nehme sie gar nicht mehr bewusst wahr.

22. Juni. 14. Bordtag.

Außer, dass die See heute noch etwas rauer ist und dadurch auch das Schiff mehr wankt, gibt es nichts zu berichten. Auch gut.

23. Juni. 15. Bordtag.

Wieder wurde die Borduhr um eine Stunde zurückgestellt. Nun habe ich gegenüber zuhause fünf Stunden Zeitunterschied. Irgendwie kommt mir dies ein wenig zu viel vor, ging doch gestern, als der Unterschied noch bei vier Stunden lag, die Sonne schon um 17.30 Uhr unter und um kurz nach sechs Uhr war es schon stockfinstere Nacht. Allerdings bin ich ja auf der Südhalbkugel und hier sind die Jahreszeiten schließlich umgekehrt zu den unsrigen. Ende Juni entspricht unserem Ende Dezember. Von der brasilianischen Küste kann ich, trotz schönstem Wetter, nichts erkennen. Und doch können wir wohl nicht allzu weit davon entfernt sein. Acht bis zehn Fregattvögel fliegen neben unserem Schiff her. Minutenlang schießen sie mit hoher Geschwindigkeit ohne den geringsten Flügelschlag die Backbordseite entlang.

24. Juni. 16. Bordtag.

Bereits kurz nach sechs Uhr morgens bin ich an Deck. Die Stadt Vitória liegt nur noch wenige Kilometer vor uns. Die Hafenkräne sind bereits gut zu erkennen. Rund um uns liegen über 20 Schiffe vor Anker. Ein prächtiger Anblick. Als unser Frachter, mit nur leicht verminderter Fahrt, allerdings am Hafen vorbeifährt, ahne ich, dass unsere Ankunftszeit sich wohl verzögern wird. Nach einer Wende um 180° schöpfe ich neue Hoffnung endlich in den Hafen kommen zu können. Doch als der Steuermann das Schiff in den Wind dreht, verdichtet sich die Gewissheit: Wir liegen auf Reede. Gerade will ich mich gemütlich zu einem kleinen Mittagsschlaf hinlegen, als ein starker Ruck durch das Schiff geht. Offensichtlich ist die Hauptmaschine wieder angesprungen. Und tatsächlich, wir verlassen unseren Ankerplatz und nehmen Kurs auf den Hafen von Vitória. Vorbei am schneeweißen Strand, vorbei an den Hochhäusern, die sich in der ersten Reihe am Meer kilometerlang hinstrecken. Offensichtlich ist für uns kein Außenkai vorgesehen, denn wir steuern in ein kleines Flussdelta, einem Fjord nicht unähnlich. Etwa zwei Kilometer zieht sich dieser Naturhafen ins Landesinnere. Waren es anfangs die Hochhäuser, dann die Häuser der oberen Mittelschicht, werden die Behausungen nun ärmlicher und verwahrloster. Kurios, in all diesen verschiedenen Grautönen erscheint die in der Stadt zu sehende Kirche fast unwirklich, erstrahlt diese doch mit ihren beiden

Kirchtürmen in einem makellosen, strahlenden Weiß. Die Rampe des Schiffes wird herabgelassen. Was jetzt folgt ist Chaos pur. 30, 40 Hafenarbeiter strömen unter lautem Palaver an Bord. Viele, sehr viele, sogenannte »Wichtige« fuchteln mit Papieren und Handys wild gestikulierend durcheinander. Der Erste Offizier versucht ein wenig Ordnung in dieses durcheinander zu bringen. Trotzdem ist die Bahn frei für das Chaos. Während ganze Heerscharen zu den Neuwagen rennen, fahren riesige Gabelstapler die Großpaletten von Bord. Doch da die Hafenmannschaften einfach nicht auf die -vom 1. Offizier vorgegebene- Ausladereihenfolge hören wollen, gibt es erstmal Bruch. Eine große Holzkiste wird an der Decke zu Deck 4 festgefahren. Aber anstatt, wie geplant, abzuwarten bis die Neuwagen von diesem Deck hinausgefahren sind und das Deck nach oben gezogen wird, wird mit der Gewalt des Gabelstaplers gezogen, was das Zeug hält. Es kracht, es kratzt, es kreischt. Die Ladung kommt zwar frei, aber die Schäden an der Decke zu Deck 4 sind nicht übersehen. Die Ausladeмannschaft der Neuwagen lässt es ebenfalls ordentlich »krachen«. Nicht, das etwas zu Bruch geht, die Geschwindigkeiten beim Ausfahren aus dem Schiff sind allerdings Rallye verdächtig.

25. Juni. 17. Bordtag.

Um die Mittagszeit liegen wir noch am Kai in Vitória. Das Ein- und Ausladen ist seit rund einer Stunde erledigt. Die bordeigenen, riesigen Gabelstapler sind bereits mit schweren Ketten gesichert. Um 16 Uhr heißt es »Leinen los« Sanft setzt sich der Koloss in Bewegung. Langsam gleitet das Schiff durch die enge Hafenausfahrt. Der große Felsen auf Höhe des alten Forts ist zum Greifen nah. Wir nähern uns der den Naturhafen überspannenden Brücke. Es ist zwar nicht gerade Millimeterarbeit, aber zwischen unseren Antennenmasten und der Unterkante der Brücke bleiben bei der Durchfahrt gerade einmal zwei Meter.

26. Juni. 18. Bordtag.

Wir liegen vor Rio de Janeiro. Den berühmten Zuckerhut, das Wahrzeichen der Stadt und die riesige Christusstatue auf dem Berg Córcovada kann ich mit bloßem Auge erkennen. Jetzt heißt es, sich wieder mal in Geduld zu üben. Um 15 Uhr wird der Anker eingeholt und es geht mit rund 9 Knoten Richtung Hafen. Näher und näher kommt zur linken der Zuckerhut, der die südliche Hafeneinfahrt begrenzt. Im Hintergrund ist die riesige Christusstatue im Dunst der Stadt zu sehen. In der Ferne lässt sich der berühmte Strand von Copacabana erahnen. Er liegt um diese Zeit bereits im Schatten der Berge. Doch die vielen Wolkenkratzer und die vierspurige Küstenstraße kann ich erkennen. Weiter hinein in die Bucht führt der Kurs, an den Hügeln der Stadt sehe ich die Favelas, einen kunterbunten Häuserhaufen, der sich, teils in atemberaubenden Konstruktionen, eng an die steilen Hügelflanken schmiegt. Keine Straße, kein normaler Weg führt hindurch, nur ein Labyrinth aus Wegen und Treppen.
Mittlerweile hat sich die Bergspitze des Corcovado in dichte Wolken gehüllt. Schade, denke ich, so sehe ich ja überhaupt nichts von der Stadt, wenn ich dort oben bin. Leider ziehen sich die Zollformalitäten bis weit nach Mitternacht hin. So muss ich meinen Besuch der Stadt wohl ein anderes Mal machen, denn um diese Zeit ist es viel zu gefährlich.

27. Juni. 19. Bordtag.

Es ist noch finstere Nacht, als wir um fünf Uhr in der Frühe die Bucht von Rio de Janeiro verlassen. Dunkel hebt sich der Zuckerhut vom durch die Stadt erhellten Himmel ab. Nur das Brummen des Schiffsdiesels ist zu dieser Zeit zu vernehmen. Wie, als wäre es eine Erscheinung, strahlt die grell erleuchtete Christusstatue auf dem Berg Corcovado magisch die Wolken rings um die Bergspitze an. Es ist, als würde die Aura der Figur plötzlich sichtbar. Mystisch und faszinierend zugleich. Wir werden heute leider nicht mehr im nächsten Hafen, in Santos, anlegen. Erst am nächsten Nachmittag ist ein Lotse frei, der für die Einfahrt in den Hafen vorgeschrieben ist. Und, da es Sonntag ist, wird dann auch nicht be- oder entladen.

28. Juni. 20. Bordtag.

Bis um 17 Uhr liegen wir an diesem Tag vor Anker, deutlich länger als ursprünglich geplant war. Romantischer könnte die Anfahrt auf den Hafen von Santos kaum sein, geht doch genau vor unserem Bug die Sonne hinter den Hügeln unter und verzaubert mit einem Farbengemisch der unterschiedlichsten Rot-, Orange- und Magentaöne den Himmel. Die Zollbehörde kommt an Bord. Doch für mich ist es fast schon ein Running Gag- »too late to town«, wie bereits in Vitoria und Rio. Die Abfahrt in Santos ist für morgen Abend geplant. Zeit genug, morgen in aller Ruhe in die Stadt zu fahren und nach einem Internetcafé zu suchen oder eine brasilianische SIM- Karte zu kaufen.

29. Juni. 21. Bordtag.

Morgens um sieben Uhr beginnt das Aus- und Einladen. Mit einer Fotokopie meines Passes ausgestattet, das Original muss an Bord bleiben, passiere ich die Hafenausgangskontrolle. Zwanzig Minuten gehe ich, halb im Schatten, halb in der Sonne, in Richtung Innenstadt.

Staub, Dieselabgase und ohrenbetäubender Lärm begleiten mich. Ein wunderschönes altes Haus erregt meine Aufmerksamkeit. Es ist, wie sich herausstellt, der alte Bahnhof der ersten Eisenbahnlinie von São Paulo nach Santos aus der Mitte des 19. Jahrhunderts. Direkt gegenüber, in einem mit Kacheln verkleideten alten Kontorhaus liegt ein Museum, welches dem Fußballstar und Nationalhelden Pelé gewidmet ist. Es wurde erst am 15. Juni des Jahres eröffnet, hat aber heute, da Montag ist, leider geschlossen. Die sich anschließenden kleinen Straßen sind kopfsteingepflastert und werden durch alte, gusseiserne Straßenlampen flankiert. Die Häuserfassaden versprühen den noblen Charme vergangener Tage. Weiter und weiter schlendere ich durch die Straßen vorbei an Häuser, die hauptsächlich aus den Jahren 1850 bis 1870 stammen, also zur Zeit des Kaffeebooms gebaut wurden. Erst gegen 20 Uhr abends bin ich wieder an Bord und doch wäre ich an diesem Ort noch viel länger geblieben, Hätte noch gerne mehr von den Menschen erfahren.

30. Juni. 22. Bordtag.

Das Besondere am heutigen Tag ist, dass es nichts Besonderes gibt. Zweieinhalb Seetage liegen vor mir. Der Kurs verläuft zwar entlang der brasilianischen Ostküste, jedoch sind wir von dieser über 100 Kilometer entfernt, so dass nicht einmal eine Silhouette zu erkennen ist. Fast wäre mir heute, zum ersten Mal, die Decke auf den Kopf gefallen- das trübe, kühle Wetter, kein Land in Sicht, fast drei Seetage vor mir und immer noch nicht in Montevideo. Dazu ist die Heizung der Kabinen ausgefallen. Aber nach einem Espresso kann ich über solche Gedanken nur noch lachen.

1. Juli. 23. Bordtag.

Es ist quasi der 1. Januar in südlichen Breiten. Es ist empfindlich kalt, starker Wind und dunkle Bewölkung kennzeichnen diesen Wintertag. Unsere philippinische Mannschaft läuft bereits mit hochgeschlossenem Overall, einige sogar mit Wollmütze, herum. Ich versuche- nach einem opulenten Abendessen- ein wenig Zeit auf dem Oberdeck zu verbringen. Es ist Vollmond und die Sterne glitzern vom Firmament herab. Doch so schön diese Szenerie auch sein mag, es ist eisig kalt, der Wind bläst heftig und ich finde kein windgeschütztes Plätzchen. Leicht fröstelnd ziehe ich mich in meine wieder warme Kabine zurück.

2. Juli. 24. Bordtag.

Sieben Uhr morgens, die Maschine läuft plötzlich kaum noch. Sind wir etwa schon in Zárate angekommen? Schnell ziehe ich mich an und stürze an Bord. Noch sind wir auf See, dafür liegt Montevideo, mein Zielhafen, zum Greifen nah vor mir. Wir sind auf dem Rio de La Plata und nur noch sechs Kilometer von der Hauptstadt von Uruguay, entfernt. Die Häuser der Stadt, die Strandpromenade, die Hafenanlagen sind bereits gut im Scheine der aufgehenden Sonne zu erkennen. Gleich drei Lotsen kommen an Bord.
Unser Frachter nimmt wieder Fahrt auf, Fahrt auf allerdings in die für mich „falsche" Richtung. Für einen Moment keimt bei mir die Hoffnung auf, wir könnten doch erst in Montevideo anlegen.

3. Juli. 25. Bordtag.

Noch immer fahren wir im Schritttempo flussaufwärts. Kurz danach sitzen wir fest. Braunes, schlammiges Wasser wirbelt auf. Auf der rechten Seite reichen jetzt die

Uferpflanzen bis an die Bordwand. Die berühmte »Handbreit Wasser unterm Kiel« hat nicht mehr ausgereicht. Langsam, ganz langsam kommt das Schiff mit Hilfe eines Schleppers wieder frei. Doch nun geht es überhaupt nicht mehr voran. Ein paar Meter vor, ein Meter zurück, als würden wir auf etwas warten. Eine Stunde vergeht so. Nun wird das Schiff auf der Stelle gedreht. Gedreht wofür? Für eine mitten am Flussufer verankerte Betonplattform, die nicht mal halb so lang wie das Schiff ist. Aber wo sind wir hier? Am besten lässt sich dies mit dem Begriff »Mitten im Nirgendwo« beschreiben. Und in der Tat, außer ein paar Containern, einem weiteren Anlegeplatz in der Nähe, ist nichts auszumachen. Dazu gibt es schlechte Nachrichten. Wir bleiben an diesem abgeschiedenen Ort noch mindestens zwei Tage liegen.

4. Juli. 26. Bordtag.

Bereits morgens um sechs Uhr sitze ich senkrecht im Bett. Ein Zahn unten links meint, er müsse gewaltig schmerzen. Kurz vor halb acht hole ich den 2. Offizier aus dem Bett und bitte ihn um meinen Pass, damit ich aus dem Hafengelände komme. Ein bisschen wird hin und her telefoniert und dann endlich steckt uns der Kapitän meinen Ausweis entgegen. Beim Securitymann am Hafenkai bestelle ich mir ein Taxi, welches mich in die Stadt bringen soll. Der Fahrer versteht zum Glück sofort, dass ich erst zu einem Geldautomaten möchte und anschließend zu einem Zahnarzt. Die Fahrt führt durch die weitläufigen Abstellflächen für Waren und Autos, vorbei am Kontrollpunkt, hinaus auf die Landstraße. Weiter, immer weiter nach Zárate sage ich mir und halte mir die Hand an die Backe. Mein Taxifahrer bringt mich mitten ins Zentrum, direkt vor eine Bank mit Geldautomat. Völlig problemlos kann ich Argentinische Pesos abheben, allerdings ist die Summe auf 1.000 Pesos begrenzt. Und wie es das Glück will, befindet sich auch zwei Häuser weiter die Praxis eines Zahnarztes, wohin mich mein Taxifahrer zu Fuß begleitet. Ich erlebe einen freundlichen, fast herzlichen Empfang durch die Zahnarzthelferin. Mit großen, goldenen Buchstaben, in antik geschwungener Schrift, steht der Name des Arztes an der Eingangstür, Dr. Carlos Jorge Zugasti. Fünf Minuten später trifft Dr. Zugasti ein, ein vornehmer Herr im fortgeschrittenen Alter, mit einer sehr offenen, warmherzigen und Vertrauen erweckenden Ausstrahlung. Auf einem Zahnarztstuhl, der mit seinem Besitzer zusammen älter geworden ist, liege ich nun und harre der Dinge, die da kommen. Er schaut sich alles sehr genau an, findet aber nichts. Nur, dass der Zahn schmerzt kann er lokalisieren, aber irgendwie kommt ihm die Sache komisch vor. Um einen besseren Überblick zu bekommen, wird nun das Röntgengerät in Position gebracht. Aber auch das Röntgenbild bringt ihn nicht wirklich weiter. Aber er wird mir eine Spritze, nur „eine“, was immer er damit meint, verschreiben. Ich frage in diesem Moment besser nicht nach, alles ist mir recht. Zum Schluss gibt er mir das Rezept für die Spritze mit, denn die wird nicht in der Praxis, sondern in der Apotheke gesetzt. Es ist ein sehr schönes Gefühl, dass ich nicht allein gelassen werde, denn es begleitet mich seine Assistentin. Und ehrlich gesagt, ohne deren Hilfe hätte ich die Apotheke nicht gefunden. Diese unterscheidet sich in Aussehen, Angebot und extremer Sauberkeit nicht von unseren Apotheken. Schnell mal 146 Pesos bezahlt und gleich im Nebenzimmer bekomme ich, von der ebenfalls sehr zuvorkommenden Apothekerin, die Spritze in die linke Pobacke verabreicht. Es ist Zeit zurückzufahren. Zurück auf dem Schiff geht es mir von Stunde zu Stunde besser, die Zahnschmerzen sind fast nicht mehr spürbar und beim Abendessen kann ich sogar schon, wenn auch ganz vorsichtig kauend, feste Nahrung zu mir nehmen.

5. Juli. 27. Bordtag.

Ich hatte wohl Schlaf nachzuholen. Als ich das erste Mal die Augen aufschlage, ist es kurz vor zehn Uhr. Aber, ich bin nicht einmal in dieser Nacht aufgewacht und auch mein Zahn tut nun überhaupt nicht mehr weh. Donnerwetter, was für eine Spritze, fällt mir dazu nur ein. Ich muss mal recherchieren, was das für ein Medikament ist. Nun halte ich es in meiner Kabine aber nicht mehr aus - einerseits, weil ich Tageslicht sehen will - andererseits, weil es die Heizung doch allzu gut meint und in diesem kleinen Raum versucht, Saunatemperaturen zu generieren. Eine Temperatur ganz im Gegensatz zu draußen. Ein kalter Wind fegt über die niedrige Landschaft, das Thermometer zeigt gerade noch 10 Grad. Als ich in meine Kabine gehen möchte, kommt mir eine Hitze entgegen, bei der an Schlaf nicht zu denken ist. Kurzerhand schnappe ich mir zwei Decken und ein Kissen und mache es mir auf einer Holzbank im Freien bequem. In den frühen Morgenstunden wird es doch zu frisch und ich wandere in meine Kabine zurück. Ein Wunder ist geschehen, die Temperatur ist wieder völlig normal.

6. Juli. 28. Bordtag.

Es tut sich nichts in Sachen Weiterfahrt. Ich frage nach und bekomme von den meisten nur ein Achselzucken. Den ganzen Tag ereignet sich nichts. Gar nichts.

7. Juli. 29. Bordtag.

Am Morgen strömt der Duft frisch gebackener Brötchen durchs Schiff. Eine schöne Einladung zum Frühstück. Abgelegt haben wir immer noch nicht, doch der Lotse soll um neun Uhr an Bord sein. Ist er aber nicht, auch nicht um zehn und auch nicht um elf Uhr. Um zwanzig Minuten vor Zwölf kommt er an Bord und die Laderampe wird hochgefahren. Wir haben abgelegt, wir sind gefahren, wir haben angelegt. Wir sind immer noch in Santos, nur an einer anderen Anlegestelle, etwas näher zur Stadt gelegen. Jetzt gehen die letzten riesigen Maschinenteile, die Straßenbaumaschinen, Traktoren und Container von Bord. Auch die auf dem offenen Vorderdeck zwischen Containern abgestellten, alten Lastwagen verlassen das Schiff.

8. Juli. 30. Bordtag.

Die ganze Nacht werden Fahrzeuge aus argentinischer Produktion mit dem Etikett eines deutschen Herstellers an Bord gebracht. Laut der Ladezeitentafel sollten wir um 16 Uhr ablegen, davon ist aber auch zwei Stunden später nichts festzustellen. Es soll zumindest in der Nacht abgelegt werden, wenn der Lotse an Bord ist - »Wenn« der Lotse an Bord ist! Mein letzter Tag an Bord. Bei mir machen die Gefühle eine Berg- und Talfahrt. Ich stehe an Deck und betrachte den in berauschenden Farben inszenierten Sonnenuntergang. Ich sehe die vielen lieb gewonnenen Crewmitglieder, ihre lächelnden Gesichter und mir gehen ihre Geschichten durch den Kopf. Zu jedem Namen sehe ich das Gesicht vor mir. Ja, ich werde sie vermissen. Besonders Salvatore »meinen« Koch und »meinen« Vollmatrosen Rex. Ja, ich bin aber auch froh, morgen von Bord zu können, wieder mit einer Verbindung zur Außenwelt schlafen zu können, wieder zu erleben, wenn der Morgen anbricht, wieder die Frische der Nacht durchs geöffnete Fenster genießen zu können, anders als in meiner Innenkabine. Ja, ich bin auch nervös, aufgeregt, auf das was kommt, denn ab jetzt ist jeder Tag anders, bin ich fast jeden Abend an einem anderen Ort, erlebe und sehe ich jeden Tag andere Menschen, erlebe ich jeden Tag ein neues Stück Südamerika.

9. Juli. 31. Bordtag.

Irgendwann in der Nacht hat das Schiff abgelegt. Mitbekommen habe ich nichts, zu gut habe ich geschlafen. Kurz nach sieben Uhr morgens wache ich auf. Es hält mich keine einzige Sekunde mehr im Bett. Ich stürze an Deck, um zu sehen wo wir uns befinden. Kein Land in Sicht. Nur die roten und grünen Tonnen des Schifffahrtsweges sind die einzigen Orientierungspunkte. Ganz in der Ferne Richtung Süden erkenne ich schemenhaft Land. Es ist ein herrlicher letzter Tag an Bord. Die Sonne leuchtet strahlend vom wolkenlosen Himmel. Die See ist ruhig, zieht gemütlich an mir vorbei. Um zwei Uhr mittags kann ich bereits in der Ferne die Silhouette von Montevideo sehen. Wir kommen näher und näher. Nur noch geschätzte sieben bis acht Kilometer. Und dann, mittlerweile kenne ich dieses abebbende Geräusch schon, verstummt die Hauptmaschine. Es wird in den Wind gedreht und kurz darauf wird der Anker fallengelassen. Wie, als könnte es gar nicht anders gehen, liegen wir wieder auf Reede.

Uruguay

10. Juli.

Nervös und aufgeregt hüpfe ich von einem Bein auf das andere. Längst habe ich um acht Uhr morgens schon meine Motorradhose an. Gierig warte ich, dass ich den 3. Offizier irgendwo erwische, dass ich wieder zu meinem Personalausweis und auch zu meinem Impfausweis komme. Um neun Uhr habe ich alles zusammen. Ich stehe an der Rampe und warte und warte und warte. Um zehn Uhr kommt ein sehr hilfsbereiter Agent der Reederei, der mich zum Zoll bringen soll. Was für ein Gefühl ist es, wieder auf dem Motorrad sitzen zu dürfen. Ich fahre aus dem Schiffsbauch über die Rampe auf festes Land. Das Abenteuer Südamerika auf zwei Rädern beginnt. Nur vierzig Meter entfernt ist das Zollterminal. Gut gelaunte und freundliche Zöllner empfangen mich. Ein paar Daten des Passes und die BMW werden in den Computer eingegeben und schon gibt es ein wichtiges Stück Papier dafür. In nicht mal zehn Minuten ist alles erledigt.

Ich »werfe« mich in den Verkehr, doch hier in Montevideo geht es gemütlich zu. Keine Raserei, kein Gehupe, alles sehr entspannt. Nur das Wetter ist alles andere als entspannt. Es ist ein grauer, nebliger Wintertag, quasi der 10. Januar. Ich fahre entlang der mehrspurigen Küstenstraße, vom Meer sehe ich nichts. Egal, denke ich mir, jetzt erst mal ins Hostel abtauchen. Ich hatte mir schon zuhause von einem Motorradfahrer einen Tipp geben lassen. Und, unglaublich wie präzise das Navi mich führt, in fünfzehn Minuten habe ich es gefunden: Direkt vor der Türe des Hostels Destino26 kann ich meine Maschine abstellen. Und- welche Überraschung- der Eigentümer ist selbst Motorradfahrer und er zeigt mir viele Bilder von Motorradfahrern, die bereits bei ihm Gast waren. Fast vergessen wir darüber, dass ich ja noch ein Zimmer benötige. Nun ja, ein Zimmer gibt es nicht, zumindest kein Einzelzimmer oder ein Doppelzimmer. Es gibt ein Bett in einem Sechser-Schlafsaal, aber es sind nur drei Betten belegt. Nun ja, auch gut. Nun will ich ins Getümmel, ich will in die Innenstadt. Auf dem Plan sehe ich, dass es nur zweieinhalb Kilometer bis dorthin sind, das mache ich erstmal lieber zu Fuß, da sehe ich mehr als mit dem Motorrad. Es ist erstaunlich ruhig, immer noch wenig Verkehr. Alles sieht in etwa so aus, als wäre ich in einer spanischen Stadt gelandet. Gar nicht leicht ist es etwas zum Essen zu finden, auch hier hat die Fastfood »Kultur« gnadenlos zugeschlagen. Und wenn es nicht die bekannten Globalplayer sind, dann sind es ähnliche, einheimische Imbissketten. Am Abend gönne ich mir aus dem Kühlschrank des Hostels das richtig lecker schmeckende Bier »Patricia«, von einer seit 100 Jahren bestehenden, ehemals deutschen Brauerei. Und diesmal gönne ich mir auch die Normalflasche. Und Normalflasche heißt in Uruguay ein ganzer Liter. Eine gewisse Bettschwere ist aber generell nicht verkehrt. Warum? Genau! Schließlich übernachte ich heute ja im Schlafsaal.

11. Juli.

Was für ein Gefühl, schon beim Frühstück zu wissen-heute kann ich Motorradfahren. Sicherlich mundet mir das Frühstück deshalb umso besser. Leckerer frischer Toast mit Butter und einer selbstgemachten Marmelade, dazu einen starken Kaffee haben die Lebensgeister zusätzlich geweckt. Und dieses Wecken war mehr als notwendig, denn gestern Abend ist es noch hoch hergegangen. Viel zu spät, um elf Uhr, komme ich weg. Der Weg heute ist schließlich noch lang, über 380 Kilometer immer nach Norden. Zum Glück ist am Samstag in Montevideo nahezu nichts los. Es ist ziemlich frisch und trübe, dass Meer entlang der Küstenstraße ist kaum wahrzunehmen. Ab jetzt heißt die Richtung Nord, Nord auf der Ruta 5. Es ist ein karges Steppenland, wo sich blasse Brauntöne mit blassen Grüntönen um die Bereicherung der Landschaft bemühen. Viele braune Farbflecke entpuppen sich beim Näherkommen als riesige Rinderherden, die auf den kargen Flächen weiden. So geht es Stunde um Stunde, die Landschaft verändert nicht ihr Gesicht, die Straße bleibt schnurgerade, keine Kurve ist in Sicht. Erst ab dem Ort Paso de los Toros gibt es neue Akzente. Erst vereinzelte, dann große Wälder aus Eukalyptusbäumen säumen die Straße. Es wird hügeliger, es wird kurviger und es wird zunehmend grüner. Die Weideflächen werden saftiger und die Zahl der Rinder nimmt mehr und mehr zu. Gauchos reiten entlang des Wiesenstreifens neben der Fahrbahn und grüßen mich beim Vorbeifahren. Überhaupt scheinen die Menschen in diesem Teil des Landes gerne zu grüßen. Wie ein Gaucho möchte ich heute übernachten. Eine Posada kurz vor Tucuarembo taucht vor mir auf: Farm, Restaurant und Hotel in einem- genialer könnte es nicht sein.

12. Juli.

Um halb acht aufstehen, frühstücken und um spätestens halb neun Uhr losfahren, so ist zumindest der Plan. Beim Blick aus dem Fenster verziehe ich mich lieber nochmal unter die warme Decke. Nur dichter Nebel breitet sich über die Landschaft. Eine Stunde später lichtet es sich etwas und ich gehe ins kleine Restaurant von gestern, in dem heute das Frühstück aufgebaut ist. Ganz viele leckere und süße Sachen darf ich genießen. Doch der größte Genuss ist die selbstgemachte Butter und der Saft der eigenen Orangen. Und diese sind erst heute Morgen geerntet worden, wie mir stolz die Tochter der Chefin erzählt. Die wunderschöne, hügelige Landschaft des Valle del Eden lädt auf einen Abstecher ein. Auf schottriger Piste, durch eine trockene Flussdurchfahrt, über einen alten Bahnübergang lande ich unversehens beim Museum Carlos Gardel, das dem Erfinder des legendären Tangos gewidmet ist. Wieder, wie gestern, geht es viele Kilometer weit nur geradeaus. Rechts und links Weidefläche soweit das Auge reicht. Unübersehbares, tiefgrünes Grasland. Und es löst sich auch gleich das Rätsel der üppig grünen Flächen. In großen Lettern verkündet das Werbeplakat eines deutschen Chemieriesen das »Wunder«. Auf der Karte hatte ich gesehen, dass nach 160 Kilometern Strecke im Ort El Eukalyptus eine Tankstelle kommen soll. Doch die hat schon bessere Zeiten gesehen. Nur noch ein windschiefes Firmenschild, ein paar verblasste Schriften an der Wand zeugen von der ehemaligen Existenz. Nun ja, bis zu meinem heutigen Ziel reicht das Benzin noch, doch macht sich bei mir eine Erkenntnis breit, dass der Karte nicht vertraut werden kann. Immerhin bedeutet es, dass es auf einer Strecke von 280 Kilometer keine Nachtankmöglichkeit gibt. Als ich bei den Termas del Daymán die erste Tankstelle sehe, beruhige ich mein Unwohlsein.

Argentinien

13. Juli.

Heute muss ich früh losfahren, will ich doch genügend Zeit für den Grenzübergang nach Argentinien haben. Einige Kilometer nördlich der Stadt zweigt die Straße zum Rio Uruguay und zur Grenze ab. Frohen Mutes stelle ich meine BMW davor ab und versuche den richtigen Schalter zu finden. »Uruguay« lese ich und will dorthin gehen, allerdings ist an diesem Schalter kein Zöllner zu sehen. Ich werde auch gleich von fünf heftig winkenden Zöllnerinnen und Zöllnern einen Schalter weiter herangerufen. Und gleich wird auf Spanisch losgelegt, dass mir die Ohren abfallen. Alles wollen sie wissen, aber nicht aus amtlichen Gründen, sondern aus Neugierde. Wir haben mächtigen Spaß. Die nächsten 200 Kilometer sind unspektakulär, auf einer, auch deutschen Ansprüchen genügenden, Autobahn geht es flott in Richtung Norden. Apropos Deutsch, alle Kilometer wird für »La Alemana« geworben. Erst kann ich mir keinen Reim darauf machen, dann wird es konkreter. Es wird für Käse, Wurst, Bier, Marmelade und ich weiß nicht was alles geworben. Kurz danach sehe ich einen Wegweiser, der in die Kolonie Alemana zeigt. Das will ich mir ansehen. Eine ziemlich üble und schmierige Schotterpiste führt ins drei Kilometer entfernte Dorf. Die wenigen Menschen, die ich sehe, und die mir zuwinken, sehen aber eher indigen als deutsch aus. Aber es gibt ein deutsches Gymnasium und eine Gedächtnisstelle für die gefallenen deutschen Matrosen 1914 vor den Malvinas. Zurück auf der Hauptstraße holt mich aber Alemana ein. Das »La Alemana« ist ein Hofladen größeren Ausmaßes. Beim Näherkommen begrüßt mich lautstark »Rosamunde« und ich kann mich vor Kitsch kaum sattsehen. Oktoberfest im Kleinen, umschreibt es am besten. Um die Mittagszeit bin ich nur noch 25 Kilometer von meinem Etappenziel entfernt. Ich überlege mir, eventuell doch noch die 120 Kilometer bis in den Nationalpark Iberá zu fahren. Und auch das Ziel, die kleine Provinzstadt Mercedes wirkt nicht besonders einladend. Mir fällt der Entschluss nicht schwer weiterzufahren. Mit großer Hinweistafel ausgeschildert finde ich sogleich die Straße in den Nationalpark. Hatte ich nicht etwas von schlechter Piste gelesen? Das, was ich hier vorfinde, ist eine nagelneue Straße, breit mit Mittelstreifen und Randmarkierung. Nach 20 Kilometern endet der Traum. Was nun folgt ist eine üble Schotterpiste mit mehr Schlaglöchern als glatten Stellen. Garniert wird das Ganze dann noch mit rotem Schlamm. Und dieser rote Schlamm ist glitschig. Mehr als einmal muss ich ordentlich korrigieren um wieder in Spur zu kommen. Mein Schutzengel hat alle Hände voll zu tun. 30, 40, 50 Kilometer bin ich auf dieser Weg unterwegs, es wird und wird nicht besser. Schon längst schaue ich nicht mehr auf die Entfernungsangabe des Navi. Endlos zieht sich die Strecke zum Horizont ohne Hoffnung auf ein Ende. Doch umdrehen wäre jetzt auch unklug, also weiter. Ich entdecke zum Glück bald eine Unterkunft, die mich für eine Nacht aufnimmt. Nun sitze ich gemütlich im großen Raum der Eingangshalle, das Kaminfeuer prasselt geräuschvoll, während draußen der Wind ums Dach pfeift. Vergessen sind die Strapazen der heutigen Strecke, auch weil es aus der Küche verführerisch duftet. Was für ein Tag! Was für ein Menü. Eine Eierzwiebelquiche eröffnet das Geschmacksfeuerwerk, als Hauptgang ein in Butter gerösteter frischer Fisch aus dem See vor der Tür mit ebenfalls in Butter gebratenen Kartoffeln garniert mit vielen Kräutern. Was als Nachspeise folgt ist nur mit »como un sueño« zu bezeichnen. Eine Karamellmilchcreme auf einem Hauch von Biskuit, darüber echte Schokoladenstreifen. Und dies alles mitten im Nirgendwo.

14. Juli.

Es gibt Tage, da fällt das Tagebuch schreiben schwer. Und so ein Tag ist heute. Mit einem leckeren Frühstück und noch leckererem Mandarinensaft begann der Morgen vielversprechend. Der starke Wind der Nacht hatte die Regenwolken weggeweht und so kann sogar die Sonne leicht hervorschauen. Zur Sicherheit habe ich wegen des Straßenzustands im Nationalpark, den Ranger, ob die Straße nach Norden einigermaßen befahrbar ist. Er meinte sofort, dass dies unmöglich sei nach dem vielen Regen der letzten Tage, ich solle in jedem Fall wieder zurückfahren, nach Mercedes. Die Strecke zurück ist heute sogar an einigen Stellen aufgetrocknet und es ist ein schwieriges aber relativ gutes Vorankommen. Erst an der Baustelle ist es zu schwer. Nur noch weißgrauer Schlamm. Meter um Meter taste ich mich voran, schneller geht nicht. Und doch rutsche ich mehr als ich fahre. Und dann passiert es: Wie in Zeitlupe rutscht mein Hinterrad zur Seite und ich falle- ebenfalls wie in Zeitlupe- in den weichen, kalten, weißen Schlamm. Dabei habe ich mir, wo auch immer, das rechte Knie angeschlagen, was auch nicht die Stimmung gehoben hat. Ich sitze wieder auf und kämpfe mich weiter voran. Doch es ist Land in Sicht, die perfekt ausgebaute Straße habe ich wieder erreicht: Geschafft, wenn auch völlig durchgeschwitzt. Statt der ursprünglich geplanten, gemütlichen 240 Kilometer nach Posada, sind es nun 480

Kilometer geworden. Um diese Jahreszeit wird es um kurz nach 18 Uhr schlagartig dunkel und im Dunkeln will ich nun ganz und gar nicht fahren. Fünf Minuten nach sechs Uhr komme ich am Hostel an. Jetzt erstmal duschen, aber nicht nur mich, sondern auch die Klamotten und die Alukoffer, denn diese sind über und über mit einer dicken weißen Lehmschicht bedeckt. Leider kann ich mein armes Motorrad nicht saubermachen, denn das ist im Moment über und über mit Dreck bedeckt. Aber ich habe ihm, meinem Motorrad, versprochen, dass es in Asuncion wieder saubergemacht wird.

15. Juli.

Noch ist es kalt, bei sieben Grad. Bereits zwei Stunden später lacht jedoch die Sonne und taucht die grüne Landschaft in satte Farbtöne. Ich halte an einem der vielen kleinen Altäre, die immer wieder am Straßenrand auftauchen. Es sind keine Erinnerungsstätten für Unfallopfer, wie man erst denken könnte, es sind Orte um kurz innezuhalten, zu beten und sich von einer Heiligenstatue Glück für die Reise, die Fahrt zu wünschen. Immer wieder sehe ich nun große Gruppen Gauchos mit ihren Pferden. Alle reiten in die gleiche Richtung. Kurz darauf ist es, als würden sich alle an einem bestimmten Ort treffen. Ich kann nur eine kleine Hütte, eine Kapelle erspähen, vor der alle herumstehen. Und dann kommt Alfons. Erst spricht er mich auf Spanisch an und fragt, woher ich komme. Dann spricht er auf Deutsch weiter. Was für ein schönes, nach vergangenen Zeiten klingendes Deutsch. Gekleidet mit einer mit Applikationen verzierten Lederjacke und einem ebensolchen Hut sieht er wie ein echter Gaucho aus. Sein Großvater war Deutscher und stammte aus Schlesien, erzählt er mir. Unglaublich wie gut er spricht. Ich sage ihm dies gleich, er freut sich sehr darüber, erzählt aber, dass die deutsche Sprache auch in seiner Familie immer weniger gesprochen wird. Er spricht es noch täglich mit seiner Frau, seine Kinder schon seltener und die Enkel fast gar nicht mehr. Ich merke ihm an, dass er das sehr bedauert. Er kommt heute hierher, von einer der Missionen weit drinnen im Land, um an einer Wallfahrt teilzunehmen. Eine Wallfahrt zu Pferd, zur Jungfrau Maria, wie er mir erzählt.

16. Juli.

Nach einer sehr erholsamen Nacht in der Stadt Corrientes, einem üppigen Frühstück starte ich gut gelaunt in Richtung Asuncion. Vor jeder halbwegs größeren Stadt gibt es nun Eingangskontrollen durch die Polizei. Meist wird jedoch der gesamte Verkehr durchgewinkt. Dann ist es soweit, ich nähere mich dem Grenzübergang nach Paraguay. Nachdem ich meinen Ausreisestempel im Pass und zwei Stempel auf einem kleinen weißen Zettel habe, geht es zum nächsten Schalter, der Einreise nach Paraguay. Verzweifelt versucht der Beamte den Code des Passes zu scannen. Erst beim zehnten Mal gibt er auf und tippt gemütlich, sehr gemütlich, die Daten in den Computer ein. Wieder gibt es einen, diesmal großen roten und runden Stempel. Zur Einfuhr des Motorrads nimmt ein Zöllner Pass und Kfz-Schein entgegen und meint, ich könne schon mal das Motorrad holen. Ich werde in ein winziges Büro gebeten, in dem drei Damen Formulare ausfüllen. Das Zimmer ist so klein, dass ich erstmal rückwärts über den großen Altpapiersack falle und dann zwischen diesem und der durchaus hübschen Zöllnerin eingeklemmt meine Angaben mache. Sie trägt alles gewissenhaft in ein großes Formular ein. Sie überreicht mir den blauen Durchschlag und wünscht eine gute Reise. Ich bin in Paraguay.

Paraguay

Kühn, in luftiger Höhe geht es über den Rio Paraguay hinein nach Ascuncion. Schön, wie der Fluss im schimmernden Sonnenlicht glänzt. Unzählige kleine Fischerboote liegen im Fluss verstreut. In der Ferne sehe ich die Silhouette der Hochhäuser der Stadt. Die sechsspurige Einfallstraße ist ein einziges Chaos, es wird rechts und links die Spur gewechselt, dazwischen wuseln die kleinen Zweiräder hindurch. Die Luft ist voller Staub und vor allem der Dieselabgase der Lastwagen. Etwas weiter außerhalb finde ich mein heutiges Quartier. Es ist ein richtig hübsches Hotel. Friedhelm, der Hotelbesitzer, ist gerade nicht da, aber man hat mich schon erwartet und ich bekomme ein hübsches Zimmer im Gartenbereich. Und meine BMW kann ich auch gleich in seiner Garage parken. Friedhelm ist seit fast 30 Jahren in Asuncion. Er hat so viel von seinen Motorradtouren zu erzählen, dass der Abend noch lang wird. Nur bleibt heute seine Küche kalt, da er sich, beziehungsweise seine Frau ihn, auf Abnehmkurs gesetzt hat, so dass er sich momentan mit einem Mixgetränk aus großen Gurken, Äpfeln und sonstigem Gemüse und Obst ernährt. Das sieht schrecklich tiefgrün aus, schmeckt aber gar nicht mal so schlecht.

17. Juli.

So etwas, wie mein Motorrad putzen zu lassen, habe ich bisher im ganzen Leben noch nicht gemacht. Hier in Asuncion ist dies aber ganz normal und kostet rund sieben Euro. Chaco, auch Händler von Motoryachten und Motorrädern der Marken Aprilia und Moto Guzzi, gehört auch die Tankstelle und die PKW- und Motorradwäscherei. Woran ich mich aber immer noch gewöhnen muss, ist das Matetee trinken. Nein, es ist nicht der Tee, der mir durchaus gut schmeckt, nein es ist das hier ganz normale Herumreichen der Teetasse. Und so trinkt jeder aus dem gleichen Metalltrinkrohr, aus dem gleichen Becher. Der Becher wird dann anschließend wieder mit heißem Wasser aufgefüllt und an seinen Nachbarn weitergegeben. Als ich um 17 Uhr das Motorrad wieder entgegennehme, traue ich meinen Augen nicht: So sauber war das Motorrad noch nie. Für heute Abend haben sich die beiden Motorradweltumrunder Bea und Helle angemeldet. Erst weit nach Sonnenuntergang kommen sie an. Die beiden sind so herrlich unkompliziert und strahlen eine so schöne Ausgeglichenheit aus. Da wir am Abend gemeinsam essen wollen, geht es zunächst einmal zum gemeinsamen Einkaufen. Ich staune nicht schlecht, als ich im Supermarkt eine unglaubliche Anzahl deutscher Produkte entdecke. Kein Wunder, sollen doch bis zu sieben Prozent der Bevölkerung Paraguays Deutsche oder Deutschstämmige sein.

18. Juli.

Als ich das erste Mal auf die Uhr schaue, ist es genau 10 Uhr morgens, die Sonne scheint schon fast ins Zimmer. Waren es die Gespräche der Nacht oder waren es doch eher die leckeren Biere, die mich solange haben schlafen lassen. Nachdem ich ein wenig Kopfschmerzen habe, muss wohl der zweite Grund vorliegen. Riesige Mengen von Fleisch liegen am Abend auf dem Grill, ein typisches Asado. Und als alles verzehrt ist, meint ein Gast, er hätte noch ein klein wenig Fleisch im Kühlschrank. Was er dann bringt ist allerdings weit mehr als »ein klein wenig«, es sind über vier Kilo Rindfleisch, die sogleich geschnitten und auf den Grill gelegt werden. Wegen der Erfahrung des vorangegangenen Abends lasse ich es diesmal bei zwei Dosen Bier.

19. Juli.

Heute steht ein Motorradtreffen mit dem verheißungsvollen Namen »Wintertreffen« auf dem Plan und wird von den »Ridern Paraguay« organisiert. Was dann folgt, ist der bisher gefährlichste Teil meiner Reise. Mit viel zu hoher Geschwindigkeit wird durch die Stadt gedüst, viel zu frech wird überholt oder zwischen den Autos hindurchgefahren. Wir sind uns schnell einig, dass wir lieber gemütlich zum Treffen fahren wollen und machen unsere eigene Gruppe auf. Jetzt können wir auch die schöne, bergige Landschaft im Südosten von Asuncion sehen. Nach 200 Kilometern erreichen wir das Ausflugsrestaurant mit dem Namen »Alte Liebe«. Es ist ein richtiges Familienfest, viele Motorradfahrer sind mit der ganzen Familie angereist.

20. Juli.

Der Wecker klingelt zur frühen Stunde. Es ist fünf Uhr morgens und noch stockdunkel. Ich bin so früh unterwegs, weil ich bei der Ausfahrt aus Asuncion nicht in den üblichen Morgenstau kommen möchte und ich möchte Zeit haben, da heute noch der Grenzübertritt nach Brasilien ansteht. Noch ist es dunkel, zart kündigt sich der Sonnenaufgang an. Was für ein Gefühl in den noch jungen Morgen zu fahren. Die würzigen Gerüche der nahen Felder beflügeln regelrecht. Plötzlich sieht es aus, als wäre ich wieder in Deutschland. Die Zäune sind akkurat aufgestellt, teilweise ranken daran sogar bunte Blumenhecken. Auch im nächsten Ort ist alles großzügig und liebevoll angelegt. Kleine Firmen, frisch gemähter Rasen, neue Werbeschilder. Des Rätsels Lösung kommt praktisch auf einem Hinweisschild zum Gemeindehaus: Es ist eine Mennoniten Gemeinde, eine Colonia, gegründet von Mennoniten, die Anfang des letzten Jahrhunderts aus dem Osten Deutschland kommend, sich hier sich angesiedelt haben. Bereits um 11.30 Uhr erreiche ich die Grenzstadt Pedro Juan Caballero. Etwas irritiert registriere ich, dass nur ein breiter, grüner Mittelstreifen Paraguay von Brasilien trennt. Links und rechts ist jeweils eine breite Straße und im Kreisverkehr könnte ich munter zwischen den beiden Staaten hin und her fahren. Im Vorfeld hatte ich mich ein wenig schlau gemacht und wusste ungefähr wo die sogenannte »Migration« zur Erlangung des Ausreisestempels ist. Ich reiche dem Zöllner meinen Pass und meinen blauen Fahrzeugeinreisezettel. Diesen will er gar nicht sehen und gibt in mir zurück. Sicherheitshalber frage ich nach, ob ich diesen zur »Aduana« bringen muss, was er dann bejaht. Meinen Ausreisestempel habe ich, aber nun heißt es den Warenzoll zu finden. Ich habe Glück und ein Mitarbeiter der Migration erklärt mir den Weg. Zehn Minuten vor Mittag erreiche ich das große Zollgebäude. Eine freundliche Begrüßung durch den Wachmann und einen gerade anwesenden Zöllner lassen hoffen. Doch jetzt geht das Dilemma los: Hier könnte ich den Zettel nicht abgeben, da nicht Caballero, sondern Ciudad del Este eingetragen wäre, erklärt man mir. Ich versuche mit sanfter Stimme und einem Lächeln zu erklären, dass ich aber dringend nach Brasilien muss und nicht nach Ciudad del Este fahren kann, was einem Umweg von 600 Kilometern gleichkäme. Er fasst sich offensichtlich ein Herz und bittet mich in sein, schon abgeschlossenes und dunkles Büro im ersten Stock. Nun erklärt er mir anhand eines Ordners mit diesen blauen Zetteln, dass diese immer in dem Zollamt abgelegt werden, welches als Ausreisezollamt eingetragen wurde. Und das ginge nun bei mir nicht. Nach fünf Minuten hat er dann aber ein Einsehen und meint, seine Behörde könne den Zettel auch per Post dorthin senden. Ich strahle über beide Ohren und, dass dies eine Gebühr von dreißig Dollar kostet, ist mir in diesem Moment nun wirklich egal.

Brasilien

Nun gilt es, den Einreisestempel nach Brasilien zu besorgen. Zum Glück wusste ich, dass man diesen am kleinen Flughafen der Stadt, bei der Policia Federal, bekommt. Der junge Zöllner fährt selber Motorrad und füllt mir sogar den Einreisezettel aus. Was mir bei der Weiterreise auffällt, ist der Anbau von Mais und Zuckerrohr auf Feldern, die bis zum Horizont reichen. Schon am frühen Nachmittag erreiche ich mein Etappenziel Dourados.

21. Juli.

In der Nacht hat es stark geregnet und gewindet. Morgens um sechs Uhr sind die Straßen noch nass. Da gönne ich mir erstmal ein gutes, leckeres Frühstück mit frisch gepresstem Orangensaft. Leider kann ich mir heute nicht allzu viel Zeit dafür lassen, da heute eine lange Tagesetappe mit rund 650 Kilometern ansteht. Die Landschaft hat sich in Nebel gehüllt und Grautöne dominieren um diese frühe Stunde. Stunde um Stunde vergeht und ich könnte nicht sagen, wo ich bin oder was ich gesehen habe. Ein wenig lichtet sich der Nebel und gibt den Blick auf die Landschaft frei. Es ist das Land der »Fazendas«, der riesigen Farmen, der Landgüter, die Zuckerrohr, Raps und Mais anpflanzen, was fast ausschließlich zur Produktion von Ethanol-Treibstoff verwendet wird. Felder erscheinen im Einheitslook und im Einheitsfarbton, dank der Agrarchemie-Industrie. Werbetafeln der Chemiegiganten dieser Welt zeigen eindrücklich, wie hier gearbeitet wird. Meist befinde ich mich auf einer Meereshöhe von 600 bis 800 Metern. Zweimal jedoch geht es auf 400 Meter hinunter. Schlagartig ändern sich die Vegetation und die Landschaftsform. Es ist, als wäre man im Binnenland einer Karibikinsel, stehen hier nun Palmen und

Bananenstauden. Auch gibt es hier kleine Dörfer mit bunten, kleinen Häusern, kleinen Restaurants, kleinen Läden, kleinen Werkstätten. Das Leben spielt sich vor den Häusern ab und ein Gewusel an kleinen Mopeds fährt kreuz und quer durch das Dorf. Um die Mittagszeit sehe ich ein Schild auf dem steht: Almoço 9,99 Reais. Dieses Mittagessen möchte ich mal probieren. Und so bekomme ich einen Teller mit Reis und Kartoffeln, grünen Bohnen und pikant angemachtem Tomatensalat. Verträumt schaue ich die Dorfstraße entlang. Gut gestärkt setze ich mich wieder auf mein Motorrad. Kaum geht es wieder in höhere Gefilde bleibt die exotische Vegetation zurück und wird wieder abgelöst durch die Felder mit Monokulturen.

22. Juli.

Ich schlafe nicht besonders gut und mache mir viele Gedanken; habe ich doch gestern erfahren, dass es meiner Mutter zu Hause nicht so gut geht. An und für sich ist ja Fieber nicht wirklich beängstigend, aber im hohen Alter sieht das anders aus. So fahre ich wie durch einen Tunnel. Passend dazu ist auch das morgendliche Wetter. Nieselregen und dichter Nebel. Doch auch als sich der Nebel lichtet, bleibt mein Blick auf die Straße gerichtet. Tausend Szenarien male ich mir im Kopf aus, überlege hin und her. Doch weiterbringen tut es mich ganz und gar nicht. Und doch möchte ich eins, so schnell wie möglich in Brasília ankommen und dann erfahren, wie es zuhause aussieht. Völlig in Gedanken verpasse ich sogar meine obligate Tank- und Rastpause nach 150 Kilometern Strecke. Erst bei über 250 Kilometern fällt mein Blick auf die Anzeige: Höchste Zeit eine Pause zu machen. Danach geht es wieder besser, und es muss besser gehen, denn vor mir liegt die Stadt Goiânia, eine 1,3 Millionenstadt. Auf der zur Autobahn ausgebauten BR 060 geht es direkt auf Brasília zu. Obwohl die Kernstadt Brasília mit 350.000 Einwohnern relativ klein ist, wohnen im

Großraum der Stadt über drei Millionen Menschen. Fast 30 Kilometer vorher beginnt der Gürtel der Vorstädte mit ihren riesigen, anonymen Häusersiedlungen, den schmucklosen Hochhäusern. Je näher ich dem Zentrum komme, desto mehr wandelt sich das Bild. Große, repräsentative Ausstellungshäuser nahezu aller Automobilfirmen säumen die Straßen, gefolgt von Einkaufszentren und Bürohäusern. Sich in Brasília zurechtzufinden heißt, nicht nach Straßennamen zu navigieren. Hier orientiert man sich nach den Bezeichnungen der Blocks. So muss ich mein Hotel im „Sector Hoteleiro Sul, Quadra 5, Bloco A“ finden. Hört sich aber viel komplizierter an als es ist, denn es steckt eine Logik dahinter und die Blöcke sind gut ausgeschildert. Nach dem Check-in setze ich mich sofort an den Computer, um Informationen von zuhause zu bekommen. Erleichtert höre ich, dass es meiner Mutter wieder besser geht und sie auch schon wieder im Garten war. So löst sich bei mir die Anspannung langsam.

23. Juli.

Bereits am Morgen brennt die Sonne gewaltig vom Himmel. Umso mehr beeile ich mich, einen Teil der zentralen Innenstadt abzulaufen. Was für eine atemberaubende Architektur des Oscar Niemeyer, die er hier vor sechzig Jahren, gezeichnet hat. Schon das erste Gebäude, die Nationalgalerie besticht mit klaren, geraden Formen, deren ausgeklügelte Proportionen sich in geradezu idealer Weise ergänzen. Gegenüber steht der halbkugelförmige, strahlend weiße Kuppelbau des Nationalmuseums. Auf einer optisch schwebenden Rampe gelange ich in das Innere der Kuppel. Auf der gegenüberliegenden Seite dürfte wohl der Höhepunkt der Niemeyerschen Monumente sein: Die Kathedrale von Brasília. Wie sternförmige Strahlen ziehen sich rund um das runde Gebäude weiße Pfeiler nach oben. Diese knicken im oberen Teil nach außen ab und streben dem Himmel zu. Eine breite Rampe führt nach unten in das Gebäude. War ich schon von der äußeren Gestaltung fasziniert, verschlägt es mir im Innenraum Atem. Wie ein Raumschiff aus einer anderen Galaxie wirkt der helle, offene, ja fast heitere Raum. Die Fenster der Kuppel sind allein schon ein Kunstwerk der Moderne. Durch die leuchtenden Blau- und Aquamarintöne gibt das hereinfallende Sonnenlicht dem Raum die Leichtigkeit, die sich auch in der schlichten Gestaltung des Altars widerspiegelt. Es ist fast so, als wäre ich im kristallklaren Wasser der Südsee abgetaucht. Und über all dem hängen, freischwebend, drei Engel. Mit lächelnden Gesichtszügen schwimmen sie in diesem Meer der Farben. Stundenlang sitze ich einfach nur in einer der Bankreihen und genieße diese berührende Atmosphäre. Wieder im Sonnenlicht angekommen, kann man die in Reih und Glied stehenden, identisch aussehenden, Hochhausblöcke der vielen Ministerien durchaus als städteplanerische Leistung ansehen, denn dadurch findet eine Konzentration auf kurze Wege statt. Doch es gibt ihn auch, den ganz normalen Alltag. Zwischen den Bürokomplexen der Ministerien, im Schatten der Bäume, haben sich kleine Verkaufsstände angesiedelt, die allerlei Dinge des täglichen Bedarfs und auch Getränke verkaufen. Und es gibt Straßenküchen, die von den Mitarbeitern der Behörden gut angenommen werden. Selbst unseren hygienischen Vorstellungen dürften diese Küchen genügen. Werden doch alle Speisen in abgedeckten, mit Eis gekühlten Behältern angeboten. Selbst der Grill hat eine Schutzhaube aus Glas. Kurz nach Sonnenuntergang mache ich mich noch einmal auf, um die Kathedrale bei Nacht zu fotografieren. Leuchtend, fast wie eine Fackel mit weißen Flammen, steht sie vor dem tiefdunklen Nachthimmel. Schwer zu sagen, was nun schöner ist, die Tag- oder die Nachtansicht.

24. Juli.

Heute sind unglaublich viele Motorradfahrer unterwegs, die meisten mit Stickerjacken und in Lederkluft. Aber dies sieht nur von der Ferne martialisch aus, beim Näherkommen entpuppen sie sich als gemütliche Fahrer im gesetzten Alter. Wie ich an den Nummernschildern erkennen kann, kommen die meisten aus Rio, São Paulo und Belo Horizonte. Alle sind hier zum großen Motorradtreffen »Motocapital Brasília« angereist, was etwas außerhalb der Stadt stattfindet.

25. Juli.

Beim Frühstück bin ich der erste Gast, aber das ist auch kein Wunder, schließlich ist es erst 7 Uhr morgens und es ist Samstag. Obwohl ich heute noch über 550 Kilometer fahren muss, lasse ich mir das Frühstück schmecken und esse fast alles, was das Buffet bietet. Gut gestärkt schwinge ich mich in den Sattel meiner BMW. Bei nur 14 Grad lasse ich die Doppeljacke noch an. Kurz hinter der Stadt verändert sich die Landschaft. Es ist hügelig und die Landstraße BR 080 schlängelt sich, mit sanften Kurven bestückt, durch die liebliche Landschaft. Doch leider währt diese schöne Strecke nicht lange, denn nach 50 Kilometern wird diese wieder durch ein Hochplateau abgelöst, wieder mit riesiger Anbaufläche und den großen Landwirtschaften. Als ich auf die BR 153 einbiege, nimmt der Verkehr schlagartig zu, denn diese Straße ist Hauptverkehrsverbindung aus dem Süden Brasiliens zum Amazonas hin. Doch trotz des starken LKW-Verkehrs, geht es hier mehr als zügig voran. Die Temperatur ist mittlerweile auf 39 Grad im Schatten gestiegen, aber wo gibt es auf der Straße Schatten? Ich will lieber gar nicht wissen, wie warm es tatsächlich ist. Die letzten 50 Kilometer quäle ich mich dahin. Der Hintern tut mir- trotz Sommerhose- weh. Und auch die kleine Tank- und

Trinkpause hat nicht wirklich geholfen. Ich bin wirklich erleichtert, als ich in der Ferne das Hinweisschild meines Hostels auftauchen sehe. Ich reiße mir die Kleider vom Leib und stürze erst einmal in die Dusche, in der so langsam die Lebensgeister wieder erweckt werden.

26. Juli.

Um Viertel nach Sechs Uhr morgens sitze ich auf dem Motorrad. Es ist gerade hell geworden und die Temperatur liegt bei angenehmen 21 Grad. Auf der heutigen Etappe erlebe ich auf rund 300 Kilometern eine dicht bewaldete Landschaft, die eine willkommene Abwechslung zu den extrem landwirtschaftlich genutzten Flächen ist. Undurchdringlicher Urwald mit den verschiedensten Bäumen und Sträuchern, durchmischt mit Palmen und Bananenstauden. Und einem wunderschön blühenden Baum, dessen grellgelbe Blütenstauden wie künstlich beleuchtet aussehen. Kurz hinter einer Kuppe sehe ich ein ganzes Rudel Straußenvögel, die am Straßenrand ihre Nahrung suchen. Wie gestern habe ich nach 450 Kilometern einfach keine Lust mehr zu fahren. Aber es ist auch nicht verwunderlich, sind doch die Temperaturen wieder auf 39 Grad gestiegen. Ich bin echt froh, als ich am Ziel absteigen und mich unter die Dusche stellen kann. Danach geht es mir wieder besser, wenn sich auch die Druckstellen am Hintern immer noch schmerzhaft melden.

27. Juli.

Es ist halb acht Uhr und noch ist es angenehm kühl bei 20 Grad. Auf der gut ausgebauten Straße komme ich auch die ersten 250 Kilometer gut voran. Die Vegetation links und rechts der Straße wechselt permanent von

Regenwald zu riesigen Anbauflächen. Kaum ist es ein wenig ebener, kommen die Fazendas mit ihren riesigen Feldern. Kaum wird es hügeliger, sehe ich nur noch kleine Häuschen mit winzigen Feldern drum herum. Immer wieder wird die ursprüngliche Vegetation brandgerodet; meist, um kleine Anbauflächen für Kleinbauern zu erhalten. Erschreckend ist es zu sehen, dass dadurch auch die Palmen geschädigt und teilweise zerstört werden. Dass die Palmen für den Erhalt des Grundwasserspiegels notwendig sind, ist entweder nicht bekannt oder es wird in Kauf genommen. Die nächste Stadt ist Imparatriz und nennt sich, wie über einem großen Bogen über der Straße aufgeführt ist, das Tor zum Amazonas. Und- als gäbe es eine unsichtbare Grenze- ist der Himmel schlagartig bewölkt. Mir ist dies nur recht, denn damit fällt die Temperatur von 35 Grad auf angenehme 24 Grad. Weniger angenehm ist, dass ab hier auch der Straßenbelag schlechter wird. Schlaglöcher und Teerverwerfungen machen das Fahren zur permanenten Herausforderung.

28. Juli.

Heute sind nur 320 Kilometer zu fahren. Entsprechend gemütlich lasse ich es angehen. Erst mal ausgiebig frühstücken, denke ich mir und bin fasziniert über die riesige Auswahl, die das Buffet bietet. Und, wie immer, gibt es leckeren Orangen- und Grapefruitsaft. Mit vollem Magen, glücklichem Gesichtsausdruck und voller Energie hole ich mein Motorrad. Vom Regenwald ist auf der Strecke so gut wie nichts zu sehen, nur ab und zu überquere ich einen kleinen Fluss, an dem entlang sich der Urwald windet. Bald nähere ich mich der Stadt Belém, was gleichbedeutend ist mit Stau auf allen Fahrspuren. Ich muss ständig aufpassen, denn rechts und links fahren die Mopeds vorbei. Auf meinem Display sehe ich nur noch 44 Grad und denke, ich habe ja nur noch acht Kilometer bis zum Ziel. Zum Glück nimmt der Verkehr kurioserweise ab, je näher ich dem Zentrum komme. Dazu sind die meisten Straßen mit großen Mangobäumen bepflanzt, so dass ich deren Schatten genießen kann. Viele Gedanken sind mir den ganzen Tag durch den Kopf gegangen. Es ist die Entscheidung über meinen weiteren Streckenverlauf. Nun habe ich mich endgültig entschieden. Ich werde nicht mit meinem eigenen Motorrad die Fähre nach Macapá, hinüber über den Amazonas, nehmen und weiter auf dem Landweg nach Französisch Guayana fahren. Die Nachrichten über Regenfälle und die Bilder der total verschlammten Strecke sind für mich zu abschreckend. Über 200 Kilometer, für mich eine nahezu unpassierbare Strecke möchte ich mir einfach nicht zumuten, schon gar nicht allein. Meine BMW möchte ich hier beim örtlichen Händler stehen lassen und auch die sowieso fällige Serviceinspektion machen lassen. Um neun Uhr abends lässt mich ein lautes Donnern ans Fenster stürzen. Es regnet wie aus Kübeln, die Straßenbeleuchtung unter mir ist kaum noch zu sehen. Fast habe ich das Gefühl, dass jemand mir mit diesem Starkregen sagen will, dass meine Entscheidung, den weiteren Verlauf meiner Reise als Rucksackreisender zu machen, richtig war.

29. Juli.

Zugegeben, es hält mich am heutigen Tag nicht lange im Bett. Schon um kurz nach sieben Uhr sitze ich beim Frühstück. Grund für diese Unruhe ist, dass ich heute beim BMW Händler meine Maschine für längere Zeit abgeben werde. Aber ein wenig Zeit nehme ich mir dann doch noch und fahre zum Hafen. Doch im Moment ist hier die Hölle los. Die Restaurants der Stadt holen mit kleinen Lieferwagen ihre Fische für den Abend ab. Wieder stürze ich mich in den morgendlichen Verkehr und erreiche schon eine halbe Stunde später den rund acht Kilometer vom Zentrum entfernten Händler. Mein Wunsch, die Maschine längere Zeit hier zu lassen, findet er ganz normal. Um vor der Mittagshitze noch ein wenig durch Belém schlendern zu können, ziehe ich mich schnell um und mache mich wieder auf den Weg zum Hafen; zum Wahrzeichen der Stadt, dem Ver-o-Peso Markt direkt am Ufer des Amazonas. Früher war diese im Jahr 1901 gebaute Eisenkonstruktion die Ablieferungsstelle von Waren aus aller Welt, die hier verzollt wurden. Und dieser Zoll wurde nach dem Gewicht berechnet, daher auch der Name. Heute ist in der rustikalen, gusseisernen Halle der Fischmarkt der Stadt. Auch wenn es ziemlich penetrant riecht, ich muss durch diese Halle gehen, insbesondere, weil es hier viele Fische zu sehen gibt, die ich noch nie gesehen habe. Eine Kühlkette wurde hier nie unterbrochen; es gab nie eine. Doch bei der hohen Temperatur im Innern zieht es mich bald wieder nach draußen. Ein riesiger Markt, auf dem es alles zu geben scheint, was man zum täglichen Leben braucht, reizt mich zum gemütlichen Flanieren: Fleisch, Würste, Brot, Gemüse aller Art, Früchte aller Art, Fruchtsäfte, Nüsse, Reis- ja sogar selbstgemachte Medizin wird verkauft. Im weiteren Verlauf folgt eine große offene Halle, in der es nur Garküchen und Essstände gibt. Teilweise mit Stehtischen oder ein paar wenigen Stühlen. Es wird gebrutzelt, es wird gebraten, es wird gekocht, es wird geschnipselt, es wird Saft gepresst. Die Gerüche sind wohlriechend und mich hält es jetzt nicht mehr. Ich gehe an den ersten Stand und bekomme den gerade frisch frittierten Fisch aus einem großen Kessel siedenden Öls direkt auf meinen Teller, dazu gibt es diese leckeren großen Tomaten und eine ganze, geschnittene Zwiebel. Es schmeckt noch besser als es aussieht und ich genieße die einzigartige Atmosphäre inmitten der vielen Einheimischen, die zu Mittag essen. Hundert Meter weiter wurden die alten, ebenfalls gusseisernen, Lagerhallen aufwendig und teuer umgebaut. Davor, am

Ufer des Amazonas, lässt es sich nun unter den leuchtend gelb gestrichenen alten Verladekränen herrlich promenieren. Drinnen ist es sehr stark gekühlt, was sich auch ein paar Einheimische zu Nutze machen, die auf den Bus warten.

30. Juli.

Noch nie bin ich auf der ganzen Reise so spät aufgestanden. Als ich das erste Mal auf die Uhr sehe, ist es halb neun Uhr morgens. Weiter geht es mit der Gemütlichkeit beim Frühstück. Über eine ganze Stunde freue ich mich über die guten und leckeren Sachen, die ich fast alle probiere. Gut gestärkt und voller Motivation schlendere ich zum nur wenige Straßen entfernten Opernhaus, dem Theatro do Pax. Ein großes, sehr repräsentatives Gebäude, welches von einem kleinen Park umsäumt wird. Auf der Bühne des Hauses hat auch schon der berühmteste Opernsänger der Welt, Enrico Caruso, in den 20 er Jahren des vorigen Jahrhunderts gesungen.

31. Juli.

Mein vorerst letzter Tag in Belém. Was für ein Leben, so einfach nichts geplant zu haben, nichts vorzuhaben, mit genügend Zeit, einfach nur dazusitzen und auf das bunte Treiben des Marktes zu sehen. Am Nachmittag sind, nicht wie sonst üblich, dicke Regenwolken aufgezogen, so dass ich einen weiteren Rundgang durch die Stadt auf den späten Nachmittag, den frühen Abend verschiebe. Es klingt zwar unglaublich, aber ich mache den ersten Mittagsschlaf seit ich mein Frachtschiff verlassen habe.

1. August.

Der Wecker klingelt unbarmherzig um 03:45 Uhr, schon zehn Minuten später stehe ich in der Eingangshalle des Hotels. Genial, mein Taxi zum Flughafen wartet schon. Um diese Zeit ist noch kaum Verkehr und so werden die roten Ampeln eher als Dekoration wahrgenommen als sie zu beachten. Da aber jeder die roten Ampeln missachtet, wird auch bei grüner Ampel vorsichtig in jede Kreuzung eingefahren. Solchermaßen erreiche ich recht schnell, um halb fünf Uhr, den Flughafen. Die Anzeigetafel verkündet mittlerweile, dass mein Flugzeug über eineinhalb Stunden Verspätung hat. Nach einer weiteren halben Stunde dockt die Surinam Airways Maschine an die Gangway an. Eine Stunde und fünfzehn Minuten soll der Flug bis zur ersten Zwischenlandung in Cayenne dauern. Und diese Zeit hat es in sich. Ich sehe das riesige Amazonasdelta mit seinen tiefgrünen Urwaldinseln, die leuchtend braunen Flussarme, die sich wie die Arme eines Oktopus durch den Dschungel schlängeln. Dann überquere ich den Hauptarm des mächtigsten Flusses der Welt, fast ein kleiner Ozean, denn die beiden Flussufer sind selbst aus dieser Höhe nicht gleichzeitig zu sehen. Weiter geht es nach Norden. Ich erkenne ab und zu sogar die winzige Erdpiste, die sich bis zum Ort Oiapoque zieht. Hier hätte ich, wenn ich den ursprünglichen Plan durchgezogen hätte, mit dem Schlamm gekämpft und vermutlich verloren. So kann ich aus niedriger Höhe den Grenzort zu Französisch Guayana entspannt aus der Luft genießen. Zwanzig Minuten später landen wir auf dem Boden der Europäischen Union. Aus dem Flugzeug dürfen wir nicht, jedoch geht es nach dreißig Minuten wieder in die Lüfte. Wieder bezaubert mich die Aussicht auf den Regenwald, der in dieser Gegend, im Gegensatz zu Brasilien, noch fast völlig unberührt ist. Wieder habe ich das Glück und sehe von oben St. Florent de Maroni, den Ort am Grenzfluss zu Suriname. In Suriname heißt es aussteigen. Die Fluggäste, die hier bleiben, dürfen direkt in die Ankunftshalle; wir müssen in den Transitraum.

Dort wird das Handgepäck nochmals durchleuchtet und eine Personenkontrolle gemacht. Alles geht mit karibischer Gelassenheit vor sich. Alles lächelt, lacht oder scherzt mit den Angestellten. Nur zwei deutsche Landsleute maulen vor sich hin und beschweren sich lautstark über die aus ihrer Sicht zu langsame Abfertigung. Alles dreht sich irritiert um. Nun heißt es eine halbe Stunde warten, dann erst kann ich das Flugzeug in Richtung Guyana besteigen. Diesmal sehe ich nichts, wenn ich aus dem Fenster sehe, denn es gießt wolkenbruchartig und die Maschine wird gehörig durchgeschüttelt.

Guyana

Auch auf dem Flughafen in Georgetown hört der Regen nicht auf. Die Zollformalitäten sind schnell erledigt und ich stehe im Flughafengebäude- oder besser in einer offenen, überdachten kleinen Halle. Einen Geldautomaten oder eine Wechselstube gibt es nicht. Aber dass ich momentan nur Euros bei mir habe, stört den Taxifahrer nicht. Er hat eine Liste mit Festpreisen in dabei zu US-Dollar und Euro. Rund 18 Meilen liegt der Flughafen vom Zentrum der Stadt entfernt. Hier geht es nun »very British« zu: Es wird links gefahren, die Angaben sind in Meilen und alles ist auf Englisch angeschrieben. Kein Wunder, war doch Guyana bis 1966 britische Kolonie und ist heute noch Mitglied des Commonwealth. Das erste Dorf, welches wir durchfahren, sieht nach Karibik pur aus: Kleine, maximal zweistöckige, bunt bemalte Häuschen, meist aus Holz gebaut, im Mix mit Palmen und Bananenstauden säumen die Straße zu beiden Seiten. Auffällig ist, dass sich alle zwei Meilen an der Straße ein grellbunter Hindutempel, meist mit Shiva Motiven, befindet. Auch dies ist ein Relikt aus der britischen Zeit, als viele Arbeiter aus der Kronkolonie Indien hierher zum Arbeiten kamen. Viele davon sind geblieben. Mein Hotel ist ebenfalls ein schmuckes Überbleibsel der Kolonialzeit. Ein aus Holz gebautes, weiß gestrichenes Haus, reich verziert mit Holzapplikationen, Erkern und weißen Fensterläden. Wegen der Ruhe und der besseren Klimatisierung sind die meisten Zimmer, so auch meins, zum romantischen Innenhof ausgerichtet. Ein alter Giyaumbaum steht im Zentrum des Hofes? Alte, tiefbraune Langriemenholzböden versprühen Nostalgie. Auch mein Deckenventilator dürfte noch aus alter Zeit stammen. 35 Grad im Schatten, verbunden mit hoher Luftfeuchtigkeit, lassen mich momentan ein wenig ausdünsten. Ich fühle mich trotzdem wohl und genieße den Charme der guten alten Zeit, unterstützt durch ein eiskaltes Bier, während aus dem Restaurant Pianoklänge an mein Ohr dringen.

2. August.

Heute möchte ich mich erstmal nach einer Tour zu einem der spektakulärsten Wasserfälle der Welt erkunden, zum Kaieteur Fall, tief im Urwald und nur mit dem Kleinflugzeug zu erreichen. Doch es ist Sonntag und das Büro der kleinen Fluggesellschaft hat geschlossen. Auch gut, denke ich mir und schlendere dafür gemütlich durch die Stadt. Auch dort merke ich, dass es Sonntag ist: Nur wenige Läden und der chinesische Supermarkt haben geöffnet. Dafür habe ich Glück und kann das Innere der Kathedrale der anglikanischen Kirche besuchen. Diese Kirche, das größte nur aus Holz gebaute Gebäude der Welt, ist schon von außen beeindruckend. Doch der riesige Innenraum toppt durch seine Leichtigkeit, seine offenen Haupt- und Seitenschiffe und die zarten, hellen Farbtöne des Holzes alles. Fast schon ehrfurchtsvoll nehme ich in einer der Holzbankreihen Platz. Irgendwann merke ich, dass ich der einzige Besucher der Kirche bin und hinter mir am Eingang schon aufgeräumt wird. Ich erhebe mich und gehe andächtigen Schrittes zum Portal. Dort werde ich sogar noch mit einem Handschlag verabschiedet. Hinter mir wird sanft das Kirchenportal geschlossen. Am Markt haben ein paar wenige Stände geöffnet und bieten Obst und Gemüse in den wunderbarsten Farben und Formen an. Bei den noch am Strunk hängenden Bananen kann ich nicht widerstehen. Goldgelb gereift, trotzdem noch fest, schmecken sie wie eine zuckersüße Versuchung der besonderen Art. Diese Bananen darf man nicht kauen, diese Bananen muss man langsam auf der Zunge zergehen lassen, ganz wie bei einer guten Schokolade. Ich will mir noch die große Halle des Marktes ansehen, aber, es ist ja Sonntag, und dieser ist verschlossen. Morgen soll alles wieder offen sein, höre ich von einem Budenbesitzer. Da der Himmel heute nahezu wolkenlos ist, ist es um die Mittagszeit in der Sonne kaum auszuhalten. Auch im Schatten wird es für mich zu warm, kein Luftzug kann im Moment für etwas Abkühlung sorgen. Nach einem längeren Mittagsschläfchen lasse ich es mir, bei einem einheimischen »Banks« Bier, im Innenhof meines Hotels, gut gehen. Karibische Gelassenheit und Gemütlichkeit habe ich bereits tief verinnerlicht, denn auf dieser langen Reise spielen Zeit und Raum keine Rolle. Im Hier und im Jetzt - geht es mir durch den Kopf.

3. August.

Manchmal, ja manchmal, bin ich dann doch geizig und nehme heute nur das Continental Breakfast, welches im Zimmerpreis enthalten ist. Wenn alles auch sehr gut schmeckt, aber für ein wenig Rührei, zwei Löffel Bohnen und ein Dosenwürstchen umgerechnet 4,50 Euro Aufpreis zu verlangen, ist etwas zu ambitioniert. Das normale Frühstück ist mehr als ausreichend, besonders unter dem Gesichtspunkt des umfangreichen Angebotes: Frischer Orangen- und Grapefruitsaft, Croissants,

Käsegebäck, Toast, Cerealien, Tomaten, geraspelte Mohrrüben, Käse, Wurst, Honig, Marmelade, grüner Salat, Oliven und als Höhepunkt zuckersüße Ananas, Wassermelone, Honigmelone, Sternfrucht, Mango und Papaya. Spätestens jetzt, nach dieser Aufzählung, dürfte jedem das Wasser im Munde zusammenlaufen. Ich weiß nicht, wie lange ich so gemütlich beim Frühstück saß, aber irgendwann, dachte ich, muss ich an die Buchung meines Urwaldfluges gehen. Alles scheint auf den Beinen zu sein. Ein unablässiges Hupen ist überall zu hören und sogar den einen oder anderen Stau gibt es. Es ist ein buntes Völkergemisch aller Hautfarben und so falle ich als »weißer« Tourist überhaupt nicht auf. Ich fühle mich wohl in diesem Schmelztiegel der Kulturen. Da die Agentur an der Hauptstraße liegt, brauche ich nicht lange zu suchen. Eine gemütliche und freundliche Atmosphäre empfängt mich und ich werde von allen Mitarbeiterinnen angestrahlt, als ich den Raum betrete. Einzig der, gefühlt auf 10 Grad, abgekühlte Raum lässt mich frösteln. Ganz klassisch wird alles noch per Quittungsblock und handschriftlich erledigt. Alles ohne den geringsten Anflug von Hektik oder Nervosität. Alles geht hier seinen langsamen und bewussten Gang. Nachdem ich an einer Extrakasse meine 29.000 Guyana Dollar bezahlt habe, erhalte ich mein Ticket für morgen.

4. August.

Irgendwie bin ich ziemlich aufgeregt. Länger als acht Uhr hält es mich nicht im Bett. Doch für das Frühstück lasse ich mir, wie immer, viel Zeit. Mit dem Taxi geht es zum sieben Kilometer entfernten Ogle-Airport, dem Flughafen der Kleinflugzeuge, die hauptsächlich für die Minenindustrie fliegen. Im Freien, nur überdacht, stehen zwei Holzpodeste. Auf einem davon entdecke ich das magische Wort: Kaeiteur. Hier muss ich hin. Zwei gut gelaunte Mitarbeiter schauen kurz auf mein Ticket und haken mich auf ihrer Liste ab. Dann darf ich, wie das immer beim Flug mit kleinen Flugzeugen ist, auf die Waage. Erst erschrecke ich, als ich die Zahl 170 lese, doch dann realisiere ich, dass dies Pfund sind, rund 77 Kilogramm. Ich bekomme direkt am Fenster einen Platz. Da diese Maschine eine sogenannte Hochdeckermaschine ist, also der Flügel über der Kabine angebracht ist, habe ich eine fast ungestörte Sicht. Damit wir auch Georgetown gut aus der Luft sehen können, drehen wir eine Extrarunde über der Stadt. Dann dreht der Pilot in Richtung Westen, in Richtung Regenwald. Eine grüne Waldfläche, soweit das Auge reicht, vereinzelt durchbrochen von tiefbraunen sich durch die grünen Wälder schlängelnden Flüssen. Doch was ist das? An vielen Stellen ist der Wald gerodet, Industrieanlagen sind zu sehen und riesige, künstliche Wasserbassins. Es sind Gold- und Diamantenminen, die dort unten, mitten im Urwald nach den begehrten Rohstoffen graben. Wie Narben im ansonsten makellosen grünen Teppich sehen diese Flecken aus. Zum Glück dauert der Spuk nicht allzu lange und ich kann wieder die unberührte Natur und diesen grandiosen Anblick genießen. Plötzlich nimmt der Pilot die Motorleistung zurück und zeigt nach links aus dem Fenster. Mir stockt der Atem, was ich zu sehen bekomme: Es ist der Kaieteur Wasserfall, was für ein Anblick, was für ein Naturschauspiel. Wir haben unser Ziel erreicht. Damit auch die Passagiere auf der anderen Seite diesen Anblick genießen können, wird extra nochmal eine Runde gedreht. Dann geht es hinunter auf diese kleine, kurze, wenn auch geteerte Flugpiste. Sanft, sehr sanft setzt die Maschine auf. Eine kleine Lodge, die Nationalparkverwaltung, ein paar Benzinfässer, das ist alles, was es gibt. Wir werden schon von einer Mitarbeiterin und einem Mitarbeiter des Nationalparks erwartet. Mitten durch den Dschungel führen sie uns auf einem Naturpfad zu einem ersten Aussichtspunkt. Lauter und lauter wird das Getöse des Wasserfalls, als ich plötzlich auf einer kleinen Lichtung stehe und die ganze Pracht des in die Tiefe stürzenden Wassers erlebe. Einfach nur hinsehen und genießen, diese einzigartige, energiegeladene Atmosphäre spüren-das ist das, was ich mache. Es ist schwer sich von diesem Anblick loszureißen, aber wir sollen noch zu einer weiteren Stelle, etwas näher am Fall, wandern. Doch dann bedeutet unser Ranger, wir sollen ganz leise sein und ganz vorsichtig in einer der Bromelien Pflanzen sehen. Diese Bromelien sind die Heimat des sehr seltenen goldenen Frosches. Er ist nur 15 bis 18 Millimeter groß und überaus scheu. Doch anfassen sollte man diesen Frosch nicht. Er gilt, zusammen mit seinen größeren Verwandten in Kolumbien als eines der giftigsten Tiere der Welt. Die Pfeile der Ureinwohner wurden damit getränkt und somit zu einer tödlichen Waffe. So schön der kleine Frosch auch aussieht, keiner traut sich näher heran. Der nächste Blick auf den Wasserfall wirkt sogar noch atemberaubender, wird doch die Szenerie noch durch einen wunderschönen, grell leuchtenden Regenbogen bereichert. Kaum jemand redet, alle sind ergriffen von so viel Naturschönheit. Jetzt kann ich entlang der Abbruchkante- eine Absicherung gibt es übrigens nicht- bis direkt an den Wasserfall herablaufen. Während der Fluss oberhalb völlig friedlich aussieht, tobt das Wasser nur wenige Meter weiter über 280 Meter in die Tiefe. Viel zu schnell vergeht die Zeit. Wir müssen zurück zum Flugzeug. Da es schon kurz vor sechs Uhr abends ist, meldet sich mein Magen zu Wort, hat er doch außer ein paar Bananenchips seit dem Frühstück nichts bekommen. »Hallo Charlie, how are you? You are late.« werde ich in meiner Stammpizzeria begrüßt. Offensichtlich bin ich jetzt schon Stammgast. Alles lächelt, lacht und ist guter Dinge. Eine schöne, warmherzige Atmosphäre, hier fühle ich mich wohl. Da wird selbst die beste Pizza, und das ist sie ohne Zweifel, zur Nebensache. Und herzlicher könnte der Abschied nicht sein, alles winkt mir zu. »See you tomorrow!« höre ich noch und sehe ein breites Lächeln in den Gesichtern des ganzen Teams. Ich sollte nicht in der Dunkelheit unterwegs sein, denn Georgetown gilt als sehr gefährlich, wie ich ja aus der Tageszeitung jeden Tag sehen konnte. Mord, Totschlag und Einbruch sind an der Tagesordnung. Doch noch laufen viele Menschen auf den Straßen umher, so dass ich kein Gefühl der Unsicherheit verspüre. Trotzdem bin ich froh, den umzäunten Bereich meiner Unterkunft erreicht zu haben.

5. August.

Ein Tag ohne Plan kann auch ein guter Plan sein. Und so schlendere ich durch den großen Markt am Fluss und bummele durch die vielen winzigen Gassen der Markthalle. Die Gerüche sind so vielfältig, dass es schwer fällt, sie zu beschreiben. Einmal duftet es frisch fruchtig nach reifen Ananas und im nächsten Moment riecht es nach in der Sonne zerfallendem Fisch. Überhaupt wird es hier mit den hygienischen Dingen nicht so genau genommen. Fleisch und Fisch müssen, teilweise sogar in der Sonne, ohne irgendeine Kühlung auskommen. Die hohe Luftfeuchtigkeit fordert ihren Tribut. Zurück im Hotel genieße ich die Kühle des Innenhofs. Am Abend mache ich einen kleinen Spaziergang rund um den Block. Auffällig ist, dass vor fast jedem Haus ein Sicherheitsmann Wache hält. Offensichtlich ist es eine etwas bessere Gegend mit Bewohnern, die sich so etwas leisten können. Und doch passiert genau in dieser Straße, wie ich am nächsten Tag in der Zeitung lese, ein Mord.

6. August.

Ein karibischer Tag, ein Tag mit karibischer Gelassenheit, Lebensfreude, Gemütlichkeit und Geschwindigkeit. Gefühlte unendliche Zeit brauche ich bis ich heute den Markt der Stadt erreiche. So vieles gibt es unterwegs zu sehen, zu bestaunen oder auch das eine oder andere kleine Schwätzchen abzuhalten. Rustikal geht es in einer dunklen, kaum beleuchteten Ecke der großen Markthalle zu. Alles dreht sich um das Thema Fisch. Von dickbauchigen blauen über furchterregend aussehenden roten Fischen, bis zu großen Mengen Shrimps reicht die Auswahl. Zur Kühlung werden die Fische einfach ab und zu mit Wasser beträufelt. Nur eines kann ich mir im Moment überhaupt nicht erklären. Weder Fliegen noch Mücken finden sich in der Markthalle. Ursprünglich wollte ich mir heute noch ein in der Nähe liegendes Restaurant ansehen, aber wie es der Zufall will, komme ich an »meiner« Pizzeria vorbei. Und als die Entlüftung herrlichen Pizzaduft direkt zu meiner Nase führt, ist die Entscheidung gefallen. Ich brauche auch nur noch zu nicken und schon druckt die Mitarbeiterin mit einem strahlenden Lächeln meine Bestellung aus; Pizza Vegetaria pikante mit Orangensaft. Vor lauter Heißhunger verbrenne ich mir fast die Zunge am ersten Pizzastück. Wieder geht ein schöner Tag zu Ende, ein Tag im Rhythmus des Landes.

7. August.

Immer gemütlicher verlaufen die Tage in Guyana. So auch dieser. Nach einem unendlich langen, genussvollen Frühstück und dem ausgiebigen Studium der örtlichen Zeitung ist es flugs 14 Uhr geworden. Zum nochmal ins Zentrum gehen ist es noch zu heiß, aber für einen leckeren Orangensaft an der Bar im Hotel, im kühlen Schatten der Bäume, ist es genau richtig. Ein letztes Mal gehe ich in »meine« Pizzeria. Mit Wehmut im Herzen verabschiede ich mich, waren doch all die freundlichen Menschen für mich eine Woche lang eine vertraute Umgebung. Herzlich werde ich verabschiedet.

8. August.

Dass der Tag lang werden würde, war mir schon beim Aufwachen klar. Und so lasse ich mir beim Frühstück besonders viel Zeit. Den Rest des Tages verbringe ich bei Bier und Chips im kühlen Garten des Hotels. Irgendwann gegen sechs Uhr abends, hält es mich nicht mehr im Sessel und ich nehme das nächste Taxi, das am Hotel hält, in Richtung Flughafen. Um sieben Uhr bin ich am Flughafen. Für heute ist meine Maschine der Surinam Airways die Einzige, die noch abfliegt, jedoch erst um 22 Uhr. Ich tröste mich damit, dass vielleicht schon zwei Stunden vorher der Check-In eröffnet wird und ich dann in der sicherlich gemütlicheren Abfluglounge warten kann. Ich werde jäh aus meinen Träumen gerissen, als eine Mitarbeiterin der Fluglinie direkt auf mich zukommt und erzählt, dass das Flugzeug zweieinhalb Stunden Verspätung hat, weil es in Miami/USA nicht pünktlich abfliegen konnte. Ich traue mich gar nicht auszurechnen, wie lange ich von nun an noch warten muss. Im Außenbereich des Abflugbereiches ist mir schon, als ich ankam, eine ältere Frau aufgefallen, die mit drei Einkaufstaschen auf jemand zu warten scheint. Nun sitzt sie immer noch auf dem gleichen Stuhl und ist inzwischen eingeschlafen. Ich glaube, sie wartet auf niemand. Stattdessen hat sie offensichtlich kein Zuhause. Was sind dagegen meine paar Stunden, die ich warten muss, gegen diese Lebenssituation. Von Zeit zu Zeit schaut sie auf und ich kann ihr ins Gesicht sehen. Doch wie erstaunt bin ich, dass es keineswegs verhärmt oder traurig aussieht, im Gegenteil einen kleinen Hauch von Lächeln kann ich sogar wahrnehmen, als auch sie mich ansieht. Irgendwie zerreißt es mir das Herz und ich bekomme ganz feuchte Augen. Die Welt ist so ungerecht. Wieder werde ich aus meinen Gedanken gerissen, als ich zum Check-In gebeten werde. Wie es sich herausstellt, bin ich der einzige Passagier, der von Georgetown nach Paramaribo reist. Mittlerweile ist es Mitternacht geworden, in Suriname wäre das schon ein Uhr morgens. Ob wohl mein Shuttle-Service ins Hotel, aufgrund der Verspätung, noch am Flughafen wartet? Egal, denke ich mir, Taxis gibt es sicherlich mehr als genügend.

Suriname

9. August.

Um 1 Uhr 30 sitze ich im Flugzeug, dachte ich. Falsch gedacht. Auch um kurz vor vier Uhr morgens sitze ich noch in der Abflughalle. Die beiden Mitarbeiterinnen haben sich längst in Decken gehüllt und schlafen. Doch dann geht es los, ein ganzer Flughafen, alles nur für mich. Das Gepäck wird mir sogar ins Flugzeug gebracht und ich darf gleich in der ersten Reihe der Business-Klasse Platz nehmen. Mit Start und Landung dauert der Flug ganze 50 Minuten. Und dafür bin ich seit 19 Uhr des Vortages am Flughafen. Doch was solls, ich habe doch Zeit. Der Kauf des Visums für Suriname, der sogenannten Touristenkarte geht schnell und problemlos, 20 Euro auf den Tisch gelegt, ein kurzer Blick in den Pass und schon kann ich zur Immigration weiter. Auch hier nur ein kurzer Blick und schon habe ich den Eingangsstempel der Republik Suriname im Pass. Seltsamerweise gar nicht müde, sitze ich schon um neun Uhr beim Frühstück und genieße den Blick in den Garten und auf den Fluss Suriname. Doch es hält mich nichts zurück, ich muss in die Stadt. Obwohl ich nur wenige Straßenzüge entlangmarschiere, ist das, was ich zu sehen bekomme, überwältigend: Hunderte, meist weiß gestrichene Häuser, ganz aus Holz gebaut, säumen die Straßen. Eines groß und mächtig, direkt daneben eine ganze Reihe niedlicher, nur zweistöckiger Häuschen. Das Läuten einer Kirche erinnert mich daran, dass ich doch die Basilika der Stadt anschauen wollte. Und genau dieses Läuten führt mich vor die Tore dieser großen, imposanten Kirche. Kaum zu glauben, dass auch dieses Bauwerk komplett aus Holz gebaut ist. Außen farbig, innen reine, natürliche Holztöne, verleihen dieser Kirche etwas Warmes und Sanftes. Die großen Fenster zu beiden Seiten der Innenhalle lassen sich in der Mitte drehen. Diese sind ganz geöffnet, so dass der Wind kühlend hindurchziehen kann. Da Sonntag ist, gilt das Glockenläuten der Ankündigung der Vormittagsmesse. Ich bin so von der gesamten Atmosphäre vereinnahmt, dass ich spontan beschließe, bei der Messe zu bleiben. Da diese auf Niederländisch abgehalten wird, kann ich vieles davon verstehen. Alle Besucher werden am Kirchenportal persönlich von den Geistlichen verabschiedet und auch mir wird, auf Niederländisch, een mooie zondag, ein schöner Sonntag gewünscht. Aus einem Park dringt fröhliche Musik an mein Ohr. Die indigene Bevölkerung feiert heute ein Fest, auf dem sie ihre Traditionen und Bräuche zeigen. Bunte Farben, vorwiegend Rottöne, karibische Leichtigkeit und Fröhlichkeit begegnet mir an allen Ecken und Enden. Und natürlich darf bei so einem Fest die kulinarische Seite nicht fehlen. An unzähligen großen und kleinen Essenständen gibt es alles, was die Surinamische Küche zu bieten hat. Es ist eine fröhliche und heitere Stimmung. Dazwischen gibt es Darbietungen, die erstmal ziemlich gewöhnungsbedürftig klingen. Sind es doch alte indianische Lieder und Tänze, die mit den karibischen Klängen so ganz und gar nichts zu tun haben.

10. August.

Der Plan für heute ist, wie könnte es bei mir anders sein, den Markt der Stadt zu besuchen. Alles ist sehr geordnet aufgebaut, die Gassen in der Markthalle sind breit, und alles wird auf Tischen präsentiert, so dass dadurch ein schönes, luftiges Raumgefühl entsteht. Ganz besonders viel Mühe geben sich die Gemüse- und Obsthändler. Kunstvoll bauen sie ihre Tomaten, Gurken, Paprika und Chilischoten zu kleinen Türmen auf. Es riecht, nein es duftet nach reifen Ananas, nach reifen Bananen genauso wie nach reifen Tomaten. Ich habe Zeit, viel Zeit und so gehe ich tatsächlich durch jede einzelne Gasse auf der linken und auf der rechten Seite jeden einzelnen Verkaufsstand ab. Sobald ich mir mal etwas genauer ansehe, werden die Vorzüge der Früchte oder des Gemüses mir zu erklären versucht. Am liebsten würde ich überall etwas einkaufen. Etwas herber im Geruch geht es in der benachbarten Fischhalle zu, aber es stinkt nicht, es riecht nach frischem Fisch. Die Auswahl geht von dickbauchigen Fischen aus dem Suriname Fluss bis zu schlanken Raubfischen aus dem nahen Atlantik. Den schwülwarmen Nachmittag lasse ich in einer gemütlichen und luftigen Straßenbar bei einem einheimischen »Parbo Bier« ausklingen.

11. August.

Ich schlendere in die bisher unbekannten Viertel der Stadt. Am Busbahnhof ist die Hölle los. Hunderte Kleinbusse fahren von hier in alle Himmelsrichtungen Surinames ab. Lautstark wird noch, während der Bus schon anfährt, nach eventuellen weiteren Kunden gerufen. Würde ich auf dem Landweg nach Französisch Guayana fahren, wäre es ein Leichtes, einfach den Bus mit Zielort Albina zu nehmen. Direkt hinter dem Busbahnhof steht ein weiteres, bemerkenswertes Gebäude mit

Namen »Kong Ngie Tong Sang«. Es ist seit nunmehr 130 Jahren das Versammlungshaus der gleichnamigen chinesischen Vereinigung. Multikulturell und multireligiös geht es weiter, so findet sich gegenüber dem Markt die Lutherische Kirche, ein großes repräsentatives Bauwerk, welches allerdings gar nicht nach einer herkömmlichen Kirche aussieht, eher nach einem griechischen Tempel. Wieder führt mich dann der Weg an das Ufer des Flusses. Leider wird es mit der Entsorgung von Müll hier nicht so genau genommen. Im kleinen Bootshafen schwimmen hunderte von Plastikflaschen, neben Tüten und sonstigem Plastik- und Verpackungsmüll. Ansonsten wäre der Bootshafen durchaus pittoresk, mit seinen kleinen, schmalen Fährbooten, die die Menschen ans andere Ufer des Suriname Flusses bringen. Im Verlauf der Uferpromenade komme ich an der alten Festung Zeelandia vorbei. Sie ist der älteste Teil von Paramaribo und datiert auf das Jahr 1640 zurück. Je weiter die Straßen vom Zentrum entfernt sind, desto mehr mussten schöne Holzhäuser hässlichen Beton- und Geschäftsgebäuden weichen. Eine Straße, die zu beiden Seiten schattenspendende Bäume aufzuweisen hatte, ist heute baum- und schmucklos. Doch es gibt sie noch, die Alleestraße mit altem Baumbestand. Es ist die »Jodenbreestraat«, die »Breite Juden Straße«, die auch tatsächlich direkt zu der großen Synagoge der Stadt führt. Und auch der nördliche Teil der »Waterkant« hat seinen Baumbestand erhalten können. Gerade um die Mittagszeit, wenn die Sonne vom Himmel brennt, ist das Spazierengehen unter dem Schatten der Bäume eine Wohltat. Als ich los will, um mir ein Restaurant fürs Abendessen zu suchen, verdunkelt sich der Himmel. Und dies in einer fast beängstigenden Geschwindigkeit. Wenige Augenblicke später schüttet es wie aus Kübeln, so dass ich kaum noch sehen kann. Gleichzeitig hat der Wind derart aufgefrischt, dass auf dem Suriname Fluss nur noch Schaumkronen zu sehen sind. Doch es blitzt und donnert nicht. Genauso schnell, wie dieser Regenschauer gekommen ist, genauso schnell ist er wieder vorbei und ich kann am Horizont noch einen kleinen Schimmer eines Abendrots vernehmen.

12. August.

Rund drei Kilometer vom Zentrum entfernt soll sich ein großer Hindu-Tempel befinden. Es ist leicht bewölkt und so fallen mir die ersten zwei Kilometer nicht schwer. Dann sticht die Sonne und ich versuche auf meinem Weg die wenigen Schattenmöglichkeiten auszunutzen. Kaum mache ich unter einem schützenden Dach Rast, fängt es heftig an zu regnen und es sieht im Moment nicht danach aus, als würde es bald damit aufhören. Doch keine fünf Minuten später kommt die Sonne wieder hervor und eine unglaubliche Luftfeuchtigkeit lässt die Kleidung auf der Haut kleben. Endlich erreiche ich das imposante Bauwerk. Der Arya Dewaker Hindu-Tempel ist ein filigranes und doch zugleich großes Bauwerk. Fast macht es den Eindruck, als wenn das Hauptgebäude rund wäre, doch beim genauen Hinsehen ist es ein oktogonales Gebäude, also ein Gebäude mit acht Ecken. Die drei wie im Zuckerbäckerstil erbaut aussehenden Türme repräsentieren die drei Einheiten des Universums- den absoluten Gott, den Menschen und die Natur. Kaum zu glauben, dass dieser Tempel erst im Jahr 2001, nach einer über zwanzigjährigen Bauphase, eröffnet wurde. Ein wunderschönes Lokal an der Waterstraat, mit dem passenden Namen »de waag«, die Waage ist heute ein Speiselokal. Früher wurden hier die Handelswaren zur Bemessung von Steuern und Zöllen gewogen. Eine originale Waage hängt dekorativ am Mittelpfosten und deren beiden Waagschalen wurden zu Esstischen umgestaltet. Am Abend geht mein Weg zu den vielen Holzhäusern, die im Licht der Glühlampen einen ganz besonderen, mystischen Charme zeigen. Es ist, als würde ich durch ein riesiges Freilichtmuseum gehen. Nein, es ist noch viel intensiver, es ist, als hätte jemand die Zeit um achtzig, um hundert Jahre zurückgedreht, denn im Dunkel der Nacht verschwinden all die störenden, modernen Dinge.

13. August.

Um 6.45 Uhr wartet bereits der kleine Bus, der mich zum großen Stausee inmitten des Urwaldes bringen soll. Einzig etwas schwierig ist, dass ich der einzige nicht Niederländisch sprechende Gast im Bus bin. Doch die einfachen Erklärungen verstehe ich ganz gut, nur wenn die Sätze länger werden merke ich, wie schwierig die Sprache ist. Wenn ich mal etwas nicht verstehe, bekomme ich die Erklärung aber auch in Englisch nachgeliefert. Auf ziemlich schlechter Straße dauert es fast eine halbe Stunde bis wir aus den Vorstadtsiedlungen aufs freie Land kommen. Im kleinen Ort Brownsweg halten wir ein erstes Mal. Der Ort ist erst in den 60 er Jahren des vorigen Jahrhunderts entstanden, als Folge der Umsiedlung von fast 5.000 Menschen, bedingt durch den Staudammbau des nahe gelegenen »Prof. Dr. Ir. W. J. van Blommesteinmeer« kurz Prokopondo-Stausee. Ein Abzweig führt in den rund sechzehn Kilometer entfernten Naturpark Brownsberg. Und diese sechzehn Kilometer haben es in sich. Nicht nur, dass die Straße ungeteert ist, sie ist auch in vielen Bereichen aufgeweicht und schlammig. Selbst der vierradgetriebene Bus schwimmt oftmals quer durch die schwierigen Passagen. Kein Wunder deshalb, dass für die Strecke über eine Stunde gebraucht wird. Das Zentrum des Parks auf der Anhöhe des Berges in rund 500 Meter Höhe bietet neben einem offenen Restaurant auch mehrere einfache Hütten zur Übernachtung. Am Uferrand kann ich auch die vielen überfluteten und seit Jahrzehnten abgestorbenen Bäume sehen. Diese Bäume werden in bis zu 35 Meter Wassertiefe gefällt. Durch die lange Konservierung unter Wasser ist dieses Holz sehr lange haltbar und wird hauptsächlich zu Möbeln für den Außenbereich verarbeitet. Ziel ist nun der eineinhalb Stunden Wanderzeit entfernte Leo-Wasserfall mitten im dichten Regenwald. Zunächst führt der Weg recht eben durch den schwülwarmen Wald. Dann wird der Weg zunehmend schwieriger, geht es doch über schmierige Baumwurzeln und lehmige Stellen. Die Tierwelt hat sich offensichtlich versteckt, nur ein großer Tausendfüßler, ein winziger Frosch und smaragdgrüne Eidechsen huschen vor meinen Füßen erschreckt in Unterholz. Die hier beheimateten Schreiaffen machen offensichtlich noch ihren Morgenschlaf. Tiefer und tiefer geht es hinab, bis ich das Rauschen eines kleinen Wasserfalls hören kann. Der Anblick ist atemberaubend schön. Aus 25 Metern Höhe fällt kristallklares Wasser in ein kleines Bassin, umrahmt von allerlei tropischen Grünpflanzen. Es ist wie in einem tropischen Garten, nur mit dem Unterschied, dass allein die Natur dieses Naturparadies geschaffen hat.

14. August.

Mein letzter Tag in Paramaribo. Mitten in der Nacht, morgen, am Samstag um zwei Uhr geht meine Maschine hinüber nach Französisch-Guayana. Doch ich habe noch einen ganzen Tag, um noch einmal durch die bezaubernde Altstadt zu schlendern. Noch einmal schlendere ich ganz langsam über den großen Markt, nehme die Gerüche, die guten und auch die weniger guten auf. Und -wie könnte es anders sein- kaufe mir einige, der nicht nur schön aussehenden, sondern auch zuckersüß schmeckenden goldgelben Bananen. Auf der Mauer der Uferpromenade lasse ich mir diese schmecken, während mein Blick hinüber zu den alten Fassaden der weißen Holzhäuser an der Waterstraat schweift. Schöner könnte der Abschied von Paramaribo nicht sein und doch macht sich in mir Wehmut breit. Es ist nicht nur eine interessante, schöne und historische Stadt, es ist auch eine Stadt in der ich mich richtig wohl gefühlt habe. Und immer und überall hatten die Menschen ein Lächeln für mich, ein Lächeln der Lebensfreude. Ich werde dieses Lächeln im Herzen behalten.

Französisch Guayana

15. August.

Was für ein Tag, oder sollte ich besser »Nacht« oder »Morgen« sagen? Leider hat das Flugzeug wieder über eineinhalb Stunden Verspätung. Und so will es das Schicksal, dass ich erst um 4 Uhr 15 auf dem Flughafen von Cayenne in Französisch Guayana ankomme. Die Passkontrolle geht so schnell vonstatten wie z. B. die Einreise in die Schweiz, aber schließlich reise ich als EU Bürger ja in die EU ein. Es geht Richtung Hauptstadt. Was ich in der Nacht erkennen kann, sind die großen französischen Supermärkte, die am Rand der Stadt sich in gar nichts von den Supermärkten im Festland-Frankreich unterscheiden. Um halb fünf Uhr morgens erreiche ich mein Hotel. Da es fürchterlich regnet, haben sich unter dem großen Vordach des Hotels drei Obdachlose untergestellt, beziehungsweise dort ihr Nachtquartier aufgebaut. Einer hat sogar eine große Hängematte von Geländer zu Geländer angebracht. Aber die drei sind keineswegs angsteinflößend, im Gegenteil, sie begrüßen mich mit brillantem Französisch und meinen nur, dass ich mal links die Klingel probieren soll, um den Nachtportier herauszuklingeln. Doch nichts rührt sich, obwohl ich die Klingel ganz deutlich hören kann. Auch gut, denke ich mir, denn bis die Bar in einer Stunde öffnet, kann ich locker durchhalten. Plötzlich geht die große Doppelflügeltür der Bar auf. Ein Mitarbeiter drückt mir einen Schlüssel in die Hand und meint, das Zimmer sei im ersten Stock. Ich bin froh aus den Schuhen zu kommen und noch wenigstens ein paar Stunden schlafen zu können. Ich lege mich aufs Bett und bin Sekunden später eingeschlafen. Ein herrlich duftendes Croissant und der Geruch von aromatischem Kaffee wecken mich sanft auf. So kann der Tag beginnen. In der kleinen Kathedrale ist gerade der Gottesdienst beendet und viele Familien mit ihren weiß gekleideten Kindern, strömen auf die Straße. Alle Hautfarben sind vertreten und bieten ein buntes, fröhliches Völkergemisch. Nur zwei Blocks weiter stehe ich am kleinen Sandstrand der Stadt und blicke hinaus auf den Atlantik. Durch die Nähe zum Fluss ist das Wasser zwar nicht schmutzig, aber erdig braun. Entlang der Uferstraße, vorbei am Fort, welches heute noch vom französischen Militär genutzt wird, erreiche ich den großen Markt der Stadt. Da heute Samstag ist, wird alles geboten was das Land zu bieten hat. Hunderte Gemüse- und Obststände zeigen die bunte Vielfalt der Natur. Trotz der vielen Menschen geht es ruhig und gemütlich zu. Man lässt sich Zeit beim Einkauf und studiert oder prüft die Ware mit den Händen oder riecht intensiv daran. Das Angebot an frischen Fischen ist hingegen recht überschaubar und wird auch ziemlich rustikal dargeboten. Entlang eines schmalen Kanals liegen die bunten Fischerboote am Ufer. Und direkt davor ist ein kleiner Verkaufsstand, bestehend aus einem Holzbrett mit einem Wellblechdach darüber. Ein großer Hackklotz dient als Auflage, um die großen Fische mit einer Machete in handliche Stücke zu zerhacken. Auch wird hier der Fisch geschuppt. Aller Abfall fällt zu Boden und wird schon gierig von schwarzen Geiern beäugt. Bei einem Glas kühlem, französischem Weißwein, den Blick auf den Palmen gesäumten Platz und ein altes Haus aus dem 19. Jahrhundert, scheinen die vergangenen Jahrhunderte zu verschwimmen.

16. August.

Sonntags geht es, wie auch im französischen Mutterland, gemächlich zu. Kaum ein Auto fährt, alle Läden haben geschlossen, nur die in chinesischer Hand befindlichen sind geöffnet. Es ist sogar so ruhig, dass ich das Vogelgezwitscher im Park bis zu mir auf die Terrasse hören kann. Ein bisschen schlendere ich durch die leeren Straßen der Stadt und entdecke immer wieder mal ein altes Gebäude, ein altes Holzhaus, welche zum Glück kaum verändert überlebt haben. Besonders einzeln stehende Häuser scheinen in letzter Zeit wieder das Interesse von Käufern gefunden zu haben und werden nun aufwendig restauriert. Das Ergebnis kann sich sehen lassen und strahlt den alten Charme der vorigen Jahrhunderte in neuem Glanz aus. Mittlerweile ist es fünf Uhr abends geworden und nun ist Cayenne gänzlich eingeschlafen, nicht mal mehr die Chinesen haben ihre Läden geöffnet. Kein Auto fährt mehr, kein Mensch ist mehr unterwegs, nur auf meiner Terrasse sitzen sechs Leute gemütlich bei Kaffee oder Wein. Während ich diese Zeilen schreibe, sitze ich auf der Holzterrasse des Hôtel des Palmistes, eine kühle Prise streift an mir vorbei, eine Karaffe Rotwein und eine große Schale Erdnüsse mit Rosinen stehen vor mir.

17. August.

Als ich am Markt vorbeikomme, der heute, Montag, geschlossen ist, wird meine Nase von einem verführerischen Duft von gebackenen Bananen umschmeichelt. Er scheint aus dem vietnamesischen Lokal auf der gegenüberliegenden Straßenseite zu kommen. Ein wenig Hunger hätte ich, es ist gerade zwölf Uhr geworden und es beginnt zu regnen; was hindert mich also daran, mal einen Blick in das Restaurant zu werfen. Eine nicht zu umfangreiche, gut gegliederte Speisekarte erleichtert mir die Auswahl. Ich bestelle eine Suppe nach Saigoner Art und ein Curryfischfilet mit Klebereis. Während ich auf das Essen warte, fällt mein Blick auf die große Auswahl an Flaschen in der Mitte des Tisches. Neben Sojasoße, Fischsoße, Weinessig, Meersalz, Chilisoße, Senf gibt es Sesamöl und selbstgemachte Chilisoße. Die einzelnen Schoten sind nur einmal in der Mitte durchgeschnitten und liegen in einer hellen, ungesalzenen Sojabrühe. Höllisch scharf- aber auch höllisch lecker. In der Zwischenzeit habe ich eine große Schüssel mit meiner klaren Suppe bekommen. Allerlei bekanntes und allerlei unbekanntes Gemüse schwimmt darin. Dazu eine große Menge weißer Nudeln. Dies alles garniert mit Petersiliengrün und einigen Garnelen. Dazu wird mir ein Teller mit grünem Salat, einigen Pfefferminzblättern und einer geviertelten Limone hinzugestellt. Ich freue mich und gehe daran, die grünen Blätter mit Limonensaft, ein wenig Essig und dem Sesamöl zu marinieren. Als am Nachbartisch ebenfalls Suppe mit Salat serviert wird sehe ich, dass der Salat gar nicht angemacht, sondern mit den Fingern in kleine Stücke zerrissen und dann über die heiße Suppe gegeben wird. Dies habe ich so noch nie gesehen. Geschmacklich bin ich ein wenig skeptisch. Grüner, warmer Salat in einer Suppe klingt im Moment noch merkwürdig.

18. August.

Um neun Uhr will ich mir bei einer Autovermietung einen Wagen mieten, ein Motorrad war leider nicht zu bekommen. Ich fahre bester Laune durch den Vorstadtgürtel von Cayenne. Dieser unterscheidet sich in keinem Punkt von Vorstadtgürteln im Mutterland Frankreich. Die gleichen Ortsschilder, die gleichen Firmen, die gleichen Supermärkte, ja sogar die gleichen

Werbetafeln. Gemütlich geht es Richtung Norden dem rund 50 Kilometer entfernten Ort Kourou zu. Alles ist komplett entspannt, schneller als die erlaubten 90 Stundenkilometer wird kaum gefahren und ansonsten herrscht kaum Autoverkehr. Vorbei an kleinen, niedlichen Dorfkirchen, ein paar alten Häusern geht es direkt durch den Regenwald. Vom nur wenige Kilometer entfernten Atlantischen Ozean ist nichts zu sehen. Am Eingang von Kourou ist gleich zu erkennen, dass ich hier richtig bin. Ein großer Regenbogen mit einem Modell der Ariana 5 Weltraumrakete zeigen mir den Weg zum europäischen Weltraumbahnhof. Rund fünf Kilometer außerhalb der Stadt sind die Abschussrampen gelegen. Eine direkte Besichtigung ist möglich, jedoch nur mit Termin. Da fahre ich doch lieber an den langen Sandstrand. Von Palmen umsäumt, flach abfallend lädt er, gerade bei den hohen Wassertemperaturen zum Baden ein. Ein Vier- Sterne- Hotel steht direkt am Strand, doch ich kann niemanden entdecken, der den herrlichen Strand nutzt. Von diesem Ort habe ich einen direkten Blick auf die, vor der Küste liegenden, Teufelsinseln. Diese Inseln wurden bis 1949 von Frankreich als Sträflingskolonie genutzt, in der die Häftlinge unter unmenschlichen Bedingungen ihre Strafe verbüßen mussten. Bekannt sind diese Inseln auch durch den Roman „Papillon“ und die Verfilmung mit Steve McQueen und Dustin Hoffmann geworden. Auch diese Inseln könnte man besichtigen, doch es zieht mich nicht dorthin. Ruinen, die das Leid so vieler Menschen in sich tragen, kann ich nur unter dem Gesichtspunkt eines Mahnmals, aber nicht unter touristischen Gesichtspunkten sehen. Und doch blicke ich die ganze Zeit zu dieser Insel hinüber, kann ich mir doch nur schwer vorstellen, wie Menschen anderen Menschen dies antun konnten.

18. August.

Über 260 Kilometer weit möchte ich in Richtung Norden fahren bis zu Grenzstadt nach Suriname, Saint-Laurent du Maroni. Immer wieder überquere ich auf kleinen Brücken Bäche und Flüsse, welche einen tieferen Blick in den Regenwald möglich machen. Kurz vor dem Ort Iracoubo überquert eine einspurige Brücke den gleichnamigen Fluss. Am anderen Ende der Brücke erlebe ich zum ersten Mal in Französisch-Guayana einen Kontrollposten. Strategisch ist dieser natürlich geschickt angelegt, da dies die einzige Brücke überhaupt ist, um weiter nach Norden zu kommen. Ganz besonders freundlich werde ich nach den Ausweispapieren gefragt. Ein kurzer Blick und schon werde ich mit einem netten »Bon journée« verabschiedet. Immer noch führt die Straße kerzengerade durch das flache Schwemmland in Meeresnähe. Zwanzig Kilometer weiter, im Ort Organabo, zweigt die Straße ins Hinterland ab und führt durch eine völlig andere Landschaft. Ja, der Regenwald ist immer noch präsent, aber es wird leicht bergig oder vielleicht besser gesagt, hügelig. In vielen schönen Kurven schlängelt sich die Straße durch das satte Grün des Urwalds. Fast zu schnell erreiche ich Saint-Laurent du Maroni am Ufer des »Fleuve Maroni«, der zugleich der Grenzfluss zu Suriname ist. Mein Weg führt mich zu einem düsteren Kapital der Stadtgeschichte. Bis ins Jahr 1948 war das Durchgangslager »Camp de Transportation« Gefängnis für Strafgefangene, die später auf die noch berüchtigtere Gefängnisinsel vor Kourou verbracht wurden. Obwohl die Sonne prächtig scheint, helle, freundliche Wolken am Himmel sind, ist der Ort bedrückend. Noch bedrückender ist es, durch das steinerne Tor zu gehen. Die Gefängnisbauten sind vollständig erhalten und werden als Mahnmal restauriert. Die Gebäude, diese Zellen, diese Gitter und auch einige Bilder aus dieser Zeit lassen mich erschaudern. Was mag sich alles hinter diesen Mauern, hinter diesen Zellentüren, hinter diesen Gittern zugetragen haben? Schweigend gehe ich zwischen den

Blöcken einher. Ich bin froh wieder auf der Straße zu stehen und irgendwie kommt mir auch die Sonne nun wieder strahlender vor. Schnell, sehr schnell verlasse ich diesen Ort und gehe hinunter zum Fluss. Welch eine Romantik, wie sich das Ufer im langsam dahinfließenden Fluss spiegelt. Am anderen Ufer kann ich die kleinen Häuser der surinamischen Ortschaft Albina erkennen. Es herrscht ein reger Schiffsverkehr mit kleinen Langbooten, die pausenlos zwischen den Ufern und den Ländern hin und her fahren. Der kleine Grenzverkehr kennt keine Grenzen und keine Kontrollen. Einen kleinen Ort mit dem Namen Mana habe ich auf der Karte entdeckt. Ganz in der Nähe haben die riesigen Lederschildkröten ihre Laichplätze, dies jedoch zu einer anderen Jahreszeit. Dieses Dorf ist für mich etwas ganz Besonderes. Es ist, wie es ursprünglicher nicht sein könnte. Nicht nur die alten Häuser sind es, die den verstaubten Charme der Geschichte lebendig werden lassen, nein, es sind vor allem die Menschen: Frauen in bunten Kleidern sitzen vor den Häusern am Straßenrand und verkaufen das Wenige, was sie im eigenen Garten anpflanzen. Ein Mann wedelt die Fliegen von seinen vier Fischen. Aber die Gesichter sind keineswegs traurig oder vergrämt, sie sind fröhlich und aus den Augen sprüht zugleich Lebensfreude und Sanftmut. Mein Bananenkonsum wächst heute ins Unendliche, komme ich doch am Korb einer Frau nicht vorbei, die mir einfach so eine Banane zusteckt. Ich glaube, es wäre ziemlich unhöflich von mir, jetzt einfach weiterzugehen. So setze ich mich auf einen Holzposten und kaufe ein paar Bananen. Als Dank bekomme ich das breiteste Lächeln welches ich je gesehen habe und strahlende, tiefdunkle Augen als Zugabe.

20. August.

Wieder war das gute Frühstück »schuld«, dass ich erst gegen zehn Uhr morgens wegkomme. Doch die heutige Etappe ist mit rund 190 Kilometern nicht so weit wie die gestrige. Kurz hinter Cayenne biege ich auf die N2, die Hauptstraße ein. Es ist die einzige Verbindung in den Süden von Französisch-Guayana. Die Strecke ist ein wahrer Genuss. Kurvenreich, hügelig, ja sogar manchmal bergig mit Steigungen von bis zu 15%. Nahe beim Ort Régina führt eine schmale Gitterbrücke über einen aus dem Regenwald kommenden Fluss. Doch zunächst gilt es, für eine Polizeikontrolle anzuhalten. Ich halte bereits einige Sekunden. Doch es macht sich nichts und niemand bemerkbar. Ich will gerade aussteigen, als drei Polizisten ganz aufgeregt aus ihrem kleinen Häuschen kommen. Einer stopft sich noch genüsslich ein Stück Brot in den Mund. Beim Blick auf die Uhr wird mir klar, bei welcher Tätigkeit ich sie offensichtlich gestört habe. Es ist zwölf Uhr und Mittagessenszeit. Ein Polizist steht hinter mir, einer mit einer Maschinenpistole vor dem Auto und einer verlangt meine Papiere. Doch kaum sieht er, dass ich EU-Bürger bin, entspannt sich die gesamte Situation. Mit den besten Wünschen für einen schönen Tag und eine gute Fahrt werde ich verabschiedet. Höflich entgegne ich natürlich auch in bestem Französisch mein: Bon journée. Weiter, wenn auch nicht mehr ganz so hügelig, führt die Straße bis in die kleine Stadt Saint-Georges de l'Oyapock am Fluss Oyapock. Am anderen Ufer kann ich einige Häuser der zu Brasilien gehörenden Stadt Oiapoque entdecken. Auch hier gibt es den kleinen Grenzverkehr zwischen den Ländern mit den schon bekannten Langbooten. Im Ort selbst stehen viele alte Häuser im Kolonialstil, eine leider geschlossene Kirche und eine ebenfalls geschlossene Zollstation. Außer einem kleinen Supermarkt und einem Restaurant kann ich nichts weiter finden. So beschließe ich, mir die neue Brücke, die über den Fluss hinüberführt, anzusehen. Rund sieben Kilometer südlich der Ortschaft ist eine breite neue Straße angelegt, welche auf eine Anhöhe hinaufführt. Schon von Weitem kann ich die große Hängebrücke erspähen. Direkt an den neuen Zollstationen parke ich und will wenigstens vom Zaun aus ein Foto der Brücke machen. Doch da habe ich wohl irgendwelche hoheitlichen Rechte verletzt, denn der aus dem Büro kommende Zollbeamte meint, hier dürfe ich keine Fotos machen. Sodann verlangt er gleich meine Ausweispapiere. Doch dann bietet er mir an, ob ich nicht bis zur Brücke laufen und dort fotografieren möchte. Diese Gelegenheit lasse ich mir natürlich nicht entgehen. Und so darf ich ganz offiziell über die menschenleere Zollstation bis zur menschenleeren und fahrzeugfreien Brücke gehen. Von hier oben habe ich einen atemberaubenden Blick auf den Fluss und den Hauptort auf der brasilianischen Seite des Flusses. Als ich mich in Richtung Frankreich zurückdrehe, muss ich einfach herzhaft lachen. An der Zollstation sind rote und grüne Ampeln und sogar LED-Piktogramme eingeschaltet. Lachen ganz einfach deshalb, weil seit 2011 diese Brücke von Saint-Georges in Französisch-Guayana nach Oiapoque in Brasilien führt. Sie sollte die EU mit dem boomenden Brasilien verbinden. Aber in Betrieb nehmen kann oder will sie niemand. Über 40 Millionen Euro soll das Projekt Frankreich und die EU gekostet haben. Doch wirklich will die Brücke heute niemand mehr, da einerseits auf brasilianischer Seite die Zollabfertigung nicht hergestellt ist und die Straße zum Amazonashafen Macapá nicht asphaltiert und teilweise sogar unpassierbar ist, andererseits die politischen Verhandlungen auf unbestimmte Zeit vertagt sind. Besonders skurril finde ich, dass auf französischer Seite Dutzende von Zollbeamten in nagelneuen Büros sitzen, die dazu da sind, Verzollungen und Zollkontrollen zu machen. Doch es kommt weder etwas zum Verzollen noch irgendeine Person zur Passkontrolle. Ein Possenspiel inmitten des Urwalds. Nachdenklich fahre ich die restlichen 110 Kilometer zurück nach Cayenne.

21. August.

Gleich am Morgen zieht es mich auf einen kleinen Hügel über der Stadt. Dort sind noch Reste der alten Festung »Fort Cépérou« zu sehen. Jedoch scheint sich niemand um dieses Relikt der Vergangenheit zu kümmern. Die alte Zugangstüre ist aus den Angeln gebrochen und der hölzerne Beobachtungsturm hat eine beträchtliche Schieflage, so dass er jeden Moment umzustürzen droht. Von hier reicht der Blick weit über die Stadtgrenzen hinaus. Von hier sehe ich auch in ganzer Länge, wie geschäftig es in Avenue de General de Gaulle zugeht. Ein Auto nach dem anderen drängelt sich entlang und viele Menschen säumen die Gehwege vor den Geschäften. Obwohl die Sonne hinter weißen Wolken versteckt ist, ist es unerträglich heiß, dazu dürfte die Luftfeuchtigkeit heute ganz besonders hohe Werte erreichen. Bevor ich nun ganz durchgeschwitzt bin, setze ich mich erst mal lieber wieder auf die Terrasse meines Hotels. Denn hier herrscht ein immer währender Luftdurchzug. Momentan kann ich nicht kühler sitzen. Und auch ein frisch gezapftes Bier aus dem Elsass trägt zu meiner Abkühlung bei.

22. August.

Gestärkt mit einem kühlen Maracujasaft schlendere ich am Markt vorbei auf die andere Seite des kleinen Kanals. Laut Stadtplan soll genau hier das chinesische Viertel beginnen. Ein großes Graffiti begrüßt mich mit den Worten »Bienvenue á la cité Chinoise«. Doch das mit dem »Chinesisch« muss man hier anders sehen. Gemeint ist die frühere Kolonie Frankreichs »Französisch-Indochina«, die heutigen Länder Vietnam, Laos und

Kambodscha. Hatte ich vor einigen Tagen noch etwas ins Reich der Unmöglichkeit verbannt, so probiere ich es heute zum Mittagessen aus. Grünen Salat rupfe ich in kleine Stücke und gebe diese in die heiße Suppe. Schließlich muss ich doch einfach mal wissen, wie das so schmeckt, wenn es schon die anderen Gäste so handhaben. Ehrlich gesagt, sieht es optisch besser aus als es schmeckt, denn schmecken tut es relativ neutral.

23. August.

Am Sonntag wacht Cayenne erst sehr spät auf. Um neun Uhr morgens ist es noch komplett still auf der Straße und im Hotel. Auch gibt es vor zehn Uhr gar kein Frühstück. Aber dieses So-gemütlich-in-den-Tag-Starten hat auch etwas Besonderes, denn das Besondere daran ist, dass der Sonntag sich damit wohltuend von anderen Wochentagen unterscheidet. Vom Park duftet es zur Mittagszeit verführerisch zu mir herüber. Alle Düfte aus der kreolischen, indochinesischen und französischen Küche streichen einladend um meine Nase. Immer wieder noch untermalt vom aromatischen Geruch frischer Crêpes. Groß und Klein ist auf den Beinen. Die Restaurants sind prall gefüllt und es wird gegessen und getrunken als gäbe es kein Morgen. Auch auf dem Platz des Palmistes, auf dem eine Musikband spielt, ist es brechend voll. Alles tanzt oder bewegt sich im Rhythmus der mitreißenden, kreolisch karibischen Musik.

24. August.

Mein letzter ganzer Tag in Cayenne ist angebrochen. Irgendwie schlagen mal wieder zwei Herzen in meiner Brust: Einerseits schade, dass es weitergeht, ich hatte mich so an das gemütliche Leben ohne großen Plan gewöhnt. Andererseits freue ich mich riesig, für kurze

Zeit nach Hause zu kommen. Ich gehe mal ans Meer, mal hinauf auf den Hügel, die Avenue Charles de Gaulles entlang, esse noch beim Vietnamesen eine riesige Schüssel voller Suppe und schlendere ansonsten ziemlich ziellos umher. Ich mag diese Tage überhaupt nicht. Und doch ist dieser Tag besonders schön. Wird mir doch ganz hautnah bewusst, wie Menschen unterschiedlichster Hautfarbe zusammen glücklich sein können.

25. August.

Lange warte ich auf meinen Abflug nach Paris. Ich hatte mich bei der Abflugzeit etwas geirrt. Nicht kurz nach 14 Uhr, sondern erst kurz nach 17 Uhr startet die Maschine.

.... vier Wochen später:

28. September.

Das Abenteuer Südamerika geht in seine zweite Runde. ... »bitte stellen Sie Ihre Sitzlehnen gerade und .... wir landen in Kürze in Paris, Charles de Gaulles«. Die Stimme durch die Bordlautsprecher weckt mich aus meinen Tagträumen. Das »Sofa- oder Regenwald Syndrom«, so könnte ich es fast bezeichnen, hat ziemlich stark Besitz von mir ergriffen. Ehrlich gesagt, es war viel einfacher, viel bequemer zuhause zu sein. Aber auch das Gefühl, die Lieben zuhause wieder für viele Monate verlassen zu müssen, lässt mich grübeln und grübeln, ob die Entscheidung, mit meiner Südamerikatour weiterzumachen richtig ist. So ganz komme ich, selbst als ich in der Metro zum Eiffelturm sitze, nicht zu einem Ergebnis. Doch, ganz ehrlich, als ich diesen magischen Punkt genau im Zentrum dieses einzigartigen Bauwerks betrete und nach oben in die sich verengende Stahlträgerskulptur blicke, weiß ich es. Ich bin doch tief in meinem Herzen der Abenteurer, der nach den exotischen Ländern dieser Erde Sehnsucht hat.

29. September.

Gnadenlos klingelt der Wecker. Um diese frühe Stunde gibt es im kleinen Hotel noch kein Frühstück. Macht nichts, denke ich mir, in Paris finde ich bestimmt bald ein kleines Bistro oder Café. Und so schleife ich meine ziemlich schwere Gepäckrolle Richtung Metro Station. Kaum ein paar Meter gegangen, grüßt mich der Eiffelturm in seiner gesamten morgendlichen Pracht: Nicht illuminiert, nicht funkelnd in Szene gesetzt, nein, einfach nur die ungeschminkte Schönheit dieser faszinierenden Konstruktion eines Visionärs beeindruckt mich zu dieser frühen Stunde. Noch lange hänge ich diesen Gedanken nach, immer noch, als ich schon seit Stunden im Flugzeug Richtung Südamerika unterwegs bin. Mittlerweile haben sich auch meine Gedanken, meine Stimmung und Zufriedenheit auf Freude eingestellt; auf Freude über die vielen Dinge und Erlebnisse der kommenden Wochen und Monate. Ich bin wieder angekommen, wieder angekommen im Abenteuermodus. Es ist wie ein nach Hause kommen bei Freunden. Kaum bin ich im Hôtel des Palmistes, im Herzen der Hauptstadt von Französisch-Guayana, angekommen, werde ich freudestrahlend begrüßt. Es ist wirklich schön, wieder hier zu sein, an einem Ort, an dem ich schon zwei Wochen verbringen durfte

30. September.

Ich lasse mich wieder von den Gerüchen und Eindrücken über den Markt treiben. Heute am Mittwoch sind alle Händler vor Ort und breiten ihr nahezu unüberschaubares Angebot aus: Riesige Bananenstauden finden sich in den Farben dunkelgrün bis goldgelb bei fast allen Marktständen. Bekanntes und viel unbekanntes Obst und Gemüse türmt sich, meist liebevoll aufgeschichtet, auf den rohen Holzbrettern. Überall herrscht emsiges Treiben und überall scheint eine fröhliche, unbeschwerte Stimmung über dem Markt zu liegen. Doch obwohl sich stets ein Lächeln auf den Gesichtern der Markfrauen abzeichnet, sieht man in den Gesichtszügen die Furchen, die von einem harten Leben auf den Feldern berichten. Weiter schlendere ich durch die Straßen der Stadt. Jetzt zur Mittagszeit duftet es verführerisch aus vielen offenen Türen. Immer wieder kann ich einen Blick in die Küchen der Menschen erhaschen. Und immer wieder wird mir freundlich zugewunken. Einfach sieht es aus, alles ist meilenweit entfernt von der typischen Einbauküche in deutschen Haushalten. Herd, Schränke, Tisch und Stühle sind eine bunte Mischung aus allerlei verschiedenen und bunten Möbelstücken. Auch gibt es nicht immer einen Herd, oft dienen nur zwei Kochplatten der Bereitung der Speisen. Aber es zeigt sich wieder einmal, dass beim Kochen von lecker und exotisch duftenden Mahlzeiten einzig und allein das Können der Köchinnen und Köche entscheidend ist.

Wieder zurück in Brasilien

1. Oktober.

Wieder sind heute die zwei Herzen in meiner Brust: Einerseits würde ich gern noch viele Tage in Cayenne bleiben und mich vom karibischen Zauber treiben lassen. Andererseits zieht es mich wieder in die Ferne in neue, unbekannte Regionen dieses Kontinents. Um sieben Uhr früh weckt mich die aufgehende Sonne. Als ich das Fenster öffne, strömt herrlich frische und kühle Luft in mein Zimmer. Was für ein Gefühl, auf dem Balkon eines alten kreolischen Hauses zu stehen, die im Sonnenlicht glitzernden Palmen direkt vor mir und am Horizont die Wellen des Atlantiks zu sehen. Beim Flug über den Amazonas kann ich diesmal kaum etwas wahrnehmen, ist doch die Nacht schon sehr früh über das Land unter mir hereingebrochen. Als ich die Lichter von Belém und die Silhouette des kleinen Hafens entdecke, ist es wieder da, das Gefühl hier gern wieder herzukommen. Und dieses Gefühl täuscht mich nicht, ist doch die Fahrt durch die bekannten Viertel dieser quirligen Stadt ein wohliges Wiederkommen.

2. Oktober.

Früh wache ich auf, es ist erst kurz nach fünf Uhr morgens. Jedoch ist es schon richtig hell und die Sonne lässt sich am Horizont erahnen. »Gut« fällt mir dazu gleich ein, schließlich möchte ich die nächsten Wochen möglichst zeitig losfahren, um noch ein paar Stunden in der relativen Kühle des frühen Tages zurücklegen zu können. Noch vor dem Frühstück genieße ich es, ein paar gemütliche Runden zu Fuß um die Häuser zu ziehen. Noch sind die Läden geschlossen, auch herrscht um diese Zeit kaum Verkehr. Es ist schön, das Erwachen der großen Stadt mitzuerleben, wenn hier und dort ein Laden aufgeht, ein Rollladen hochgefahren wird und die ersten Motorradtaxis sich an den Bushaltestellen aufbauen. Nun heißt es für mich Helm, Motorradjacke und Handschuhe unter den Arm zu nehmen und mit einem Taxi zum zehn Kilometer entfernten Motorradhändler zu fahren. Dort steht meine BMW seit Anfang August. Das „Hallo" ist groß, als ich zur Türe hereinkomme und ich werde vor Freude fast erdrückt. Jetzt aber kommt mein Auftritt. Ich hole das ganze Team zusammen und öffne die Tüte. Wie Kinder zu Weihnachten freuen sich alle als ich jedem ein original Fan-T-Shirt von Bayern-München überreiche. Als ich das letzte Mal bei ihnen war, kamen wir ins Gespräch und es stellte sich heraus, dass sie neben ihrem heimatlichen Erstligisten auch Fan von Bayern-München sind. Mit feuchten Augen stülpe ich mir meinen Helm über und fahre aus dem Hof. Noch einmal gleitet mein Blick zurück, ein letztes Winken. Noch etwas unsicher wage ich mich in den dichten Verkehr. Trotz der schon hohen Temperatur, mache ich ein wenig Sightseeing und kämpfe mich bis zum Ver-O-Peso Markt durch. Für mich ist es ein schönes Gefühl, auf zwei Rädern hier zu sein und diese Stadt nochmal zu erkunden. Am Fischerhafen mache ich Rast und sitze im Schatten eines Marktstandes, während gegenüber in der Markthalle noch eifriges Treiben herrscht. Es ist heiß geworden um die Mittagszeit. Das Thermometer zeigt 38 Grad im Schatten.

3. Oktober.

Eine lange Etappe von über 590 Kilometer bis zur Kleinstadt Imparatriz liegt heute vor mir. Der morgendliche Verkehr hält sich in Grenzen. Ich komme auf den innerstädtischen Straßen sehr gut voran. Gegen die Mittagszeit wird es heißer und heißer. Das Thermometer zeigt 37 Grad im Schatten. Schatten, ja, das wäre schön. Doch diesen gibt es auf der Straße nicht. Die weidenden Rinderherden sind besser dran, können sie doch unter den großen Mangobäumen, die auf allen Feldern stehen, vor der Bruthitze Schutz suchen. Auch diesmal ist das Tanken wieder kurzweilig. Stets werde ich gefragt, woher ich komme und wohin es weitergeht. Und, dass Sie es toll finden, dass ich ihr Land bereise. Durch die starke Hitze machen mir die letzten hundert Kilometer überhaupt keinen Spaß. Ich wünsche mir mein kleines Hostel im Ort Imperatriz herbei. Nach der Dusche, nach dem kühlen Mineralwasser, nach ein paar Keksen geht es mir wieder besser und die Strapazen sind vergessen. Die Klimaanlage hat es mittlerweile geschafft, das Zimmer auf 25 Grad abzukühlen, so dass ich gut schlafen kann. Ein guter Schlaf ist wichtig, geht es doch morgen noch einmal rund 530 Kilometer weiter Richtung Süden.

4. Oktober.

Welch ein Genuss ist es, bei nur 24 Grad auf die Strecke zu gehen. Im Westen geht tiefrot die Sonne über den wenigen Bäumen der Weidelandschaft auf. Ein Bild wie gemalt, ein Bild fast zu beeindruckend, als dass es real sein könnte. Doch es ist real. Real ist auch der tägliche Kampf, um etwas Geld zu verdienen für die vielen armen Leute in den Straßendörfern. An einem kleinen Stand wird gerade Essen vorbereitet, an einem anderen werden Melonen aufgeschichtet und wieder an einem anderen Getränke aus der Kühltasche geholt. Hier sitzen sie dann den ganzen Tag bis spät in den Abend und hoffen, dass irgendjemand anhält und etwas kauft. Zum Glück kann ich beobachten, dass auch die Dorfbewohner selbst an den kleinen Ständen einkaufen. Noch mehr geht mir heute ans Herz, wie hart es die Verkäufer haben, die mitten auf der Landstraße große Säcke selbst gesammelter Mangofrüchte verkaufen. Die Strecke selbst ist landschaftlich kaum abwechslungsreich und auch die Farben von Bäumen und Wiesen wirken durch die brütende Hitze wie ausgebleicht. An einem kleinen Verkaufsstand neben einer Tankstelle kaufe ich mir ein paar Flaschen Wasser, um stets Vorrat dabei zu haben. Dabei fällt mein Blick auf eine Art fettgebackene Teigtaschen. Mein Magen und ich sind uns gleich einig, davon muss ich probieren. Und ich bereue meinen Kauf nicht, sind es doch leckere Teigtaschen, gefüllt mit süßer Erdbeermarmelade. Solchermaßen gestärkt mache ich mich auf die nächsten 200 Kilometer meiner heutigen rund 540 Kilometer langen Etappe. Es ist mittlerweile so heiß geworden, dass ich nicht mehr das Visier meines Helmes öffnen kann, um mir Lüftung zu besorgen. Kaum, dass ich das Visier öffne, strömt heiße Luft in mein Gesicht, als würde ich durch einen riesigen Fön fahren. Irgendwann, am späten Nachmittag, komme ich im Ort Barrolandia an. Die Strapazen muss man mir wohl ansehen, denn sogleich reicht man mir im winzigen Hotel des Ortes eine große Flasche Wasser.

5. Oktober.

Ich habe den Eindruck, dass es heute noch wärmer als gestern ist. Und mein Gefühl täuscht mich nicht. Bereits 28 Grad zeigt das Thermometer am frühen Morgen. Das Frühstück ist rudimentär, aber was es gibt, ist dafür richtig lecker. Besonders der Marmorkuchen sieht aus wie zuhause und er schmeckt auch wie zuhause. Rund 470 Kilometer bei hoher Temperatur stehen auf dem Plan. Bevor ich losfahren kann, muss ich noch eine kleine Reparatur ausführen. Der rechte vordere Blinker wackelte schon eine ganze Weile, jetzt hängt er nur noch am Kabel. Panzergewebeband löst dieses Problem in Sekunden und ich kann voller Freude in den jungen Tag starten. Die Landschaft ist wenig abwechslungsreich. Im Straßendorf Alvorada biege ich auf eine schmale Landstraße ab. Bei brütender Hitze geht es durch ein ausgedörrtes, menschenleeres Land. Nur die Hinweisschilder auf die Einfahrt zu den großen Landwirtschaftsbetrieben zeigen mir, dass hier Menschen leben. Wie groß diese Betriebe sind, zeigt sich an den Kilometerangaben auf diesen Hinweisschildern. Oft sind es mehr als 15 Kilometer, einmal 24 und einmal sogar 32 Kilometer, die das Zentrum der Farm, das Bauernhaus entfernt ist. Völlig unvorstellbar für mich als Mitteleuropäer. Die Straße wird plötzlich schlechter und schlechter. Viele große Schlaglöcher zieren das Asphaltband bis zum Horizont. Musste ich auf der Überlandstraße auf die Lastwagen aufpassen, sind es nun diese Löcher. Unversehens fehlt auf mehreren

Kilometern komplett der Asphaltbelag. Wieder kommt mir der Gedanke, ob ich nicht doch eine andere Straße hätte wählen sollen. Ich komme an einem Hinweisschild vorbei, dass hier der Bundesstaat Goayai beginnt. Wie von Zauberhand sind die Schlaglöcher verschwunden. Ja, sogar ein Mittel- und Randstreifen ist aufgemalt. An einer wie biblisch anmutenden Oase halte ich an. Zu beeindruckend ist diese Szene. Ein Teich, an dem viele Dattelpalmen wachsen, umringt von großen Mangobäumen. Und im Schatten dieser Bäume liegen weiße und schwarze Rinder, die vor der Sonne im dichten Schatten Schutz finden. Anders als die Rinder, habe ich keinen Schatten, mir brennt die Sonne erbarmungslos auf den Körper. Schnell nehme ich noch einen Schluck Wasser, (mittlerweile mehr als lauwarm), und fahre weiter in Richtung Etappenziel. In der Kleinstadt Sao Miguel de Araguaia mache ich für heute Schluss. Der Hunger treibt mich ins Zentrum. Eine Bar, die ein paar Snacks in der Vitrine hat, ist alles, was ich zum Thema Essen auftreibe.

6. Oktober.

Am Horizont sind Wolken aufgezogen, so dass ich zwei Stunden im Schatten dieser Wolken fahren darf. Jetzt verändert sich auch die Landschaft, es wird hügeliger und kurz vor Goiaya führt die Straße kurvenreich und wie auf einer Berg- und Talbahn durch die immer grüner werdende Landschaft. Ich staune über mich selbst, dass ich bei dieser Streckenführung viel mehr Spaß am Fahren habe, obwohl es mittlerweile wieder über 37 Grad sind. Doch der Spaß hält nicht lange an, bereits 50 Kilometer weiter breitet sich eine flache Landschaft mit riesigen Anbauflächen aus. Es wird in großem Stil Zuckerrohr angebaut, Zuckerrohr, das zu Ethanol für die Autobetankung dient und aus dem leider kein leckerer Rum destilliert wird. An einer Tankstelle, an der es auch ein kleines Restaurant gibt, halte ich an. Ich muss mir erst mal etwas Kühles zum Trinken besorgen, da das Wasser in meinen Aluboxen mittlerweile die Außentemperatur angenommen hat. Ich habe überhaupt keine Lust mehr, weiter zu fahren. Jetzt hier sitzen bleiben, den Rest des Tages genießen und übernachten. Doch leider gibt es hier keine Übernachtungsmöglichkeit und so weit ist es zu meinem heutigen Ziel auch nicht mehr. Nur noch 35 Kilometer sind durchzuhalten und durchhalten ist genau das richtige Wort, denn als ich in die Stadt Rio do Garcas komme, stecke ich im Verkehr fest. Es ist kein Spaß hinter einem Dieselabgase auspustenden alten Lastwagen in der Hitze zu stehen. Fünf Minuten später kann ich die Auffahrt zum kleinen Hotel ansteuern. Raus aus den heißen, nassen, klebenden und müffelnden Klamotten ist mein erster Gedanke. Mit der Länge der heutigen Strecke habe ich mich, mal wieder, verschätzt. Ursprünglich war eine Länge von 500 Kilometern geplant, am Ende des Tages waren es aber 600 Kilometer.

7. Oktober.

Das Gewitter der Nacht hat einerseits für eine reine Luft gesorgt und für moderate 21 Grad Celsius. Die erste Stunde fröstelt es mich sogar ab und zu, doch die Freude über die Erfrischung ist größer. Hügelig ist die Landschaft, kurvig die Straße. Leicht und permanent steigt die Straße an. Richtung Süden fällt das Land in ein riesiges Tiefland ab. Sanfte Schluchten und kleine Tafelberge, deren Gestein in der morgendlichen Sonne tiefrot leuchtet, bilden die Landschaft. Mehr und mehr nimmt der Wind zu, als ich auf ein riesiges Hochplateau komme. Die Weideflächen werden von bis zum Horizont reichenden Monokulturen abgelöst. Auf der weiteren Strecke muss ich immer wieder gegen den von der Seite brausenden Wind dagegenhalten. Stets mit einer leichten Schräglage fahre ich dennoch geradeaus. Häufig sind nun

Hinweisschilder aufgestellt, dass die Strecke durch indigenes Gebiet führt, Gebiete in denen die Ureinwohner -leider nicht wirklich frei, sondern in Reservaten- leben. An einer Bushaltestelle werde ich schon von weitem mit Winken gegrüßt. Es sind Indianer, zu erkennen an ihren schönen Gesichtszügen, die Würde und Stolz ausstrahlen. Und ganz besonders fasziniert mich das tiefschwarze Haar der Frauen und Männer, welches im Licht der Sonne mystisch glänzt. Ein schöner und tiefgehender Anblick. Natürlich fahre ich ganz langsam vorbei und winke jedem Einzelnen zu. Und für mein Lächeln bekomme ich gleich ein natürliches Lächeln zurück. Immer noch ist der Verkehr ganz schwach, so dass ich das rechts und links in Ruhe betrachten kann. Das ändert sich schlagartig, als die BR 153 von Südosten kommend sich mit der BR 070 vereint. Lastwagen an Lastwagen, Rußwolke an Rußwolke, kämpfen sie sich in Richtung der Großstadt Cuiaba. War ich eben noch auf fast 800 Meter Höhe, fällt die Straße kontinuierlich auf 160 Meter. Im gleichen Tempo steigt die Temperatur. Als ich meinen Meldeschein ausfülle, fällt mein Blick auf die große Wanduhr. Sie zeigt 12.55 Uhr. Und ich dachte, dass ich um kurz vor zwei Uhr angekommen wäre. Aber, da fällt mir ein, dass die westlichen brasilianischen Bundesstaaten eine Stunde Zeitverschiebung haben. Mal wieder geht ein schöner und nicht zu anstrengender Tag zu Ende. So langsam habe ich mich wieder auf den Rhythmus - früh aufstehen, 400 bis 500 Kilometer fahren, gemütlich Hotel beziehen, und gut essen gehen - eingestellt.

8. Oktober.

Mir fehlen die Worte. Fünfzehn verschiedene Kuchen, Flan Pudding, Brötchen, dunkler und heller Toast, acht Sorten Fettgebackenes, kleine Köstlichkeiten, zwei Sorten Käsescheiben, ein Käse vom Block, drei verschiedene Wurstsorten, heiße gegrillte Würstchen, heiße

Würstchen in Tomatensoße, Rührei, Ananas, Papaya, halbe Bananen mit Zimt bestreut, Granatapfel, viele verschiedene Cerealien, Kaffee, heiße und kalte Milch, das sind die Köstlichkeiten die ich morgens um halb sieben Uhr zum Frühstück bekomme. Und dann kommen nach und nach noch die gerade eben erst frisch gemachten Säfte, wie Orangensaft, Maracujasaft und Bananensaft aus der Küche. Ein wunderschöner Start in den Tag. Um sieben Uhr fahre ich aus der Millionenstadt Cuiabá hinaus in Richtung Westen. Schnell ist der starke Verkehr hinter mir und ich genieße die Landschaft. Ich befinde mich auf einer Tiefebene und in Höhen zwischen 140 und 250 Metern. Moore, Moraste, Tümpel, manchmal auch ein kleiner See liegen rechts und links der Strecke. Die Bauernhöfe sind wieder kleiner, ebenso die Viehherden, die im saftgrünen Gras wohl auch ein Schlemmerfrühstück genießen. Stunden um Stunden vergehen und die Straße lädt zum gemütlichen Dahingleiten ein. In der Kleinstadt Caceres überquere ich den Rio Paraguay. Einige Schiffe für touristische Zwecke liegen am Ufer vertäut. Würde ich jetzt ein Boot nehmen und den Fluss hinunterfahren, könnte ich ganz Paraguay durchkreuzen, an der Hauptstadt Asuncion vorbeikommen und im weiteren Verlauf sogar bis zum La Plata bei Buenos Aires reisen. Vom ursprünglichen Regenwald ist nichts übrig geblieben. Alles ist abgeholzt oder brandgerodet worden. Auch heute noch, überall leider gut sichtbar, werden nun auch kleinste Flächen brandgerodet. Mit kompletter Unvernunft werden dabei auch die schattenspendenden Mangobäume und Palmen in Mitleidenschaft gezogen. Oftmals sehe ich Palmen, die das Feuer nicht überlebt haben. Was für ein Irrsinn. Wissen diese Menschen denn nicht, dass die Palme für die Erhaltung des Grundwasserspiegels wichtig ist? Pontes e Lacerda ist heute mein Tagesziel nach 465 Kilometern in ermüdender Hitze.

9. Oktober.

Landschaftlich geht es wie in den letzten beiden Tagen unverändert weiter. Nur ein einziges Mal komme ich in den Genuss zu spüren, wie es wäre, wenn der Urwald noch in seiner ganzen Natürlichkeit bestehen würde. Über mehrere Kilometer wuchert der Wald bis an die Straße und über die Straße hinweg. Wie durch einen grünen Tunnel geht meine Fahrt. Und welch ein Genuss ist es, die viel kühlere Luft in vollen Zügen einzuatmen. Viel zu schnell ist es mit der Freude dahin und es begegnet mir das krasse Gegenteil. Brandrodung zu beiden Seiten, verkohlte Bäume und abgestorbene Palmen säumen nun den Straßenrand. Und wieder einige Kilometer weiter wurde ein großes Feld angelegt, an dessen Rändern noch die, von großen Maschinen zerfetzten, Baumstämme liegen, die einst einmal zu einem unberührten Urwald gehörten. Schon zur Mittagszeit erreiche ich das von mir ursprünglich anvisierte Etappenziel Vilhena. Als ich jedoch die Trostlosigkeit dieser staubigen Kleinstadt sehe, ist mein Entschluss in Sekunden gefasst, bis zum nächsten, rund 340 Kilometer entfernten Ort, dem Ort Ji-Paraná weiterzufahren. Dort angekommen widme ich mich erstmal der Planung meiner neuen Etappen. Ich plane, verwerfe, plane neu, verwerfe wieder. Doch nach einer Stunde steht die Streckenplanung. Ich werde bis Puerto Maldonado nun in längeren Etappen durchfahren, so dass ich dort in vier Tage eintreffen will. Dies ist dann mein letzter Tag im Amazonastiefland und mein letzter Tag mit hohen Temperaturen. Anschließend geht es hinauf in die Anden. Solchermaßen mit mir zufrieden, ist es längst Zeit für ein Abendessen. Ein Straßengrill lockt mich an. Der Vater kocht, grillt und brät. Der Sohn schneidet das Gemüse und ist auch für die Kasse zuständig. Die Tochter gibt die Getränke aus und serviert das Essen. Als ich meinen riesigen Burger bekomme, schön eingepackt in eine kleine Plastiktüte staune ich nicht schlecht, was für ein Riesenteil nun vor mir steht. Also erstmal die Plastiktüte halb öffnen, so habe ich es am Nachbartisch gesehen und dann herzhaft hineinbeißen. Leichter gedacht als getan, habe ich doch nicht die Mundspannweite eines Krokodils. Ein Spiegelei, gegrillte Maiskerne, Salatblätter, Zwiebeln, Tomantenstückchen, Gurkenstückchen und noch etwas, was ich nicht kenne. - schön gewürzt und nicht zu salzig, hätte ich es für mein Abendessen nicht besser treffen können.

10. Oktober.

Von Ji-Paraná nach Porto Velho lautet die Tagesetappe. Ich freue mich, heute noch näher zu den Quellflüssen des Amazonas zu kommen und vielleicht mehr Urwald zu erleben. Doch genau das Gegenteil ist der Fall. Links und rechts der Straße, teilweise bis an den Horizont, wurde alles gerodet und ist nun einerseits Weidefläche und andererseits Fläche für Anbau von Zuckerrohr. Und es fällt auf, dass in etwas hügeligeren Bereichen auch kleine Ackerflächen zu finden sind. Wie ich später erfahre, machen dies neu eingewanderte Menschen, die hier ihr Glück finden wollen, in dem sie den Urwald brandroden und anschließend bepflanzen. Irgendwie kann ich diese Menschen aber auch verstehen, denn an den Küsten Brasiliens hatten sie außer dem Leben in einer Favela keine Alternative. Doch der Regenwald ist unwiederbringlich zerstört. Kaum nähere ich mich der Stadt Porto Velho, nimmt der Verkehr schlagartig zu, es wird kreuz und quer gefahren und in all dem Chaos fahren Mopeds in riesiger Zahl. Der Fahrstil ist allgemein aggressiv und bestätigt meine Meinung, dass eine Stadt den Menschen unausgeglichen und auch krank macht. Beim Skypen gibt mir meine Freundin Bärbel noch den Tipp, mit einer alten Eisenbahn mit Lokomotiven, die einst in Deutschland gebaut wurden zu fahren. An alte

Brücken und den einen oder anderen Wagon auf der morgigen Strecke hatte ich gedacht, dass aber diese Attraktion hier in Porto Velho zu finden ist, nicht. Kaum acht Minuten später staune ich nicht schlecht, als ich die alte Bahnanlage direkt vor mir sehe. Malerisch liegt sie am Ufer des Rio Madeira. Zwei Dampflokomotiven mit einigen Wagen sind auf den ursprünglichen Gleisen aufgestellt. Und tatsächlich, eine der Maschinen wurde einst in Deutschland, in Berlin, gebaut. Der alte Rundlokschuppen ist zwar vergittert, erlaubt aber Einblicke auf weitere Wagons, Radsätze und Werkzeugmaschinen. Direkt vom alten Bahnhofsgelände fällt das Ufer steil zum großen Fluss ab. Am Ufer dümpeln viele der typischen Amazonasflussschiffe. Eine kleine Holztreppe führt hinunter zu einer Anlegeplattform. Zum Greifen nah bin ich nun bei diesen Schiffen. Ich lasse mich auf einer feuerrot gestrichenen Holzbank nieder und genieße diesen für mich besonderen Moment. Die lange, über 4.500 Kilometer lange Strecke von Belém geht mir durch den Kopf und auch, dass ich schon fast keine Lust mehr gehabt habe auf dieses Kilometerfressen.

11. Oktober.

Immer wieder sehe ich Überreste der einstigen Eisenbahnlinie. Manchmal sind die Schienen und Schwellen gut erhalten, ein andermal überwuchert und wieder ein anderes Mal kann ich nur den Bahndamm erahnen. Heute sieht es so einfach aus, wie die Bahnlinie durch flaches Weideland führt. Kaum vorstellbar, dass zur Zeit des Bahnbaus undurchdringlicher Urwald die Arbeiten fast unmöglich machte. Nach Berichten sollen über 6.000 Menschen bei den Bahnbauarbeiten ihr Leben verloren haben. Nicht eingerechnet sind tausende Opfer unter der indigenen Bevölkerung, die aber damals nicht zählte. Am ersten kleinen Fluss stehen zwei Eisenbahnbrücken in ihrer rostigen Schönheit im braunen Wasser des träge dahinfließenden Flusses. Auch am nächsten Fluss steht die alte eiserne Gitterbrücke noch. Es ist für mich wie ein Suchspiel, die alte Trasse zu verfolgen. Im Ort Abunâ steht vieles im Zeichen der Bahnlinie. Ein, nur noch als Torso am Straßenrand liegender Dampfkessel, ein Kranwagen und eine Dampflokomotive säumen die Straße. Die kleine Bahnstation ist irgendeinmal liebevoll restauriert worden, jedoch blättert der Lack an vielen Stellen von den Holzbrettern ab. Gleich hinter der ersten Häuserreihe schlängelt sich der Rio Madeira durch sein sandiges Bett. Er ist gleichzeitig Grenzfluss zu Bolivien, welches nur noch einen Steinwurf entfernt ist. Um hinüberzukommen, muss ich die, bereits am diesseitigen Ufer liegende Fähre, nehmen. Ich nehme das Vorbeiwinken der Lastwagenfahrer dankend an und fahre nach vorne. Ab hier geht auf einem steilen, geschotterten Abhang die Uferböschung hinunter. Bevor ich hier irgendeinen Blödsinn mache, schaue ich mir lieber mal an, wie das Ganze so aussieht. Kaum habe ich meinen Helm abgenommen, kommt schon ein freundlich lächelnder Autofahrer auf mich zu und zeigt mir, wo ich eine Fahrkarte kaufen kann. In einer unscheinbaren, höchstens zwei Quadratmeter großen Holzhütte gibt es diese. Überall wird mir so freundlich begegnet, auch hier beim Fahrkartenkauf bekomme ich ein herzerfrischendes Lächeln der jungen Frau hinter der Glasscheibe. 4,50 Reais, umgerechnet circa einen Euro, kostet die Überfahrt. Langsam fahre ich die schräge Rampe hinauf. Ganz vorne darf ich mein Motorrad abstellen. Eine Motorbarkasse ist seitlich an der Pontonfähre vertäut und schiebt uns in fünfzehn Minuten gemächlich ans andere Ufer. Zeitlos träumend reise ich über das Land. Wie aus dem Nichts taucht die Stadt Rio Branco auf. Über eine von drei Brücken geht es über den Rio Acre ins Zentrum der Stadt. Wieder habe ich Glück, denn die Sehenswürdigkeiten sind in einem zehn minütigen

Fußweg zu erreichen. Es zieht mich erstmal zu den kleinen bunten Häusern am Ufer. Einstöckige und nur vier bis fünf Meter breite Häuser, jedes individuell in einer anderen Farbe gestrichen. So hat früher die ganze Stadt ausgesehen, erzählt man mir. Schade, dass nur rund zwei Dutzend solcher Häuser geblieben sind.

12. Oktober.

363 Kilometer habe ich mir heute vorgenommen. Es soll bis zur letzten Stadt auf brasilianischem Boden gehen. Überrascht bin ich von der morgendlichen Temperatur, denn es ist nochmals kühler als gestern. Mit gerade mal 21 Grad mache ich die Jacke bis ganz oben hin zu. Es ist schon erstaunlich, wie sehr sich mein Körper an die hohen Temperaturen der vergangenen Wochen gewöhnt hat. Nun friere ich schon bei 21 Grad, zuhause wäre das T-Shirt Wetter. Die Straße führt durch sattgrüne Weidelandschaften. Nur klägliche Reste des Urwaldes sind auszumachen. Oftmals stehen, wie Mahnmale, einzelne Urwaldriesen frei in der Landschaft. Einsam, die Krone, in über 30 Meter Höhe, in den Himmel reckend, zeigen sie mehr als deutlich den Niedergang der grünen Lunge dieser Erde. Auf halber Strecke gibt es die kleine Stadt Xapuri. Heimat des Kautschuksammlers, Nationalhelden und Märtyrers Chico Mendes. Gut ausgeschildert finde ich das Haus, nein, die kleine Hütte. In diesen vier Wänden, mehr sind es wirklich nicht, hat er einst gelebt und vor dieser Hütte wurde er 1988 von Großgrundbesitzern erschossen. Irgendwie sieht alles geschlossen aus, doch als ich direkt vor dem Gartenzaun mein Motorrad abstelle, kommt sogleich eine Nachbarin auf mich zu, um ein bisschen über Chico Mendes zu erzählen. Doch zuerst will sie ein Bild von mir und meinem Motorrad, vor der »Casa Mendes«, machen. Sie hat so viel Freude beim Fotografieren und strahlt auch so

viel Freude aus, dass wir beide ganz unvermittelt herzlich lachen müssen. Dann erzählt sie, ganz langsam, damit ich es auch verstehe, dass das Haus leider seit längerer Zeit geschlossen ist, als Folge einer Überschwemmung. Doch sie zeigt mir alles rings um die Hütte, auch der Platz im Garten an dem die Gewehrkugeln Chico Mendes tödlich verletzten. Doch leider scheint sich kaum mehr jemand für den Nationalhelden zu interessieren. Sehr schade, sind es doch gerade Menschen wie Chico Mendes gewesen, die das harte Los der Landbevölkerung durch ihren Einsatz, durch ihre gewerkschaftliche Tätigkeit und vor allem durch ihren Mut deutlich verbessern konnten. Doch der Ort birgt noch eine weitere Besonderheit. Mitten im Land der Kautschukbäume wurde eine Non-Profit Firma gegründet, die aus dem Naturkautschuk nichts anderes als Kondome herstellt. Hier wurden, auf Initiative des Gesundheitsministeriums, nicht nur viele Arbeitsplätze geschaffen, es wurden insbesondere diese Kondome über die staatlichen Gesundheitsämter, Krankenhäuser und Sanitätsstationen kostenlos verteilt. Dies alles im Rahmen einer landesweiten Aids-Kampagne. Immer weiter nach Westen führt mich die teilweise in sehr schlechtem Zustand befindliche Straße. Unvermittelt taucht die brasilianische Zollstation vor mir auf, da ich jedoch erst in die Stadt Assis Brasil fahre, fahre ich einfach durch. Im Ort will ich mir eine Bleibe suchen. An der Haltestelle für Motortaxis frage ich einen der jungen Fahrer nach einem Hotel. Er lacht und zeigt auf ein gelbes Haus, auf der gegenüberliegenden Straßenseite, keine 20 Meter entfernt. Alles sieht gepflegt aus und rund um das Haus wird gerade eifrig gefegt, sogar der Gehweg. Ich frage die ältere Dame, offensichtlich die Besitzerin, nach einem Zimmer. Klar, strahlt sie mich an und geht voraus, um es mir zu zeigen. Ein Doppelbett, ein Einzelbett auf einem Gitterrohrrahmen, eine einsame Glühbirne an der Decke, ein kleiner alter Fernseher und ein Kühlschrank sind die ganze Ausstattung. Doch mal ganz ehrlich, was will ich mehr? Einfach geht es auch im Bad zu, ein paar Kacheln hier, ein paar Kacheln dort, teilweise abgefallen, aber es ist sauber und auch die Bettwäsche duftet frischgewaschen. Obwohl der Ort sehr klein ist, gibt es vier große Einkaufsmärkte, die neben dem üblichen Angebot auch allerlei Zubehör für die Landwirtschaft verkaufen. Voller Euphorie gehe ich um den Block und will nach Restaurants schauen. Doch sind diese leider geschlossen. Ich frage einen älteren Herrn, der auf einem Stuhl vor dem Nachbarhaus sitzt, wann denn wieder geöffnet wird. Ich verstehe nur so viel, dass diese erst morgen wieder öffnet. Nun ja, auch nicht tragisch, dann hole ich mir in einem der Supermärkte ein paar Dinge zum Essen. Gesagt, getan und zum Glück keine Minute zu spät. Hinter mir wird schon das Rolltor heruntergefahren. Auch die anderen Geschäfte schließen. Dabei ist es erst sechs Uhr abends. Die Kleinstadt klappt förmlich ihre Bürgersteige hoch. Nur eine einzige Bar öffnet die Pforten. Mit einer Flasche Wasser, einer Chipstüte, leckeren Schokokeksen und einem satt machenden Grießkuchen vertreibe ich mir den Abend.

Peru

13. Oktober.

Die Grenze nach Peru und weiter nach Puerto Maldonado steht auf dem Plan. Um sechs Uhr morgens hält es mich nicht mehr im Bett. Und der stimmgewaltige Hahn in Nachbars Garten ist wohl auch der Meinung, dass die Nacht nun um ist. Früh erreiche in die Policia Federal, und lege dem noch etwas verschlafenen Zöllner meine Papiere vor. Der Pass-Scanner funktioniert leider nicht, so dass er meine gespeicherten Daten erst im System finden muss. Dabei quält er sich mit zugekniffenen Augen, die Schrift auf dem Computerbildschirm lesen zu können. Eine andere Brille würde ihm wirklich gut tun. Nach zehn Minuten habe ich meinen Ausreisestempel im Pass. Über eine große Hängebrücke geht es hinüber nach Peru. An der peruanischen Migrationsstelle geht es unglaublich zügig zu und in kürzester Zeit hämmert der Beamte meinen Einreisestempel in den Pass. Ein anderer freundlicher Zöllner dreht und wendet meinen Fahrzeugschein um irgendwie zu erkennen was er bedeutet. Gemeinsam schaffen wir die Eingaben in den Computer einzugeben. Lustig findet er, dass ich sogar Farbkopien der Papiere dabei habe. Kopien, die er sorgfältig in einer Mappe ablegt. Von ihm bekomme ich nun meine Zollpapiere ausgedruckt, die ich bei der Ausreise wieder abgeben muss. Wenn ich alles zusammen rechne, habe ich nicht einmal 45 Minuten benötigt. Die Landschaft hat sich gegenüber der in Brasilien nicht verändert, ist ja auch kein Wunder, denn noch befinde ich mich im gleichen Amazonastiefland wie zuvor. Immer wieder habe ich den beißenden Geruch verbrannten Holzes in der Nase. Als ich ein noch rauchendes Stück verbrannten Urwaldes vor mir habe, muss ich anhalten und mir diesen Irrsinn aus nächster Nähe ansehen. Überall ist Asche, das ganze Gelände ist noch warm und aus den dicken Baumstämmen quillt noch grauer Rauch empor. Ein Bild der Verwüstung und menschlicher Unvernunft. Doch so unglaublich es klingt, wächst doch bereits mitten im Chaos wieder saftiges Grünzeug hervor. Die Natur ist einfach faszinierend. In Puerto Maldonada angekommen, versuche ich, mein Hospedaje, mein Hostel zu finden. Ich erreiche einen kleinen, überdachten Innenhof und staune, dass schon fünf Mopeds und zwei große Motorräder vor mir dort parken. Alles ist sehr einfach und schlicht. Etwas weiter entdecke ich auch ein recht spärlich ausgeleuchtetes Restaurant, in dem viele Einheimische zu Abend essen. Das probiere ich aus, denke ich mir und nehme an einem kleinen Tisch Platz. Kaum, dass ich sitze, wird mir schon eine große Schüssel serviert. Was vor mir steht, ist ein deftiger Kartoffeleintopf, mit Mohrrüben und allerlei Gemüse. Gemacht von einer Köchin, die in einer winzigen Küche das Essen zaubert. Dazu bekomme ich eine höllisch scharfe Erdnusscreme zu einem Glas Zitronenlimonade. Kaum habe ich aufgegessen, fragt mich die Dame nach dem Segundo, der Hauptspeise. Ich bestelle frittierten Fisch aus dem Fluss und noch ein Mineralwasser zur Verdünnung der ziemlich süßen Limonade. Kaum zwei Minuten später duftet es verführerisch vor mir. Ein großes Stück Fisch mit riesigen, starken Gräten, dazu Linsen mit Kartoffelstückchen, Reis und Tomaten. Ob ich das alles schaffe. Der Fisch ist frisch und schön knusprig zubereitet. Beim Bezahlen meint die Chefin, ob ich aus Spanien stamme, weil ich so einen Akzent hätte. Ich erzähle ihr, dass ich aus Deutschland komme und Peru mit dem Motorrad bereise, worauf sie ziemlich ungläubig schaut. So ganz glaubt sie mir wohl nicht.

14. Oktober.

Es wuselt in Puerto Maldonado, obwohl es erst sieben Uhr morgens ist. Überall flitzen Motortaxis durch die Straßen und dazu kommen noch die ziemlich unberechenbar fahrenden Motocarros, ähnlich den Motorikschas in Asien. Beim Tanken bin ich erstmal verdutzt, wie wenig in meinen Tank passt, bis ich merke, dass die Tankanzeige in Gallonen anzeigt, und ich somit das Ergebnis mal 3,8 Liter multiplizieren muss. Es geht hinaus aufs Land. Zwei Stunden fahre ich durch das schon bekannte Landschaftsbild mit gerodeten Flächen und Brandgeruch. Dann jedoch, als die Straße leicht ansteigt, die Landschaft hügeliger wird, sieht der Urwald unberührt aus. Offensichtlich lohnt sich eine Rodung an den steilen Hängen nicht. Es gibt Hoffnung, dass wenigstens ein Teil der Grünen Lunge der Erde überlebt.

Immer höher geht es hinauf. In Puerto Maldonado hatte ich noch 200 Höhenmeter, jetzt schon über 600. Die Straße steigt weiter und weiter an. Bald zeigt mein Höhenmesser über 1.500 Meter, dann 2.000 Meter und nach weiteren zehn Kilometern schon 2.500 Meter. Nun verändert sich auch die Vegetation. Immer noch ist alles dicht bewachsen, doch die Pflanzen, die Bäume sind niedriger geworden. Höher und höher geht es hinauf. Wunderschön zu fahrende, sanfte Kurven sind für mich herrlich zu befahren. So langsam wird es mir unheimlich, zeigt doch das Navi schon 3.500 Höhenmeter an. Als ich heute Morgen noch die Karte studierte, habe ich darauf keinen Pass und keine Höhenangaben entdeckt. 4.000, 4.100, 4.200, 4.300 Meter, der Anstieg nimmt kein Ende. Längst wächst hier oben nichts mehr, nur noch spärliches, verdorrtes Grün ist allenthalben zu sehen. Dann, ich glaube schon gar nicht mehr daran, erreiche ich die Passhöhe. Ich stehe auf unglaublichen 4.725 Höhenmetern. Ich fühle mich wohl, kein Herzrasen, kein Unwohlsein, keine Anzeichen der gefährlichen Höhenkrankheit, welch ein Glück. Um mich herum ein einzigartiges Bergpanorama. Zum Greifen nah: die Spitzen der weit über 5.000 Meter hohen Berge. Einzigartig auch die vielen und großen Gletscher, die in pastellblau unter der Schneedecke hervorschauen. Ich kann mich von diesem Anblick gar nicht trennen. Langsam friere ich gewaltig. Nur noch acht Grad sind es. Langsam, ganz langsam führt die Straße ins Tal hinunter. Lange fahre ich auf einem Hochplateau auf 4.000 Meter Höhe. Hier sehe ich auch zum ersten Mal die Hochlandbewohner in ihren typischen, so farbenfrohen Kleidern. Ich sehe auch, dass diese Frauen zum Waschen der Wäsche am Straßenrand an einer der vielen Sturzbäche ihre schwere Arbeit verrichten. Unglaublich, wie hart das Leben hier ist. Die Dörfer sind nur noch eine kleine Ansammlung von winzigen Häusern und Hütten entlang der Hauptstraße. Auf immer noch 3.800 Metern entdecke ich das Schild zur Ausangate Lodge, meiner heutigen Bleibe. Ganz herzlich ist der Empfang und auch mein Zimmer ist liebevoll mit einem frischen Blumenstrauß für mich vorbereitet. Von außen völlig unscheinbar, ist die Lodge ein wahres Kleinod. Überall Blumen und wunderschöne Zimmer zeichnen die Lodge aus. Herrlich ruhig ist es hier, nur das Rauschen des nahen Flusses ist zu hören. Mich friert es ziemlich, schließlich bin ich seit vielen Wochen ja nur hohe Temperaturen gewöhnt gewesen. Punkt sieben Uhr stehe ich im Speiseraum, in dem man schon auf mich wartet. Sogleich bekomme ich mein frisch zubereitetes Abendessen serviert. Neben einer Forelle gibt es handgeschnitzte Kartoffeln, buttergelb glänzenden Reis und einen Salat aus Tomaten, Brokkoli, Papaya und Mohrrüben. Herrlich zart ist der Fisch. Ein herrlicher Abschluss eines herrlichen Tages. Dazu trinke ich ein Glas Rotwein. Eines habe ich aber total unterschätzt: Es ist die Wirkung von Alkohol in großer Höhe. Kaum, dass ich ein Glas ausgetrunken habe, merke ich, wie mir der Alkohol in den Kopf steigt und mir ganz schwindlig wird. Bevor es für mich peinlich wird, mache ich mich doch lieber auf den Weg ins kalte Bett.

15. Oktober.

Am frühen Morgen zieht es mich sofort nach draußen. Welch ein Himmel, welche Klarheit. Soviel Sterne in solch einer Brillanz habe ich noch selten gesehen. Es glitzert, es funkelt. Ein unbeschreiblicher Anblick. Erst, als ich fast eingefroren bin, kann ich mich von diesem Anblick lösen. Leider ist es Zeit aufzubrechen. Leider deshalb, weil ich gerne noch hier geblieben wäre. Der Chef des Hauses wartet schon mit dem Frühstück auf mich. Ich habe mich heute für die warme Version meines Motorradanzuges entschieden, denn obwohl es nur noch 100 Kilometer bis Cusco sind, führt der Weg nochmal über einen kleinen

Pass. Und auf diesem „kleinen“ Pass mit immerhin 4.150 Metern ist es um diese Zeit noch sehr kalt. Nur vier Grad zeigt das Thermometer. Ab hier geht es in vielen Kurven und sanften Serpentinen hinunter ins auf 3.400 Meter hoch gelegene Tal, in dem auch Cusco liegt. Als ich an einer Kreuzung nach links den Wegweiser nach der Stadt Puno lese, muss ich schmunzeln, denn in rund sechs Wochen komme ich genau hier wieder vorbei. Je näher ich der Stadt Cusco komme, der einstigen Hauptstadt des Inkareiches, desto chaotischer wird der Verkehr. Es wird gehupt, es wird chaotisch die Spur gewechselt, Busse halten unvermittelt und die Taxis haben es wie überall auf der Welt fürchterlich eilig. Trotzdem fahre ich einfach mitten ins Zentrum hinein, um schon mal einen Blick auf die vielen historischen Bauten werfen zu können. Trotz der hohen Lage ist es angenehm warm draußen, sodass ich meinen ersten Erkundungsspaziergang im kurzärmligen Poloshirt mache. Kaum 20 Minuten später bin ich mitten im Zentrum und mitten im touristischen Trubel. Die Kathedrale und die noch größere Jesuitenkirche am Plaza de Armas sind beeindruckend. Sie dominieren die beiden Flanken des Platzes, während zweistöckige Häuser mit hölzernen Balkonen an den beiden anderen Flanken stehen. Ich schlendere nur zwei Straßen weiter und der Trubel verstummt. Nur noch ab und zu findet sich hier ein Restaurant, dafür aber mit bodenständiger und einfacher Kost. Immer weiter komme ich in Wohngebiete hinein und sehe das einfache Leben der ganz normalen Stadtbewohner.

16. Oktober.

Zuerst zieht es mich zur großen Inkamauer in der Calle Hatunrumiyac. In meiner Euphorie merke ich gar nicht, dass ich viel zu weit oben in diese Gasse einsteige. Doch es ist nicht umsonst, denn hier ganz oben, hoch über der Stadt, gibt es ebenfalls Inkamauern, Mauern der Häuser der ganz normalen Leute. Kleine Steine, die aber erstaunlich präzise aneinander gefügt wurden. Je weiter ich nach unten komme, desto mehr nehmen die Touristen zu, aber auch die riesigen Granitsteine der Inkamauern. Welch ein Anblick, welch ein Faszination, welch eine unglaubliche Präzision. Unvermittelt muss ich an einen Vortrag des umstrittenen Populärwissenschaftlers Erich von Däniken denken, der davon sprach, dass diese Bauart modernste Bearbeitungsmittel benötigte, und die darüber gebauten Mauern der Spanier nur Murks seien. Beim Anblick dieser Mauern kann ich ihm nur Recht geben. Nicht mal eine Rasierklinge passt zwischen die Fugen der großen Steinblöcke. Ein paar Gassen weiter sind Reliefs in Schlangenform und Wasserspeier im Mauerwerk zu erkennen. Und doch sind auch die Bauten der Kolonialherren durchaus als architektonisch schön zu bezeichnen. Gemein ist allen diesen Palästen der romantische, von Bäumen und Blumen bewachsene Innenhof. Immer wieder, meist an den stark frequentierten, touristischen Ecken, stehen Frauen in Hochlandtracht. Für ein Foto wollen sie durchweg zehn Soles. Normalerweise mache ich da nicht mit, doch bei einer alten Frau mit wettergegerbtem Gesicht, der die harte Arbeit ins Gesicht geschrieben steht, kann ich gar nicht anders, als ein Foto zu machen und eben jene zehn Soles zu bezahlen. Soviel wie ich verstehe, kommt sie jeden Tag mit ihrem Alpaka-Haustier aus einem 30 Kilometer entfernten Dorf in den Bergen.

17. Oktober.

Um die frühe Morgenstunde sind wenige Touristen unterwegs, so dass ich den Plaza da Armas in Ruhe genießen kann. Beim Umherlaufen, erstmal bewusst ohne Plan, komme ich durch Zufall an der Kirche Santo Domingo vorbei. Aber nicht auf der Höhe des Eingangs, sondern von unten. Atemberaubend ist es, was ich zu sehen bekomme, denn diese Kirche ist auf den Grundmauern des Inka Sonnentempels erbaut. Nicht nur die Präzision des Mauerwerks ist sehenswert, es ist auch die Art, wie diese Mauer sich konisch nach oben verjüngt. Bei vielen Erdbeben wurden die auf diesen Mauern errichteten spanischen Bauten stets aufs Neue zerstört. Die Inka-Mauer hingegen hat allen Belastungen nahezu unversehrt standgehalten. Beim weiteren Schlendern komme ich durch Zufall zu den wahren Marktständen der Einheimischen. Was hier für ein Betrieb herrscht, kann man sich kaum vorstellen. In den Straßen und Gassen geht es so eng zu, dass ich, eingeklemmt zwischen den Marktbesuchern, nur ganz langsam vorankomme. Alles, was das Land bietet wird präsentiert, teils von Hochlandbewohnern, teils von Bauern aus dem Flachland rund um Cusco. An offenen Ständen, nur auf einem Holzbrett ausgebreitet, werden Hühner, Schaf- und Rindfleisch angeboten. Hier in dieser Welt der Farben und Gerüche könnte ich stundenlang verweilen. Und so sind es tatsächlich Stunden, die ich hier verbringe.

18. Oktober.

Gut gestärkt und gut gelaunt mache ich mich auf, um aus der quirligen Stadt herauszukommen. Mein Weg führt mich mitten durchs Zentrum, auch an der Plaza da Armas komme ich vorbei. Rund acht Kilometer geht es chaotisch zu, denn dies ist auch die Touristenstraße in Richtung Machu Picchu. Besonders die Fahrer der Touristenbusse meinen wohl, sie müssten ihren Gästen etwas beweisen. Nachdem die Straße der Touristen abzweigt, wird es ruhig. Ich bin in einem satt grünen Tal, in dem vielerlei Gemüse angebaut wird. Alles was vier Beine hat, läuft frei herum. Was ich bisher noch nie gesehen habe, dass Frauen kleine schwarzbraune Schweine an der Leine zur Weide führen. In vielen Serpentinen und Kurven geht es auf nur noch 1.900 Meter hinunter. Schlagartig wird es warm. Waren es in Cusco noch kühle acht Grad, sind es nun 23 Grad. Urplötzlich steigt die Straße wieder steil an und überquert den 3.715 Meter hohen Abra Hullique Pass. Dazu streifen die Wolken immer wieder die Hänge und ich fahre durch leichten Nebel. Kaum ist die Passhöhe erreicht, stürzt sich die Straße auf unter 2.000 Meter hinunter, ins Tal des Rio Apurimac. Über 50 Kilometer folge ich dem Flusslauf auf immer gleicher Höhe. Wieder geht es dann auf über 3.790 Meter hinauf, um dann im Ort Abancay innerhalb von zehn Kilometern wieder auf 2.460 Meter zu fallen Kaum bewachsene, steile Berghänge flankieren das Tal. Auf halber Strecke zwischen Cusco und Nazca habe ich mir mein heutiges Nachtquartier ausgesucht. Mitten im Nirgendwo, direkt an der Straße liegt die malerische Unterkunft. Eine kleine Kapelle, ein Restaurant, eine Bar und eine schöne Lobby heißen mich willkommen. Willkommen geheißen werde ich auch von Alpakas, Hunden, Katzen, Hühnern, Gänsen, einem Reh und sogar einem großem Pfau. Ein echter Geheimtipp, fällt mir dazu nur ein. Doch so ein Geheimtipp ist die Tampumayo Lodge offensichtlich doch nicht. Dutzende Aufkleber von Offroadtouren und Motorradtouren Anbietern kleben an der Eingangstüre zur Rezeption. Doch heute bin ich der einzige Gast.

19. Oktober.

Ich darf heute noch mehrere 4.000er Pässe fahren und auch der Weg nach Nazca ist doch fast 400 Kilometer weit. Als ich die ersten Meter auf dem Motorrad sitze, merke ich, dass es empfindlich kühl ist. Nur sieben Grad wird angezeigt. Doch mit den dickeren Handschuhen und meiner Griffheizung ist dies kein Problem. In vielen sanften Kurven und Kehren geht es hinauf in die Anden. Nur noch Steppengras wächst hier. Überall sehe ich große Herden Alpakas. Doch selbst in dieser Höhe gibt es Dörfer. Kleine, aus ungebrannten Lehmziegeln errichtete

Häuser liegen direkt an der Straße. Und es gibt winzige Restaurants, nur eine Eingangstüre, zwei Tische und ein paar Stühle. Kurz nach einer Passhöhe geht es auf 2.800 Meter hinunter in ein Flusstal, um nur wenige Kilometer später auf über 4.500 Meter anzusteigen. Als ich so gemütlich vor mich hinfahre, tauchen unvermittelt zwei Lagunen vor mir auf. Welch ein Anblick, wie sich die Wolken im ruhigen Wasser spiegeln. Ich stelle mein Motorrad ab und gehe zu einer der Lagunen hinüber. Jetzt erst sehe ich, dass einige Flamingos im flachen Wasser stehen und nach Nahrung suchen. Unbeschreiblich schön, unbeschreiblich eindrucksvoll ist diese Szenerie. Doch die Vögel sind recht scheu. Als ich noch 50 Meter entfernt bin werden sie schon nervös. Stunde um Stunde geht es in vielen Windungen durch die Berge. Selbst als ich nur noch 40 Kilometer von meinem heutigen Ziel, der Stadt Nazca, entfernt bin, bin ich noch auf 4.000 Meter. Was dann folgt ist ein Tanz durch unendlich viele Kurven hinunter ins wüstenartige Tal. Dazu wird es wärmer und wärmer. Schnell finde ich die kleine Gartenoase „El Jardin“, meine heutige B&B Unterkunft. Gastfreundlich werde ich von Natalia und Remy, einem Niederländer, der sehr gut Deutsch spricht, empfangen. Es geht sauber zu, hier in Nazca, alles wirkt aufgeräumt und ist auf Tourismus ausgelegt. Touristisch hoch sind allerdings auch die Preise. So kostet mein gemischter Salat und mein Fischfilet mit Beilagen, dazu zwei Gläser Wein rund 27 Euro.

20. Oktober.

Die Sonne scheint in mein Zimmer, die Hähne der Umgebung übertreffen sich in der Lautstärke gegenseitig, die Vögel zwitschern, so schön beginnt mein heutiger Tag. Doch zunächst genieße ich im romantischen Garten meines B&B ein umfangreiches und liebevoll zubereitetes Frühstück. Remy hat schon den Tisch bereitet mit drei

Sorten Marmelade, Honig, Butter, zweierlei Sorten Käse, Schinkenscheiben, Tomaten und als Krönung einen frisch gemachten Fruchtsalat. Wenn ich wollte, könnte ich auch ein Ei haben, doch bei dem vor mir stehenden Angebot habe ich Bedenken, dass ich dies schon nicht schaffen könnte. Ungewöhnlich gute Brötchen sowie zwei Stück Zopfkuchen runden das Frühstück ab. Aus der Stadt Nazca bin ich in ein paar Minuten raus. Dann komme ich zu den Flächen, auf denen sich die berühmten Nazca Linien befinden. Auf Höhe der Straße kann ich davon nichts erkennen. Doch da ich ja weiß, dass ich in Kürze wieder hier sein werde, fahre ich auch an dem kleinen, eisernen Aussichtsturm vorbei. Rechts und links umgibt mich eine unwirkliche Wüstenlandschaft. Teilweise sind es riesige Sandflächen, die mich an die Sandsahara erinnern. Rund 160 Kilometer geht es so dahin, bis ich dann in Ica ankomme. Unglaublich chaotischer Verkehr und ein dauerndes Gehupe sind hier offensichtlich ganz normal. Hunderte von Motorrikschas fahren, was das Teil hergibt. Langsam ändert sich die Landschaft. Viele Flächen sind grün und kurz vor Pisco gibt es viele Weinreben. Entsprechend groß ist auch das Angebot an Weinen. Plötzlich trifft mich ein kühler Wind von der Seite. Und als ich mich nach links wende, sehe ich zum ersten Mal das graue Wasser des Pazifischen Ozeans. Hochnebel kommt draußen von See und es wird empfindlich kühl. Ab jetzt führt die Straße entlang des Meeres. 180 Kilometer vor Lima ist die Straße vierspurig ausgebaut, so dass ich mit stolzen 100 Km pro Stunde vorankomme. Ich muss es gestehen, mir kommt im Moment diese Geschwindigkeit unglaublich schnell vor, so dass ich mich erst wieder daran gewöhnen muss. Und dann hat sie mich wieder, die globale Welt. Kaum bin ich in den Randbezirken von Lima, empfangen mich die Filialen der bekannten Marken und Fastfood-Ketten. Im Stadtteil Miraflores geht es vornehm zu, dass zeigen nicht nur die vielen edlen Geschäfte, es sind auch die erstmals wieder aufgetauchten Autos der deutschen Luxusmarken. Doch inmitten dieses überbordenden Luxus gibt es kleine Hostels für Backpacker. Und in genauso einem, Wand an Wand mit einem fünf Sterne Hotel, darf ich für einige Tage übernachten. Eine grüne Oase inmitten der Großstadt. Mein 450 Kilometer und der Trubel der Stadt sind anstrengend, denn kaum liege ich im Bett, fallen mir die Augen zu.

21. Oktober.

Um halb zehn Uhr stehe ich vor dem großen Eingangstor zur Touratech Vertretung Peru. Nach dem Klingeln wird mir gleich die Einfahrt mit dem Motorrad ermöglicht. Jochen, einer der Mitarbeiter, zeigt mir gleich alles und sagt, dass Ivan, der Chef, in einer Viertelstunde komme. Was für eine herzliche Begrüßung. Als würden wir uns schon ewig kennen. Jetzt sind erstmal neue Reifen dran. Nach 15.152 Kilometer ist das aber auch wirklich an der Zeit, denn in Kurven hatte ich kein besonders sicheres Fahrgefühl mehr. Nur mit viel Gewalt und mit vollem Einsatz der Montagemaschinen ist es möglich, den hinteren Reifen zu montieren. Auch der vordere Reifen macht Schwierigkeiten. Doch die Uhr schlägt 12 Uhr dreißig und dies bedeutet Mittagspause. Mit seinem neuen Pick-Up fahren wir, Ivan, seine Frau Inés und ich zu einem nahegelegenen, recht nobel aussehenden Fischlokal. Und dort gibt es erstmal eine eiskalte Cola. Was folgt, ist eine Vielzahl unterschiedlichster Meeresfrüchte, wie mit Parmesan überbackene Muscheln, oder die typische Speise »Ceviche« - scharf angemachter Fischsalat mit viel Zwiebeln. Ich probiere von jedem ein bisschen und es schmeckt alles wirklich sehr gut. Als Hauptgang folgt eine Art Kartoffelgratin. Als wenn dies nicht schon genug wäre gibt es noch eine Nachspeise, einen in Fett ausgebackenen Teigkringel. Besonders schön fand ich, dass Inés ihre Eltern mit zum Essen eingeladen hat. Ihre Mutter musste in der letzten Zeit mehrmals an der Hüfte operiert werden, doch das hindert sie nicht, sehr vornehm gekleidet zum Essen zu erscheinen. Zunächst ist sie nicht sehr gesprächig, doch als sie das Essen sieht strahlt sie über das ganze Gesicht und hat zu jedem einzelnen eine Geschichte. Der Vater von Inés hat so einen wunderschönen entspannten Gesichtsausdruck, wie ich ihn schon lange nicht mehr gesehen habe. Ich könnte ihn stundenlang ansehen und ihm zuhören. Ziemlich spät kommen wir zurück, in der Zwischenzeit hat Johann sogar schon die Felgen mit den Reifen ausgewuchtet. Herzlich ist der Abschied durch Inés, Ivan und Johann, als ich gehen möchte. Aber wir sehen uns ja Ende Dezember wieder, wenn ich mein Motorrad für einen Monat bei ihnen unterstelle. Was dann folgt, ist ziemlich unangenehm. Kaum bin ich im Hostel, rumort es in meinem Magen, begleitet von ziemlich üblen Darmkrämpfen. An Schreiben ist in diesem Zustand nicht zu denken, viel zu kurz sind die Intervalle zwischen der Toilette und meinem Bett. Bis weit nach Mitternacht geht das so dahin, dann kann ich endlich einschlafen.

22. Oktober.

Kurz nach acht Uhr wache ich auf. Immerhin geht es mir ein wenig besser, wenn auch die regelmäßigen Toilettenbesuche zum Vormittagsprogramm gehören. Ich raffe mich auf, um trotz allem, das Frühstück zu genießen. Die Entscheidung war richtig, kaum hat mein Magen wieder etwas Ordentliches bekommen, geht es mir merklich besser. Doch für einen Ausflug in die Innenstadt reicht es noch nicht. Also einfach nochmal hinlegen, denke ich mir, und schlafe bis mittags durch.

Auch wenn es noch rumpelt in der Darmgegend, will ich ins Zentrum, zur Plaza de Armas. Ich gönne mir den Luxus und nehme für 15 Soles ein Taxi, welches in einer dreiviertel Stunde den zentralen Platz erreicht. Welch ein Anblick, die riesige Kathedrale konkurriert mit den mächtigen Gebäuden der Ministerien. Dazu haben alte, nur zweistöckige Häuser, mit wunderschönen Holzbalkonen überlebt. Ich habe sogar wieder Hunger; esse eine dicke Gemüsesuppe und gegrillte Kartoffeln mit Reis.

23. Oktober.

Um fünf Uhr dreißig sitze ich auf meinem Motorrad, lasse mir die kühle Luft der frühen Stunde um die Nase wehen und starte den Motor. Noch ist es relativ ruhig in der Stadt und ich komme zügig voran. Die Panamericana-Nord ist zu einer vierspurigen Straße ausgebaut und führt zunächst dicht an der Küste entlang. Links sehe ich das Meer, rechts die Ausläufer der nördlichsten Wüste Perus. Als ich etwas höher hinauf komme, stecke ich mitten im dichten Küstennebel, typisch für diesen Landstrich. Teilweise ist der Nebel so dicht, dass ich kaum mehr als 50 Meter Sicht habe. Kaum geht es ein paar Meter hinunter, bin ich aus der Nebelwolke heraus. Stunde um Stunde geht es so vor sich hin, ohne dass sich die Landschaft verändert. Doch dann, nach drei Stunden, ist es, als würde ich in eine Oase einfahren. Casma, eine Kleinstadt, liegt malerisch in einem grünen Tal eingebettet, umringt von saftigem Grün. Bananenstauden, Palmen und Zuckerrohr prägen das Bild. Nach zwei Kilometern schon lasse ich die grüne Oase zurück und bin wieder mitten in der Wüste. Der Wind von See frischt mehr und mehr auf. Ich muss das Tempo deutlich reduzieren und bin ständig damit beschäftigt, die Maschine halbwegs ordentlich geradeaus zu steuern. An vielen Stellen ist es, als würde ich durch einen Sandsturm fahren. Über die Straße fegt der Sand und oftmals fahre ich durch eine gelbe Sandwolke. In einem Tal kurz vor Trujillo ist es dagegen so feucht, dass sogar Reis angebaut wird. Mein Ziel ist das zehn Kilometer entfernte Küstendorf Huanchaco. Es geht gemütlich zu, es ist ein schöner Touristenort, es ist sauber und die Hauptattraktion sind die ständigen, großen Wellen. Und genau diese Wellen sind es, die viele Surfer hierher locken. Doch es sind nicht nur Peruaner, die hier das Wellenreiten genießen, es sind auch viele englischsprachige Surfer. Surfen ist für alle hier das Absolute und Spaß Nummer eins. Mein kleines Hostel liegt am Beginn der Strandpromenade, so dass ich in wenigen Gehminuten im gemütlichen Zentrum bin. Der Pier hinaus auf See, der an Venice Beach oder Brighton erinnert, ist leider so baufällig, dass er nicht mehr betreten werden darf. Boote aus Schilf, die traditionellen Wellenreit- und Fischerboote aus früheren Zeiten, sind dekorativ an der Ufermauer aufgereiht. In Miniaturausführung und mit dem Schriftzug „Huanchaco - Peru“ versehen, liegen sie an den Sourvenirständen aus. Alle sind gut drauf und haben offensichtlich großen Spaß hier. Tiefrot geht die Sonne unter. Durch die immer währenden Wolken verschwindet sie sanft mit pastellartigen Farben am Horizont.

24. Oktober.

Ich entscheide mich für etwas Frühsport und nehme eine Schotterpiste als Abkürzung zur Hauptstraße. Ich freue mich, dass es durch grüne Felder, meist Zuckerrohrfelder, geht. Keine Wüste weit und breit. Doch da habe ich mich gründlich geirrt, kaum drei Kilometer weiter kann ich nur noch Sanddünen, Steppengras und Steine vernehmen. Dazu hat der Wind vom Pazifik mittlerweile dermaßen aufgefrischt, dass oftmals die Straße nicht mehr zu erkennen ist, da sie vom Sand bedeckt wird. Unterwegs sind heute viele Polizisten, die meisten auf dem Motorrad. Als ich hinter einem Bus, einen Motorradpolizisten überhole, hängt sich dieser kurz darauf an mich dran. Dann überholt er und bedeutet, ich solle anhalten. Nun ja, zu schnell war ich auf alle Fälle denke ich mir, mal sehen was nun passiert. Doch erstmal werde ich mit einem kräftigen Handschlag begrüßt und dann interessiert er sich nur noch für das Motorrad. Wieviel Hubraum, wieviel PS und wie hoch ist die Höchstgeschwindigkeit? Aber dann lobe ich auch sein Motorrad, eine vierzylindrige 600 ccm große Yamaha, die in sehr gutem Zustand ist. Natürlich kommt auch die übliche Frage, wohin die Reise geht. Und zu guter Letzt lotst er mich noch durch den Verkehr der nächsten Kleinstadt, bevor er zu einer Eisdiele abbiegt. Es gibt schon lustige Begegnungen. In Chiclayo, einer ziemlich staubigen Stadt mit dem üblichen Verkehrschaos, tanke ich nochmal auf. Ich habe gut daran getan, denn nun folgt eine Strecke von über 200 Kilometern, ohne Städte, ohne Dörfer, fast menschenleer und ohne eine einzige Tankstelle. Es ist die Desierto de Sechura, die größte Küstenwüste Perus und eine der trockensten Gegenden dieser Erde. Ich sehe in dieser topfebenen Wüste nur fliegenden Sand. Permanent steigt auch die Temperatur an, mittlerweile sind es schon über 30 Grad. Das Visier oder die Jacke aufzumachen ist allerdings unmöglich, denn dann hätte ich sofort überall feinen Sand im Gesicht und am Körper. Ziemlich erledigt komme ich in Piura an. Als es schon lange dunkel ist, bekomme ich richtig Hunger. Also mache ich mich auf, am besten rund um die Plaza de Armas, denke ich mir, werde ich schon etwas finden. Als ich dann den wunderschönen Platz, mit vielen Palmen gesäumt und schön beleuchtet sehe, revidiere ich ganz schnell meine bisherige Meinung von einer staubigen, trostlosen Stadt. Ganz besonders schön ist die große Kathedrale beleuchtet. Von innen und indirekt beleuchtet scheint sie, vor dem dunklen Nachthimmel fast zu schweben. Laute Orgelmusik tönt aus der offenen Kirchentür. Bis auf die Treppe stehen die Besucher und lauschen den leichten und zarten Klängen der Orgel. Solchermaßen neugierig geworden, mische ich mich unter die Kirchenbesucher. Es herrscht eine heitere, fröhliche Stimmung. Anders als bei uns, gibt man sich hier beim Friedensgruß nicht nur die Hand, nein es ist viel mehr, es ist eine Umarmung, wie bei einer Begrüßung. La paz sage auch ich und drücke ebenfalls kräftig mit. Zum Abschied und zum Ende der Messe wird noch kräftig applaudiert. Auch ganz anders als dies in unserem Kulturkreis üblich ist. Doch nun melden sich die irdischen Gedanken zurück, denn ich habe immer noch nichts gegessen. Gleich gegenüber der Kathedrale gibt es entlang der Einkaufsstraße eine Vielzahl von Restaurants. Irgendwie zieht es mich in ein hell beleuchtetes Lokal hinein, in dem schon viele Menschen zu Abend essen. Ich bestelle einen großen Gemüseteller und eine große Portion Papas fritas, denn dies dürfte meinem immer noch empfindlichen Magen ganz ordentlich bekommen.

25. Oktober.

Nach rund 30 Kilometern müsste der Abzweig nach Norden kommen, doch mein Navi führt mich weiter und dirigiert mich direkt in einen großen Sandhaufen. Das kann so nicht stimmen. Auf einem Wegweiser sehe ich ein Schild, das in die nächste größere Ortschaft weist, doch meine Landkarte meint, dass sei nur ein Feldweg. Nun ja, wie ein Feldweg sieht die schön asphaltierte Straße nicht aus. Kein Grund für mich, nicht diesen Weg zu nehmen. Schnell ändert sich die Vegetation in Richtung Norden. Viele Wasserläufe, sogar ein

perfekt, hier noch ein Stempel, dort noch ein Stempel und ich bekomme mein Ausreisepapier ausgehändigt. Jetzt darf ich über die Brücke auf die ecuadorianische Seite fahren.

Mit diesem Frachter geht es, zusammen mit meinem Motorrad, nach Südamerika. Doch 33 Tage Innenkabine brauchen ein sonniges Gemüt.

Die Kathedrale von Brasilia, ist eine der vielen öffentlichen Gebäuden des Architekten Oscar Niemeyer, in der brasilianischen Hauptstadt.

Flussschiffe dümpeln am Rio Madeira in Port Velho vor sich hin und warten auf Waren und Passagiere die nach Manaus wollen.

In der 3.416 Meter hohen Stadt Cusco, einst Hauptstadt des Inkareiches, posieren Indiofrauen und Alpakas vor perfekten Inkamauern.

Die Ecuadorianischen Eisenbahnen erleben eine Wiedergeburt. Ama la vida lautet deren Motto, liebt das Leben.

Galápagos-Riesenschildkröten können bis zu 170 Jahre und älter werden.

Die Küstestreifen Perus sind größtenteils Wüstenlandschaft.

Die Ruinenstadt Machu Picchu ist eine der Hauptattraktionen Perus.

Bei den Inkas galt das Alpaka als Zeichen von Wohlstand.

Die indigenen Uros leben auf schwimmenden Inseln inmitten des Titicaca Sees.

Arequipa hat sich zur Weihnachtszeit festlich herausgeputzt.

Seit 2014 kann man mit aus Österreich stammenden Kabinenbahnen über der Stadt La Paz in Bolivien schweben.

Der Salar de Uyuni ist der größte Salzsee der Welt. Kreuz und quer kann man über die topfebene Fläche hinwegfahren.

Leckeres Essen findet sich in Patagonien in der kleinsten Hütte, wie hier im Dorf Puyuhuapi.

Herrliches Sommerwetter am Lago Cisnes an der Carretera Austral.

Majästätisch verabschiedet sich die Andenkette mit dem 3.406 Meter hohen Grantiberg Fitz Roy.

Die Felsnadeln sind das Wahrzeichen desTorres del Paine Nationalparks.

Der Vulkan Osorno gilt als der schönste Vulkan Südamerikas. Malerisch liegt er am Ostufer des Llanquihue Sees.

Bekannt ist die Osterinsel durch monumentale Skulpturen, die Moais.

Ecuador

Das Spielchen geht von neuem los. Also erstmal zum Migrationsschalter. Die freundliche und gut aussehende Zöllnerin, nicht in Uniform, sondern in einem schicken Poloshirt mit Logo der Migrationsbehörde, reicht mir das ziemlich lange Einreiseformular. Doch dies habe ich schnell ausgefüllt, so dass sie mit der Eingabe der Daten beginnen kann. Alles läuft problemlos und zügig. Und schon habe ich den Einreisestempel von Ecuador in meinem Pass. Jetzt heißt es, einen Container weiter zu gehen, zum Zoll wegen der Zollformalitäten meines Motorrades. Für mein Motorrad interessiert sich der Zöllner genau, denn er macht mit seiner Kamera mehrere Bilder und vergleicht die Fahrgestellnummer. Endlich kommen die erlösenden Stempel und ich kann nach Ecuador einreisen. Kaum bin ich ein paar Kilometer gefahren, steigt die Straße stetig an. Kurve an Kurve geht es hinauf in die Berge. Was mir übrigens sofort auffällt ist, dass es hier viel ruhiger zugeht, die Straßen gut ausgeschildert sind und kaum gehupt wird. Das tut meinen Ohren auch mal gut. Ich durchfahre den einzigartigen Trockenwald, eine der am meisten gefährdeten Waldarten der Welt, heißt es laut UNESCO-Bericht. Noch gibt es große Flächen im Süden von Ecuador. Doch auch an seinen Rändern wird gerodet. Auch hier, wie im Regenwald, ist dies fatal für den Grundwasserspiegel, der dadurch dramatisch sinkt. Nach der Ortschaft Catamayo erklimme ich einen Pass, der aussieht, als wäre ich im Schwarzwald gelandet. Tannen, Fichten und grüne Moose kennzeichnen meinen Weg. Steil in unendlich vielen Kurven geht es dann nach Loja, meinem heutigen Etappenziel. Es ist eine kleine Provinzstadt, die im Zentrum ihren alten Charme konservieren konnte. Alte, nur zweistöckige Häuser mit kleinen Balkonen finden sich noch in den kleinen Straßen. Der große Hauptplatz ist herausgeputzt und in der Kathedrale findet, wie immer bei offenen Türen, eine Messe statt. In Gedanken verloren sitze ich vor einer großen Menge Bratkartoffeln und freue mich auf 460 Kilometer Kurven.

26. Oktober.

Es ist eine wundervolle Fahrt. Viele Kurven, Gefälle und Steigungen gilt es zu befahren auf dem Weg nach Norden. Komme ich bei meiner Fahrt über 3.000 Höhenmeter, wird es schlagartig kühl, meist geht die Temperatur bis auf 11 Grad herunter; kaum bin ich unter 2.800 Meter, wird es angenehm warm bei 22 Grad. Ich fahre über kleine Pässe von Tal zu Tal. Einmal, was mich sehr verwundert, fahre ich in ein Tal ein, in dem kaum eine Vegetation vorkommt. Es sieht aus, als würde dieser Teil viel weniger Regen abbekommen, als die Täler davor und dahinter. Vor dem Ort Alausi steht ein Schild, welches auf das UNESCO-Welterbe »Nariz del Diablo«, auf die Teufelsnase, hinweist. Es das markanteste Stück einer Eisenbahnstrecke von Riobamba hinunter zur Pazifikküste. Durch übereinander verlaufende Spitzkehren überwindet die Bahn eine Steilwand des Felsens mit dem Namen Teufelsnase. Ich könnte zu dieser Steilwand hinunterfahren. Doch als ich den schlechten Zustand der Piste und das extreme Gefälle sehe, lasse ich es lieber. Einen besonders hohen Schnitt kann ich bei diesem Kurvenvergnügen nicht fahren und so bin ich um zwei Uhr mittags immer noch 150 Kilometer von meinem Tagesziel entfernt. Doch dieses Fahrttempo ist sehr Benzin sparend, gerade einmal drei Liter Benzin auf 100 Kilometer brauche ich. Nur so dahinträumen beim Fahren geht nicht, denn gerade in Kurven liegt immer mal wieder etwas Sand, dem es auszuweichen gilt. Dass ich allerdings für 460 Kilometer fast acht Stunden brauchen würde, hätte ich nicht gedacht. Heute wohne ich bewusst etwas außerhalb der Stadt, denn ich will mich einfach nur ausruhen. Das Haus, Rincón Aleman, wird von einer Ecuadorianerin, von Elena, geführt, die nahezu akzentfreies Deutsch spricht. Woher sie so gut sprechen kann, habe ich allerdings noch nicht herausgefunden.

27. Oktober.

Ein bisschen Halsschmerzen, ein bisschen Husten, ein bisschen Schnupfen, so könnte ich es beschreiben. Nicht schlimm, nur ein »bisschen« lästig. Doch kein Grund, das liebevoll zubereitete Frühstück nicht zu genießen. Und es ist wirklich ein Genuss, den frischen Orangensaft und den frischen Fruchtsalat zu riechen, zu schmecken und zu essen. Nochmal »gönne« ich mir einen Tee, allerdings nicht mehr einen Kamillentee, sondern einen schmackhaften Früchtetee. Wieder gibt es ein kleines Zopfbrot, nur diesmal ist auch Butter und selbstgemachte Brombeermarmelade dabei. Ich weiß jetzt allerdings nicht, ob dies in diesem Teil Ecuadors üblich ist oder ob es ein Tribut an die vielen deutschen Gäste des Hauses ist. Gestärkt mache ich mich auf den Weg zu den Vulkanen. Der ganz in der Nähe liegende Vulkan Chimborazo, mit 6.310 Meter Höhe der höchste Berg Ecuadors, hüllt sich um diese frühe Morgenstunde noch komplett in Wolken. Weiter und weiter führt mein Weg nach Norden. Vorbei an den Städten Ambato und Latacunga. Dass sich in Ecuador wirtschaftlich etwas tut, sieht man nicht nur an den vielen Werbetafeln »Jetzt ändern wir Ecuador«, sondern vor allem an der teils achtspurig ausgebauten Durchgangsstraße. So komme ich schnell zu meinem nächsten Vulkan, auf den ich mich seit Beginn meiner Reise gefreut habe. Als ich vor über 20 Jahren schon einmal hier war, gab es hier nichts außer einer staubigen, holprigen Landstraße. Jetzt muss ich erstmal von der neuen Autobahn herunter, um etwas näher an den Vulkan zu kommen. Er hüllt sich in Wolken und sein Gipfel ist nur zu erahnen. Doch dann reißen für wenige Minuten die Wolken auf und ich kann den Gipfel und die darüber stehende riesige Dampfwolke genau sehen. Seit seinem jüngsten Ausbruch stößt der Cotopaxi permanent Dampf und Asche aus. Mit seinen 5.897 Metern ist er der zweithöchste Berg Ecuadors und einer der höchsten, aktiven Vulkane der Welt. Ich kann mich von diesem Anblick kaum losreißen und hoffe, dass ich diesen wundervollen Berg auch noch ohne Wolken sehen kann. Wieder zurück auf der Schnellstraße, nehme ich bewusst eine kleine, östliche Umfahrung, um nicht durch die 2,2 Millionen Metropole Quito fahren zu müssen. Rund 40 Kilometer nördlich überquere ich den Äquator. Eine große Stehle verdeutlicht die magische Linie. Zum ersten Mal überquere ich ihn mit dem Motorrad. Als ich die quirlige, lebendige, bunte und schöne Innenstadt von Otavalo sehe, dann noch den Früchte- und Gemüsemarkt und darüber hinaus den Handwerks- und Kunstmarkt, ist für mich die Entscheidung gefallen, dass ich mir etwas mitten in der Stadt suche. Hotels und Hostels gibt es mehr als genug. Jetzt nur noch hoffen, dass auch ein Zimmer frei ist. Kein Problem, für 18 Dollar erhalte ich ein großes Doppelzimmer mit Blick auf den Vulkan Imbambaru. Mein Motorrad kann ich im Innenhof sicher parken. Der Zufall hat mich mitten in diesen schönen Ort geführt. Jetzt noch schnell zur Apotheke und ein paar Mittelchen für Halsweh, Schnupfen und Husten geholt und noch ein paar Meter durch die Altstadt wandern; geht es mir durch den Kopf. In der Apotheke gleich um die Ecke erhalte ich zwei Medikamente und zu jedem Präparat eine genaue Einnahmeanweisung. Etwas ziellos schlendere ich durch die kleinen Straßen und lande, wie könnte es anders sein, am Markt. Zwar sind schon viele Stände geschlossen, aber durch die vielen Lampen ist die Atmosphäre wirklich zauberhaft. Eine Handvoll Erdbeeren erstehe ich, die ich auch sofort verschlinge. Ein Genuss mit vollem Aroma. Trotzdem meldet sich mein Magen zu Wort. Aber nicht unangenehm, sondern einfach, weil er und ich Hunger haben. Als ich mich umschaue, erblicke ich direkt vor mir ein winziges Lokal mit gerade einmal fünf Tischen. Spezialität ist, wie könnte es anders sein, Hühnchen. Doch es gibt auch einen Fisch aus dem benachbarten Lago San Pablo. Ich entscheide mich für die Super-Combo 5, das ist ein Fischgericht mit Pommes Frites, Reis, Tomaten und Gurkensalat und eine Cola. Alles zusammen kostet dieses Menü gerade einmal 2,50 Dollar. Dazu noch eine kleine Schüssel herrlich duftende Gemüsesuppe. Der Fisch ist rustikal einfach auf dem Grill gegrillt worden. Doch als ich davon etwas probiere, merke ich, dass die Außenhaut mit einer Gewürzmischung aus Pfeffer, Salz und Sellerie veredelt wurde. Nochmal werfe ich zwei der neu erstandenen Tabletten ein, ziehe die warme Decke bis ans Kinn und schlafe glücklich und zufrieden ein.

28. Oktober.

Um 5.45 Uhr schaue ich zum ersten Mal aus dem Fenster und kann im morgendlichen Licht die umliegenden Vulkane noch ohne ihre typische Wolkenkrone sehen. Die Sonne scheint mit aller Macht durch die Fenster und erinnert mich daran, dass ich noch zwei Märkte besuchen wollte. Zuerst zieht es mich auf den großen Gemüse- und Früchtemarkt in der Nähe des Bahnhofs. Daneben gibt es auch Fleisch und Geflügel, welches auf einen Käufer wartet. Auf der anderen Straßenseite ist ein kleiner Markt für Kleidung, auf dem sich die einheimische Bevölkerung eindeckt. Eine Stunde später stehe ich am Mittelpunkt der Erde, dem »Mitad del Mundo«. Als ich vor Jahren hier war gab es rund um das Denkmal nur eine gepflasterte Fläche, mehr nicht. Jetzt trifft mich fast der Schlag: Rund um diesen magischen Punkt wurden ein Vergnügungspark mit Planetarium, Museen, Kunstwerken, ein kleines Dorf mit Restaurants, Bars,

Eisdielen und Souvenirläden errichtet. Und, wie könnte es anders sein, kostet es diesmal drei Dollar Eintritt. So richtig ausnützen kann ich den Eintritt leider nicht, da eine Besichtigung aller angebotenen Attraktionen in Motorradkleidung zu schweißtreibend ist. Nichts wie wieder hinauf aufs Motorrad und schnell ins Hotel zum Ablegen der Jacke, denke ich mir. Das Verkehrsaufkommen hält sich in Grenzen und auch die schweren Dieselabgase der alten Busse und Lastwagen sind erträglich. Da mein kleines Hotel im Norden der Stadt liegt, bin ich nach kurzer Zeit direkt vor dessen Garage. Wieder kommt mir eine unglaubliche Freundlichkeit entgegen. Und, ich kann beim Gespräch mit Miguel und Carmen meine Spanischkenntnisse ein bisschen ausbauen, da sie mir helfen, die richtigen Worte zu finden. Dann werde ich mutig und frage auf Spanisch, ob ich denn mein Motorrad in den vier Tagen in denen ich auf den Galapagos Inseln bin, im Hof stehen lassen kann. Mir fällt ein ganz großer Stein vom Herzen als sie sagen, dass das überhaupt kein Problem ist. Dann meint Miguel scherzhaft, ich solle halt nur den Schlüssel da lassen, dann könne er ein wenig spazieren fahren.

29. Oktober.

Quito hat drei von Nord nach Süd führende Buslinien. 25 Cent in einen Automaten geworfen und schon stehe ich auf dem Bahnsteig. Es ist wirklich ein Bahnsteig, stark erhöht und mit Türen, die nur aufgehen, wenn ein Bus hält. Morgens um neun Uhr sind die Busse noch brechend voll, so dass ich bis zu meiner Station stehen muss. Aber umfallen wäre bei der Enge sowieso nicht möglich. Von der Bushaltestelle führt die Calle Chile direkt hinauf ins historische Zentrum. Es ist wirklich kaum zu beschreiben, was für ein Gefühl es ist, auf dem großen Platz vor der Franziskaner Kirche zu stehen, deren Bau 1535 begonnen wurde. Doch das Innere schlägt an goldenem Prunk selbst bayrische Barockkirchen. Im grellen Licht des großen Platzes fällt auf, dass überall verschiedene Polizisten stehen. Als ich im Café, direkt am Platz, genüsslich eine große Tasse heiße Schokolade schlürfe, fällt mir auf, dass sich die Polizisten sofort schützend hinter eine Reisegruppe stellen, sobald diese stehenbleibt und ihrem Reiseführer lauscht. So soll vermieden werden, dass sich Taschendiebe von hinten an die arglosen Touristen heranmachen. Plötzlich regnet es wie aus Kübeln, begleitet von grellen, weißen Blitzen und unmittelbar darauf folgendem Donner. Fast zwanzig Minuten dauert diese Vorführung der Natur.

30. Oktober.

Steil geht es den Hügel Panecillo empor. Von hier bietet sich ein weitreichender Blick auf die alte und die neue Stadt. Sogar den 70 Kilometer entfernten Vulkan Cotopaxi kann ich erkennen. Seit 1976 steht auf der Spitze des Hügels die »Virgin de Quito«, eine 45 Meter hohe Madonna Figur. Komplett aus kleinen Aluminiumplatten zusammengesetzt, wurde sie auf einen hohen steinernen Sockel gesetzt, sodass die Sterne des Heiligenscheins die Stadt zu ihren Füßen um über 200 Meter überragt. Mit dem Bus fahre ich ins moderne Quito, ins Viertel Mariscal. Ein großer Unterschied zu anderen modernen Stadtvierteln anderer Städte der Welt ist nicht festzustellen. Alles, was die globale Welt an Shopping und Fastfood zu bieten hat, findet sich hier. Vorbei am größten Park der Stadt- am Sonntag sollen dort bis zu 50.000 Menschen Erholung suchen- geht es wieder zurück in den alten Teil der Stadt. Schon von weitem ist die Kirche »Basílica del Voto Nacional« zu erblicken. Diese Kirche wurde erst 1924 eröffnet und ähnelt in ihrem neugotischen Stil den Kirchen in Frankreich. Mächtig hungrig suche ich mir ein kleines Lokal, in dem viele Einheimische essen. Deftig geht es hier zu, keine

Tischdecken, einfache Stahlstühle. Ich nehme eine Combo aus Reis, Linsenbrei, Bohneneintopf mit Tomatensalat und eine Cola. Dies alles für 2,50 Dollar. Insbesondere der Linsenbrei ist ein Gedicht. Davon könnte ich noch mal eine Portion essen. Doch auch so spannt mir der Magen kräftig.

31. Oktober.

Es ist Samstag, die Straßen sind noch leer, so dass ich bereits nach 20 Minuten den Bahnhof erreiche. Alles macht einen extrem aufgeräumten und frisch renovierten Eindruck. Und der Eindruck täuscht nicht. Es wurde offensichtlich mit sehr viel Kapital der Charme der Vergangenheit in die Neuzeit gebracht. Im Außenbereich steht eine schwarzrote Dampflokomotive, die im Moment allerdings repariert wird, da die Speisewasserpumpe defekt ist. Auf einem anderen Gleis stehen Personenwagen, Güterwagen und zwei Wassertankwagen. Eine Glocke ertönt, was für uns Reisende bedeutet, dass es nun losgeht. Mit einem starken Ruck setzt sich der nur aus der Dieselelektrischen Lokomotive und drei Personenwagen bestehende Zug in Bewegung. Rumpelnd geht es in ganz langsamer Fahrt hinaus aus den Bahnhof. Mitten durch Wohngebiete, über unbeschrankte Bahnübergänge und in Greifnähe zu den Häusern geht es Richtung Süden. Stets begleitet werden wir von drei Motorradfahrern, die dem Zug vorauseilen und die Bahnübergänge sichern. Da bekommt das Wort Zugbegleiter doch eine ganz andere Bedeutung. Und sehr gut fahren können sie auch, denn neben der Bahnstrecke geht es oft über holprige Wege oder auch einmal quer über eine Wiese. Gleich von Anfang fällt mir etwas auf. So ein gemütlicher Zug muss wohl in den Menschen etwas Positives auslösen. Überall wird uns zugewunken, ob Jung oder Alt, ob Autofahrer oder Anwohner, ob Arbeiter oder Polizist. Viele machen mit ihren Handys Fotos. An der ersten kleinen Station gibt es vielerlei kleine Köstlichkeiten der Region zu probieren. Insbesondere bei den eingelegten großen Bohnen muss ich mehrmals zugreifen. Und es gibt frisch gemachte, noch warme Empanadas. Die bronzene Glocke der Station ertönt und bedeutet, dass es weitergeht. Gemütlich holpernd muss sich nun die Zugmaschine mächtig anstrengen, die Steigung ist für eine Eisenbahn sehr stark. Eine Stunde später erreichen wir unser Ziel, den kleinen Ort Aloasi. Eine in bunte Kleider gehüllte Trachtengruppe tanzt zu melodischer ecuadorianischer Musik. Mit Eifer und Enthusiasmus sind alle bei der Sache. Obwohl dies extra für die Zugpassagiere arrangiert wurde, sieht doch alles so herrlich improvisiert und damit authentisch aus. Nur fünfzig Meter entfernt steht der Besuch einer noblen Hazienda an. Das Haus ist mit Antiquitäten nur so gefüllt. Von der Schwägerin des Besitzers werden wir durch die einzelnen Räume geführt. Alles ist liebevoll mit vielen Blumen, vor allem Rosen, ausgeschmückt. So also lebten die reicheren Grundbesitzer in früheren Jahren. Weiter geht zu einem weiteren Gutshaus, welches heute Museum ist. Es gehörte der Großmutter unserer Farmgastgeberin. Besonders beeindruckt bin ich über die beiden Grammophone im Salon des Hauses. Als ich diese so interessiert eingehend studiere, fragt unsere Gastgeberin, ob sie eine Platte auflegen soll. Das »si« kommt ohne zu überlegen über meine Lippen. Es ist als würde das ganze Haus zum Leben erweckt, als die Musik längst vergangener Tage durch die Räume schallt. Nach Hause, zurück nach Quito, geht es ohne Stopp gemütlich ruckelnd. Um halb sechs Uhr abends laufen wir wieder in den schönen Bahnhof im Süden von Quito ein. Vor dem Abendessen stehen noch `Hausaufgaben` an, denn es gilt mein Gepäck so neu zu verteilen, dass alles, was ich nicht auf dem Inselausflug auf die Galapagosinseln benötige, in die Aluboxen muss.

1. November.

Angekommen im neuen Flughafen, reiche ich meinen Pass der Mitarbeiterin am Check-in. Diese schaut meine Gepäckrolle von oben, von unten, von links und von rechts an. Dann sagt sie, dass ich erst zur Gepäckinspektion für die Galapagosinseln müsse. Doch davor muss ich die Einreiseregistrierung für die Inseln machen. Sorgfältig wird alles in den Computer eingegeben. Dann gilt es, noch 20 Dollar zu bezahlen. Jetzt geht's zur Durchleuchtung des Gepäcks. Da keine Beanstandungen vorliegen, schließlich habe ich ja keinerlei Lebensmittel dabei, wird meine Gepäckrolle mit einem dicken Spezialkabelbinder verschlossen. Die Hürden eins und zwei wären geschafft. Jetzt kann ich mich wieder beim Check-In anstellen. Schon zehn Minuten vor der Zeit können die Passagiere an Bord. Auf die Minute genau startet der LAN Airbus A 319 in Richtung Westen. Zu sehen gibt es, da eine dichte Wolkendecke die Sicht versperrt, nichts.

Galapagos

Bei den Einreiseformalitäten am Flughafen geht es sorgfältig zu. Mein Einreiseformular wird nochmals im System geprüft. Erst dann kann ich einen Schalter weitergehen, wohin mein Pass schon weitergegeben wurde. Jetzt kommt die Nationalparkverwaltung und knöpft mir, dass wusste ich aber schon, 100 Dollar in bar ab, als Eintrittsgebühr. Diese gilt für alle Inseln und gilt solange, bis ich wieder abfliege. Keine zehn Minuten dauert die Busfahrt. An einem kleinen Kai müssen alle Passagiere aussteigen, denn es gibt keine Brücke hinüber auf die Hauptinsel Santa Cruz. Das Gepäck wird auf kleine Lattenboote verladen. Wir Passagiere steigen in ein etwa 40 Personen fassendes Holzboot. Am anderen Ufer angekommen, warten Dutzende Taxi Pickups und ein alter, klappriger Bus. Ich habe ja wirklich Zeit, außerdem ist es erst 11 Uhr morgens, so dass ich mich in die herrlich weich gepolsterten Sitze setze. Der Bus wäre ein wahrer Albtraum für jeden TÜV-Prüfer. Überall hängen Kabel umher, auch unter dem Armaturenbrett sieht es gruselig aus. Doch auf den ersten Druck auf den Anlasser springt der alte Diesel an und fällt in einen gemütlichen Leerlauf. Krachend fällt der erste Gang und es geht los. Ziel ist die Hauptstadt Puerto Ayora. Direkt an der Uferpromenade hält der Bus. Jetzt gilt es nur noch, mein kleines Gästehaus zu finden. Ich frage gleich mal bei drei Damen in einer Wäscherei nach. Sie meinen, dass wäre zu weit zum Laufen und rufen ein Taxi heran. Und ich solle nur einen Dollar zahlen und keinen »Gringo« Preis. Auf Inseln gehen stets die Uhren anders als auf dem Festland. Da ein anderer Gast ausgefallen ist, bekomme ich im Hotel ein ganzes Appartement für mich alleine. Luxuriös geht es aber deswegen trotzdem nicht zu, alles ist einfach, aber zweckmäßig. Ich will mir die nur zehn Gehminuten entfernte Charles Darwin Forschungsstation ansehen, denn dort soll eine Schildkrötenaufzuchtstation sein. Im Moment wird jedoch ziemlich viel umgebaut, so dass »nur« ein paar Riesenschildkröten zu bestaunen sind. Wie, als wäre es normal, liegen auf dem Weg dorthin große Leguane in der Sonne. Selbst als ich dem einen die Kameralinse vor die Nase halte, reagiert er nur mit einem Augenzwinkern. Dieses Exemplar ist offensichtlich die Touristen gewöhnt. Dass die ganze Insel vulkanischen Ursprungs ist zeigt sich am Strand, der komplett aus pechschwarzen Lavasteinen besteht. Zwischen diesen tummeln sich leuchtend rote Krabben.

2. November.

Erster Schritt ist, alle unbedeckten Körperteile mit Lichtschutzfaktor 50+ einzureiben. Zweiter Schritt ist, einen Hut mitzunehmen. So gerüstet mache ich mich auf den Weg. Zunächst entlang der Uferstraße zum kleinen Fischerhafen. Die Sonne brennt gnadenlos in den Straßen des Ortes. Hier geht kein noch so kleines Lüftchen. Der Einstieg in den Wanderweg ist leicht zu finden. Gut ausgebaut führt er in vielen Stufen steil einen Berg hinauf. Oben angekommen, stehe ich vor einem winzigen Häuschen. Fast wäre ich daran vorbeigelaufen, doch genau in diesem kleinen Häuschen gilt es, sich in eine Liste einzutragen. So ist gewährleistet, dass die Nationalparkverwaltung weiß, dass alle Besucher auch abends wieder zurück sind. Ich decke mich aus dem Kühlschrank auch gleich noch mit Mineralwasser ein, denn ohne Schatten führt der Weg durch unberührte Natur. Bald kann ich das Rauschen des Meeres, das Rauschen der Wellen hören. Als ich über eine kleine Düne gehe, kann ich zum ersten Mal diesen wunderschönen, schneeweißen Strand sehen. Es ist die Playa de Tortuga, der Strand der Schildkröten. Direkt vor mir sind inmitten des butterweichen Sandes viele schwarze Lavasteine. Und auf, neben und zwischen diesen Steinen pulsiert das Leben. Leuchtend rote Krabben, Strandläufervögel und schwarze Meeresleguane bevölkern die schroffen Steine. Ich setze mich direkt vor diese urzeitlich anmutenden Tiere. Dabei fällt mir auf, dass jedes einzelne Tier sich in ganz vielen Details vom anderen unterscheidet. Mal sind die Schuppen dunkler, mal glänzen sie silberner und die großen Dornen auf dem Rücken könnten unterschiedlicher nicht sein. Nicht gerade schlau von mir, gerade in der Mittagshitze zur Stadt zurück zu gehen. Trotz ständigem Wassertrinken, komme ich mir wie ausgelaugt vor. Im kleinen Restaurant am Ende des Fischerhafens lasse ich mich nieder und genieße erst einmal ein eisgekühltes Wasser »con gas« und ein ebenso kaltes Bier. Es ist ein Lokal, welches hauptsächlich von Einheimischen besucht wird. Eine handgeschriebene Tafel lässt mich aus vier Speisen auswählen. Als ich am

Nachbartisch einen leckeren Fischteller sehe, ist die Entscheidung gefallen. Ein wirklich sehr großes Fischfilet, mit einer leichten Panade gegrillt, steht bald vor mir auf dem Tisch. Als Beilage gibt es Reis und diesem herrlich schlabberigen Gurken- und Tomatensalat. Sowohl das Fischfilet als auch die Gurken zerfließen fast auf der Zunge. Lange sitze ich im Schatten des großen Vordachs und schaue den Vögeln beim Fischfang zu.

3. November.

Für heute habe ich auf meinem Plan, mit einem Taxiboot auf die andere Seite des Hafens zu fahren. Zu Fuß sind die Hotels und die Strände nicht zu erreichen, deshalb gehe ich hinunter an den Kai und warte auf ein kleines, gelb gestrichenes Boot. Ich muss nicht lange warten, schon sitze ich im wankenden Boot und werde in zwei Minuten ans andere Ufer gebracht. Es ist ein billiges Vergnügen, nur 80 Cent kostet die Überfahrt. Nach zehn Minuten Fußweg erreiche ich einen traumhaft schönen Strand. Es ist die Playa de los Alemanes, der Strand der Deutschen. Warum er so heißt, erfahre ich später. Am Ende eines schmalen Wegs blicke ich in eine schmale Schlucht, deren Wände aus tiefschwarzem Lavagestein bestehen. Von den Wänden tropft Wasser herunter. Einige Einheimische nutzen das kristallklare Wasser- halb Süß- halb Salzwasser- zum fröhlichen Baden. Zurück am Anleger liegt das noble Hotel Angermeyer. Und hier löst sich auch das Rätsel um den Strand der Deutschen. In den 1930er Jahren ist ein Gus Angermeyer mit seinen drei Brüdern aus Deutschland nach Puerto Ayora ausgewandert. Gus hat sich an diesem Ort ein kleines Hotel gebaut, welches heute von seinem Sohn geführt wird.

4. November.

Mit einem Taxi lasse ich mich ins Bergland bringen. Es ist kühl, viel kühler als unten an der Küste. Nun schaue ich mit offenem Mund vor Staunen nach vorne: Rechts und Links bewegen sich die riesigen Galapagos Schildkröten. Auf einem Wiesenstück liegen sie friedlich vor sich hin grasend. Um eine besonders große Schildkröte näher beobachten zu können, lege ich mich neben sie in Gras. Nur wenige Zentimeter trennen meine Nase von ihrer Nase. Ein wenig aufpassen muss ich jedoch, denn immer schnauft und prustet das riesige Tier und hat danach ein richtig schön »verrotzte« Nase. Also bleibe ich stets ein bisschen seitlich, um nicht eine volle Ladung abzubekommen. Die großen Tiere sind weit über 100 Jahre alt und haben ein Gewicht von fast 300 Kilogramm. Aber es sind allesamt ganz friedliche Gesellen, die mampfend durch die Wiesen streifen. Früher sollen allein auf der Insel Santa Cruz rund 30.000 Tiere gelebt haben. Durch die Ankunft des Menschen und die Jagd auf diese Tiere als Proviant auf den Segelschiffen, wurde der Bestand dramatisch reduziert. Einzelne Arten wurden vollkommen ausgerottet. Heute sind wieder etwa 7.000 Exemplare zu finden. Eine Nebenstraße wird abends zum großen Freiluftrestaurant. Überall stehen Tische und Stühle. Die kleinen Buden legen ihre Langusten und Fische dekorativ aus, um Gäste anzulocken. Ab 25 Dollar aufwärts kostet es, eine große Languste zu verspeisen. Wieder mal verführerisch duftet es von den vielen Holzgrills der Garküchen.

5. November.

Leider geht es heute schon wieder zurück auf das Festland. Nach einer Zwischenlandung in Guayaquil bin ich zurück in Quito, zurück bei meinem Motorrad. Abends heißt es noch die beiden Aluboxen und meine Gepäckrolle wieder komplett zum Motorradfahren umzuladen. Gleich um die Ecke, am Krankenhaus, gibt es ein paar einfache Restaurants, die aber herrlich duftenden und aromatischen Kartoffelbrei anbieten. Zusammen mit einem gegrillten Maiskolben und Tomatensalat genau richtig für mich.

6. November.

Wieder sind die Busse morgens zum Brechen voll. Und das Brechen kann man ernst nehmen. Die Türen verbiegen sich gewaltig. Im historischen Zentrum tummeln sich viele Straßenhändler, die die täglichen Dinge des Lebens anbieten. Von Zahnpasta über Früchte und Nüsse bis hin zu WC-Papier. Das Angebot wird durchaus angenommen. Vorbei an der Plaza Grande mit der Kathedrale und dem wuchtigen Regierungsgebäude erreiche ich den Platz vor dem Franziskanerkloster. Viele kleine Stände mit Produkten und Souvenirs der Region sind aufgereiht und geben dem Platz frisches Leben. Zwei Musiker, mit moderner Interpretation südamerikanischer Musik, liefern die passende Musik. Nur vier Blocks weiter nordwärts finde ich einige sehr interessante Lokale. Längst sind weit und breit keine Touristen mehr, der Verkehrslärm ist nahezu verstummt. Und doch pulsiert das Leben hier. Viele der Restaurants haben nur zwei, drei Tische. Gekocht wird direkt an der Tür. Und, es gibt keine Speisekarte. Es gibt Mittagessen, Almuerzo, sonst nichts. Aber dieses »sonst nichts« besteht immer aus einer großen Schüssel Suppe, einer Hauptspeise mit Salat und einem Becher Fruchtsaft. Immer wenn ich längere Zeit auf Reisen nicht Motorrad gefahren bin - es waren über zwölf Tage- schlagen zwei Herzen in meiner Brust. Einerseits würde ich gerne noch ein paar Tage nur umherbummeln, andererseits reizt es mich, wieder auf das Motorrad zu steigen und von neuem die Panamericana zu befahren.

7. November.

Es regnet seit gestern Abend. Meine Hoffnung, dass es, wie es in den vergangenen Tagen stets war, morgens aufhört, hat sich zerschlagen. Von Quito aus geht es stetig bergauf. Über 3.400 Metern wird es kälter und kälter. Auf 3.650 Metern sind es gerade noch vier Grad. Die »Straße der Vulkane« ist heute eher eine Straße der Wolken, des Regens und der frostigen Temperaturen. Kaum bin wieder 500 Meter tiefer, steigen die Temperaturen auf 15 Grad. Beim Fahren ist dies ein Gefühl von sehr angenehmer Temperatur. Vorbei an der Stadt Cuenca mit 280.000 Einwohnern, geht es stets mit Kurs Süd voran. Rund 50 Kilometer vor meinem Ziel hört es auf zu regnen. Ein Blick auf die Uhr sagt mir, dass ich etwa um halb eins die Stadt Alausí erreichen werde. Das würde mir reichen, um noch den berühmten Zug »Nariz del Diablo« zu bekommen. Kurz nach zwölf bin im Ort. Alausí liegt steil an einem Hang. Schon die Zufahrt, unter der stählernen Eisenbahnbrücke hindurch, ist anspruchsvoll. Meine Hoffnung steigt, da noch kein Zug im Bahnhof steht. Dieser Teil der Eisenbahnstrecke ist UNESCO Weltkulturerbe. Der Nariz del Diablo, die Nase des Teufels, ist ein 100 Meter hoher, markanter Felsvorsprung über der Schlucht des Rio Chanchán. Um diesen Felsen zu überwinden, wurden die Gleise in der steilen Wand der Teufelsnase fast übereinander gelegt und durch Spitzkehren miteinander verbunden. Ein echtes Erlebnis, wie es holpernd und ratternd tiefer und tiefer ins Tal geht. Manchmal ist es besser, nicht aus dem Fenster zu sehen, denn oft geht es senkrecht in die Tiefe. Der Blick ins Tal des Chanchán Flusses ist romantisch und fast schon surrealistisch. Für die Eisenbahnfans ist natürlich der Blick auf die Zick-Zack-Gleise das Wichtigste. Langsam kommt der Zug zum Stehen, um gleich darauf in die entgegengesetzte Richtung zu fahren.

So hangelt sich der Zug Meter um Meter den steilen Berg hinunter. Von Alausí gilt es auf nur 13 Kilometer rund 800 Meter Höhenunterschied zu bezwingen. Eine für eine Eisenbahn unglaubliche Konstellation. Rund 45 Minuten dauert die Fahrt zur heutigen Endstation Sibambe, einem liebevoll restaurierten Bahnhof.

8. November.

Bedingt durch die vielen Straßensperrungen in der Stadt erreiche ich erst um neun Uhr die Hauptstraße, die Panamericana, nach Süden. Wieder ist es ein Gefühl als würde ich durch das Allgäu fahren, dann wird es trocken, staubig und alles ist vertrocknet. Darauf folgt eine Fahrt wie durch den südlichen Schwarzwald. Apropos Schwarzwald, als ich auf der Suche nach einer Möglichkeit zum Abendessen in Lola, meinem Zielort, bin, komme ich an einem Café mit Torten vorbei. Und da steht eine Torte mit der spanischen Beschriftung »Selva negra«, also Schwarzwald. Das muss ich probieren. Nun ja, der selbstgemachte Biskuit ist luftig und lecker. Nur die Creme ist, drücke ich es mal vorsichtig aus, geschmacksneutral. Lustig ist, dass die original Kirsche durch eine Erdbeere ersetzt wurde.

9. November.

250 Kilometer nur Kurven können ziemlich anstrengend sein. Und wieder geht es durch den einzigartigen Trockenwald. Doch nach zwei Tagen Regen hat sich alles verändert. Es ist ein Wunder der Natur. Fast alle Bäume haben in dieser kurzen Zeit frisches Grün, frische Blätter angesetzt. Die Berghänge leuchten förmlich im grünen Licht. Viele Kilometer darf ich diese faszinierenden Bäume bewundern. Dann werde ich etwas unsanft aus meinen Tagträumen geholt. Vor mir ist eine

Kontrollstation, einige Kilometer vor der Grenze. Meine Ausweisdaten werden sorgfältig in ein großes Journalbuch eingetragen. Auf die Frage nach meinem Herkunftsland taut der Zöllner auf. Das ist ja das Land des Fußballweltmeisters sagt er. Und Deutschland hätte so viele gute Fußballspieler. Die Ausreise aus Ecuador geht unglaublich zügig. Eine sehr freundliche Mitarbeiterin stempelt den Ausreisestempel in meinen Pass und ein ebenfalls sehr freundlicher Zöllner fertigt mir das Ausreisepapier fürs Motorrad an. Jetzt kann ich über die kleine Brücke hinüber nach Peru fahren, zum Migrationsschalter.

Zurück in Peru

Das übliche lange Einreiseformular ist schnell ausgefüllt, schließlich habe ich in solchen Sachen mittlerweile viel Übung. Allerdings ist es mir nach wie vor ein Rätsel, was alles noch ins System eingegeben wird, obwohl meine gesamten Daten doch schon längst gespeichert sind. Dann kommt der Zoll. Diesmal braucht man nicht nach Ostdeutschland zu suchen. Diesmal geht überhaupt nichts mehr. Das Computersystem ist komplett ausgefallen. Deshalb wird nun das Formular per Hand ausgefüllt. Alles zweifach und zusätzlich noch in ein Journalbuch. Dass dies dauert, kann man sich denken. Doch der Zöllner schreibt und ich zeige ihm die entsprechenden Daten oder lese sie vor. Weiter geht es, vorbei an Reis- und Gemüsefeldern. Doch die grüne Vegetation und die saftig grünen Felder sind nur von kurzer Dauer. Was folgt ist die Wüste. Sie empfängt mich mit 29 Grad und starkem Wind. Zum Glück weht der Sand nur flach über die Straße und nicht bis zu mir hoch. So bin ich von Sand im Gesicht verschont. In Piura, meiner heutigen Station, herrscht das übliche Verkehrschaos, aber ich habe mich daran gewöhnt.

10. November.

Erstmal muss ich noch tanken, denn auf den nächsten 180 Kilometern soll es keine einzige Tankstelle mehr geben. Das Tanken ist einmal mehr als lustig. Irgendwie finden es alle Tankstellenmitarbeiterinnen lustig, dass ich durch ihr Land mit dem Motorrad reise. Und jede will unbedingt ein Bild mit mir. Vor lauter Lachen vergesse ich fast, dass ich noch über 390 Kilometer vor mir habe. Es geht hinaus in die Wüste. Anfangs noch mit Steppengras durchsetzt, gibt es rund hundert Kilometer weiter südlich nur noch Sand. Sand, der sich teilweise zu über zehn Meter hohen Sanddünen aufgestaut hat. Stunde um Stunde fahre ich durch menschenleere Landschaften. Erst fünfzig Kilometer vor Huanchaco ändert sich das Bild. Angekommen im Zielort kann ich für einen kurzen Moment die rote Scheibe der untergehenden Sonne sehen. Kaum ist die Sonne untergegangen, ist es auch schon dunkel. Höchste Zeit zum Abendessen. Ein offener Grill zieht mich in seinen Bann. Ich bestelle frisches Seefischfilet, dazu Bratkartoffeln und Gurkensalat. Von meinem Tisch aus kann ich direkt auf den Grill sehen, wie mein Fischfilet sorgfältig vor jedem Wenden mit einer Marinade eingestrichen wird. Dabei wird kein Pinsel benutzt, sondern die äußeren Blätter eines kleinen Maiskolbens. Viel zu schnell habe ich mein erstes Glas Rotwein getrunken. Nach dem zweiten Glas Rotwein muss ich Schluss machen, denn den Alkohol spüre ich mehr, als es gut ist. Seltsam, dieses Phänomen hatte ich sonst nur in Höhen von über 3.500 Metern.

11. November.

Entlang der Panamericana geht es ziemlich langweilig in Richtung Süden. Im staubigen und heißen Ort Casma soll der Abzweig hinauf in die Berge sein. Genau in diesem

Moment streikt mein Navi und lässt sich überhaupt nicht mehr bedienen. Doch es gibt ja noch die gute alte Karte und liebe Menschen zeigen mir den Weg. Entlang eines fruchtbaren Tals, in dem von Bananen, Tomaten, Gurken, Melonen bis hin zu Orangen alles üppig gedeiht, geht es höher und höher hinauf. Die Vegetation verändert sich zunehmend und bleibt fast vollständig zurück. Kurven an Kurven, gewürzt mit sanften Serpentinen führt die Straße auf einen Pass mit 4.222 Metern. Hätte ich nicht die Höhenangabe auf dem Navi, oder den Eintrag in die Landkarte, wäre mir diese Höhe gar nicht bewusst. Kein Schild kennzeichnet den Pass. Die Sicht auf das gegenüberliegende Bergpanorama ist atemberaubend. Jetzt bin ich in der Bergwelt der Cordillera Blanca, der peruanischen Schweiz. Schneebedeckte 5.000er und 6.000er Berge verschmelzen mit den drohend wirkenden Wolken. Unten im Tal liegt auf 3.100 m die Stadt Huaráz. Meine Unterkunft wird offensichtlich auch von bekannten Reiseanbietern als Basisstation für Trekkingtouren genutzt, wie ich an den vielen Aufklebern an der Eingangstüre zum Restaurant sehen kann.

12. November.

Das schönste Geräusch beim Frühstück ist das an sich nicht schöne Geräusch des Mixers. Doch dies bedeutet, dass Fruchtsaft gerade frisch gemacht wird. Ich lasse mir Zeit. Nur 95 Km sind es nach Chavín de Huantár, doch die sollen es in sich haben. Wieder führt die Straße vor einem beeindruckenden Bergpanorama von 3.100 m auf über 4.000 m Höhe. Vor mir breitet sich ein tiefblauer Bergsee aus, vor der imposanten Kulisse bizarrer, schneebedeckter Berge. Doch die Passhöhe ist längst noch nicht erreicht. Es geht weiter und weiter hinauf. Bis auf 4.470 Meter. Diesmal ist es kein Pass, sondern ein dunkler Tunnel, der die Passhöhe markiert. Diese Straße und auch die Ausgrabungsstätte, die ich besuchen will, hatte ich in einem Buch »Unbequeme Wahrheiten« von Erich von Däniken entdeckt. Jetzt stehe ich auf genau dieser beschriebenen Straße und blicke ins Tal hinunter. Bis zum Tunnel war die Strecke hervorragend. Jetzt, ab dem östlichen Ende des Tunnels, sind viele Abschnitte nur noch eine üble Holperpiste. An einer Stelle ist die Fahrbahn auf der gesamten Breite durch Holzeinschlag beschädigt. Vier große Wasserlachen liegen vor mir. Welche soll ich nehmen? Ich lege mir eine Linie zurecht und nehme die Pfütze, auf die ein gutes Stück Piste folgt, damit ich dort ausrollen kann. Die Durchfahrt ist einfach, doch nun sehen ich und mein Motorrad aus wie ein Ferkel, das gerade frisch aus der Schlammkuhle gekommen ist. Holperig geht es ins Tal. Nach einer weiteren dreiviertel Stunde erreiche ich die ersten Häuser des Ortes. Meine Unterkunft für heute Nacht ist leicht zu finden, liegt sie doch direkt an der Plaza des Armas, gegenüber der Kirche. Ein älterer Herr begrüßt mich und trägt sorgfältig meine Daten in ein großes Buch ein. Dann zahle ich 38 Soles und bekomme den Zimmerschlüssel. Mit Blick auf den Platz gelegen, freue ich mich über mein kleines und einfaches Zimmer. Warmwasser gäbe es erst heute Abend, meint der Herr noch, als ich meine Koffer nach oben bringe. Nur wenige Touristen haben auch den Weg hierher gefunden, so dass ich auf dem riesigen Gelände fast alleine unterwegs bin. Noch beeindruckender als die alten Mauern sind die Gravuren auf den steinernen Stehlen. Unglaublich, dass diese schönen und präzise gearbeiteten Motive bis zu 2.000 Jahre alt sind. Es ist schon früher Nachmittag und ich habe kein Internet, was auch mal gut ist. Da könnte ich doch einmal einen Mittagsschlaf machen, kommt es mir in den Sinn. Gedacht, getan und schon schlafe ich unter der wärmenden Decke ein. Zum Abendessen schaue ich, wo sich die Einheimischen treffen. Ein paar einfache Lokale haben ihr Angebot auf großen Tafeln auf dem Gehweg stehen. Liest sich alles sehr gut. Im ersten

Lokal frage ich nach, ob es denn auch alles Genannte gäbe. »Nur Hähnchen« ist die Antwort, die ich bekomme. So ergeht es mir auch im nächsten Lokal. Und auch bei Nummer drei und vier höre ich »sólo Pollo«. Nun gut, dann setze ich mich jetzt auf einen der Plastikstühle und esse eben „nur Hähnchen". Zum Glück gibt es aber doch einige Hähnchenvarianten. Ich entscheide mich für die mit den meisten Kartoffeln und dem meisten Gemüse. Dazu ein großes Glas frischen Maracujasaft und eine Schüssel Krautsalat. Das Hähnchen wird vom Chef nochmals auf den Grill gelegt und in der Küche werkeln zwei Frauen mit sichtlicher Freude an meinen Kartoffeln.
13. Februar.

Es hat aufgehört zu regnen. Mit etwas gemischten Gefühlen, angesichts des kommenden Straßenzustands, starte ich mein Motorrad. Die Stellen, die gestern noch trocken und staubig waren, sind heute nass und schmierig. Konzentriertes und dennoch entspanntes, leichtes Fahren ist daher angesagt. Leichter gesagt als getan, wenn der Vorderreifen oft verzweifelt nach Halt sucht. Jedoch, je weiter ich an Höhe gewinne, desto trockener wird die Piste. Nach 33 Kilometern, für die ich zwei Stunden gebraucht habe, erreiche ich das Tunnelportal. Nach der Tunneldurchfahrt fällt die Straße in wohlgeformten Kurven und Serpentinen hinab ins Tal. Wobei Tal relativ ist, denn ich befinde mich die nächsten Stunden stets auf einer Höhe von 4.000 Metern. Kurz hinter dem Ort Conococha und dem atemberaubend in der Hochebene liegenden, gleichnamigen See, ist es vorbei mit der Hochebene. Steil geht es hinunter. Immer unwirtlicher wird die Landschaft. Es wächst nichts mehr an den steinigen Berghängen. Erst hundert Kilometer weiter erblickt mein Auge zum ersten Mal wieder etwas Grünes. Es ist das saftig grüne Band, welches sich links und rechts eines Flusses bis zum Horizont erstreckt. Kurz danach erreiche ich die Kreuzung der Panamericana.

Lastwagen an Lastwagen quälen sich entlang der nur zweispurigen Straße. Zum Glück ist mein Hostel nicht mehr weit. Zum Essen gibt es diesmal nicht nur Hähnchen, sondern auch das bekannte Ceviche. Eine große Portion sauer angemachter, mit viel Zwiebeln versehener Fischsalat erwartet mich. Dazu gibt es Pellkartoffeln und gekochte Süßkartoffeln. Die Portion ist riesig und auch beim besten Willen nicht zu schaffen. Dazu bringt mir die Chefin noch frischen Orangensaft und ein kleines Schälchen mit »Ajo«. Doch dieser Knoblauch schmeckt ganz anders als zuhause und dazu ist er noch höllisch scharf. Ich soll auch nur eine ganz kleine Menge nehmen, wird mir dann auch geraten. Trotz nicht gerade leisen Geräuschen aus der Magen- und Darmgegend schlafe ich entspannt ein.

14. November.

Der heutige Tag ist schnell erzählt und doch ist es ein besonderer Tag gewesen. Kein Plan, nichts zu müssen, kann sehr entspannend sein und war es auch.

15. November.

Auf der vierspurigen Küstenautobahn geht es zwischen Meer und Wüste nach Süden. Leider muss ich, um nach Osten zu kommen, mitten durch die chaotischen Außenbezirke von Lima. Es braucht schon ein wenig eiserne Nerven, damit ich nicht dauernd auf den Hupenknopf drücke. Doch nach einer Stunde ist auch dies überstanden. Zwei kleine Ortschaften weiter ist der Teufel los. Sonntagsausflügler bevölkern in großer Zahl die zahlreichen Ausflugslokale. Dies scheint also das Sonntagsvergnügen der reicheren Stadtbevölkerung zu sein. Entlang der peruanischen Andenbahn geht es weiter und weiter bergauf. Vorbei oder darunter hindurch, an gewagten Konstruktionen der Eisenbahn. Als ein

Güterzug mit Erz beladenen Wagons vorbeirattert, ist es, als würde man auf eine Modelleisenbahn blicken. Kurven und Serpentinen satt gibt es auf der Bergstrecke, aber auch reichlich Lastwagen, Busse und Sammeltaxis. Warum dies so ist, entpuppt sich im weiteren Verlauf der Strecke. Eine große Gold-, Silber- und Kupfermine zwängt sich zwischen die Berghänge. Mit nur noch wenig Leistung meines Motorrades -bedingt durch die dünne Luft- erreiche ich den 4.818 Meter hohen Anticona Pass, acht Meter höher als der höchste Berg der Alpen. Danach geht es nur etwa 600 Meter nach unten. Ich durchstreife ein breites Hochtal. Riesige Minenanlagen und Minenstädte mit bis zu 3.000 Einwohnern liegen auf meinem Weg. Im Ort La Oraya zweigt die Straße nach Tarma ab. Tarma, auf 3.070 Meter wird auch der Ort der Blumen genannt. Sieben Kilometer weiter liegt die Hazienda La Florida, ein über 250 Jahre alter, denkmalgeschützter, Bauernhof. Neben der Vermietung von Zimmern wird auf 10 Hektar Bio-Anbau und Bio-Viehhaltung betrieben. Von zwei großen Bobtail-Hunden werde ich freudig begrüßt. Endlich mal wieder was los, denken die sich wohl. Denn außer mir ist kein weiterer Gast auf dem Hof. Im vollständig restaurierten großen Saal tragen rustikale Holzbalken die weiße Decke, Accessoires aus verschiedenen Epochen der Landwirtschaft zieren die Wände. Als dann auch noch eine Flasche Rotwein vor mir steht, ist es nicht mehr weit bis zum »Candle-Light-Dinner«. Eine duftende Spargelcremesuppe ist meine Vorspeise. Nur sanft gesalzen und mit vielen kleinen, grünen Spargelstückchen versehen, ist sie ein Meisterwerk der Köchin. Die Hauptspeise besteht aus gegrillter Forelle, als Filet serviert, dazu in Butter und Knoblauch geschwenktem Reis sowie einem grünen Salat mit aromatischen Radieschen. Schon will ich mich zurücklehnen und meinen Wein genießen, als eine weitere Köstlichkeit aufgetischt wird. Ein Pudding mit viel Karamell. Als ich gerade diesen Puddingtraum loben will, erscheint die Köchin selbst. Als ich ihre Kochkünste über alles lobe, strahlt sie über das ganze Gesicht.

16. November.

Meine beiden Bobtail-Hunde begrüßen mich wedelnd und euphorisch, als ich um acht Uhr einen ersten Blick vor die Tür werfe. Die Sonne ist durch die Nebelwolken hindurch und taucht die Hazienda mit ihren vielen Blumen in leuchtende Farben. Ich mache, quer über die Felder, einen Spaziergang in Richtung Dorf. Ständige Begleiter sind meine beiden Bobtails. Einige Hunde auf der Dorfstraße veranstalten einen mächtigen Lärm und bellen sich fast die Lunge aus dem Leib. Doch wenn meine großen Hunde näher kommen, verschwinden sie leise im Rückwärtsgang im nächsten Hauseingang. Schiere Größe muss wohl doch Eindruck machen. Drei winzige, nur durch eine Türe erreichbare Läden gibt es. Von der Zahnbürste bis zu vielerlei Sorten Kartoffeln, vom WC-Papier bis zur Rumflasche, vom Waschmittel bis zu Gummistiefeln reicht die Auswahl. Zurück auf der Hazienda schaue ich, was es alles für Tiere gibt. Kühe, Enten, Schafe, Truthähne, Hühner, mehrere Hähne, Hasen ein paar Katzen, Tauben begrüßen mich stets mit ihren tierischen Lauten. Offensichtlich sind sie der Meinung, dass es jetzt etwas zu fressen gibt. Auch die beiden Truthähne, mächtige, fast achtzig Zentimeter große Tiere, kommen selbstbewusst auf mich zu. Mit ihrem schneeweißen Federkleid, ihrem roten Hals und dem leuchtend blauen Kopf sehen sie etwas zum Fürchten aus.

17. November.

Meinem Navigationsgerät geht es immer schlechter. Ich bin heilfroh, dass ich wenigstens noch die Adresse der Touratech Vertretung in Lima eingeben konnte. Dort will ich versuchen, ein neues Gerät zu bekommen. Wieder geht es hinauf auf über 4.000 Höhenmeter. Da der Tag noch jung ist, sind die Temperaturen noch sehr kühl. Meist sind es nicht mehr als fünf Grad Celsius. Heute ist auf der Straße viel weniger Verkehr als auf meiner Hinfahrt. So macht die Bergstraße, wieder über den 4.818 Meter hohen Pass, deutlich mehr Spaß. Doch mit dem Spaß ist es 50 Kilometer vorm Zentrum von Lima vorbei. Der chaotische Verkehr mit Hupkonzerten erfordert erhöhte Aufmerksamkeit. Jedoch nehme ich es viel gelassener als noch vor vier Wochen, als ich das erste Mal in Lima war. Nur wenn es allzu dick kommt oder ich den Eindruck habe, dass der Fahrer überhaupt keinen Überblick hat, hupe ich selbst. Gegen ein Uhr mittags erreiche ich Touratech Peru, dort will ich ein neues Navi kaufen. Nach eineinhalb Stunden ist es soweit, das neue Navi rastet sauber ein und auch die neu gemachte Stromversorgung funktioniert. Als ich mein Motorrad in den Hof meines Hostels stelle, staune ich nicht schlecht. Steht dort doch die Maschine von Helen und ihrem Freund, die beiden, die ich in Huanchaco getroffen habe. Das ist doch ein riesiger Zufall oder eben kein Zufall, dass wir im gleichen Haus übernachten, als gäbe es nicht tausend andere Hotels, Hostels oder Gästehäuser in Lima. Nach zwei Tagen kulinarischem Höhenflug gibt es heute Tiefflug. Einen Burger mit Pommes, Mayonnaise, Ketchup und eine Flasche Cola ist mein einfaches Abendessen.

18. November.

Um zehn Uhr habe ich einen Termin beim BMW-Motorrad-Händler in Lima. Eine riesige Automeile mit vielen Automobilmarken der Welt ist auch die Geschäftsadresse der BMW-Motorrad Niederlassung, mit dem so typischen deutschen Namen »Gildemeister«. Typisch deutsch, ziemlich hoch, sind übrigens auch die Preise, die ich auf der Informationstafel ansehen kann.

Doch es hilft alles nichts. Meine Maschine braucht dringend einen Ölwechsel. Nunmehr stehen 26.007 Kilometer auf dem Tachometer. 12.500 Kilometer bin ich seit dem letzten Wechsel in Belém am Amazonas gefahren. Jetzt muss ich nur noch die Federverspannung erhöhen und die Maschine ist für den Zweipersonenbetrieb gerüstet. Denn ab Samstag ist meine Freundin Bärbel für vier Wochen meine Beifahrerin.

19. November.

Etwas ziellos gehe ich durch das Stadtviertel Miraflores. Zuerst zieht es mich zu der noblen Terrasse am Pazifik. Ein über 10 Meter hoher Weihnachtsbaum mit riesigen Kugeln und übergroßen Figuren ist im Zentrum der Einkaufsmeile aufgebaut worden. Es ist schon interessant, dass ich in einer Stadt nicht die geringste Lust verspüre, auch nur einen einzigen Meter Motorrad zu fahren. Auf dem Land wäre ich bestimmt schon auf Erkundungsfahrt.

Zum ersten Mal zu zweit unterwegs

20. November.

Um 4.50 Uhr klingelt der Wecker. Um 4.50 Uhr steht auch das Taxi zum Flughafen vor der Tür. Nach so vielen Wochen ist die Wiedersehensfreude natürlich groß. Auf der Rückfahrt ins Hostel kann sie sich schon mal auf den chaotischen Verkehr in Lima einstellen. In einem von Einheimischen frequentierten Restaurant essen wir gegrillten Fisch und Kartoffelpüree, alles sehr lecker. Um 0.30 Uhr ist die Nacht zu Ende. Mir ist schlecht. Ich übergebe mich und habe Durchfall. Wieder hat es mich erwischt. Komisch. Wieder in Lima. Fast ist es, als würde der Fisch mir nur hier in Lima nicht bekommen.

21. November.

Morgens habe ich zum Glück wieder Hunger und frühstücke gemütlich. Gestärkt geht es von nun an zu zweit quer durch Peru. Im Ort Chance biegen wir in Richtung Osten ab. Es wird wärmer, nachdem der kalte Küstenwind nicht mehr übers Land streichen kann. Fruchtbar ist die Gegend. Weinreben stehen neben Bananenpflanzen und Palmen. Flussaufwärts liegt unser heutiges Tagesziel, das kleine Dorf Lunahuaná. Ein Dorf, das ausschließlich vom Fluss und seinem Ufer lebt. Nicht etwa Fischfang, nein, es ist Wildwasserfahren und Quadfahren. Überall sind die großen blauen Schlauchboote zu finden, überall auch die Quads. Viele kleine Läden verkaufen Pisco und Wein. Das Angebot an Restaurants ist, gemessen an der Dorfgröße, sehr groß. Obwohl wir heute gar nicht so viel gefahren sind, fallen wir ziemlich müde ins Bett. Auch der im Hof permanent laufende Fernseher kann unseren Schlaf nicht stören.

22. November.

Unser Vermieter erklärt uns ausführlich die Strecke nach Huancayo. Langsam wird das Flusstal enger und wir fahren wie durch einen tiefen Canyon. Höher und höher geht es. Auf 4.000 Meter bietet sich uns ein herrlicher Panoramablick über die Anden, eine unglaubliche Weite. Es regnet und es wird kälter und kälter. Wir erreichen den Pass auf 4.600 Meter Höhe. In der Nacht hat es geschneit und vereinzelt liegt noch Schnee auf der Straße und das Thermometer zeigt nur noch zwei Grad an. Kaum ist die Straße wieder breiter, wird es hektisch. 20 Kilometer vor Huancayo. Das Hupen hat uns wieder. Die Straße 9. Dezember, Nr. 600 finden wir sofort. Doch weit und breit kein Hostel oder B&B zu sehen. Bärbel geht zum Innenhoftor hinein und kommt sofort wieder

zurück. Sieht alles komisch aus, meint sie. Ich schaue es mir an, sieht wirklich komisch aus. Doch irgendwie zieht es mich noch einmal in den Innenhof. Ich gehe direkt auf ein beleuchtetes Zimmer zu. Ich klopfe und frage nach dem Peru House. Sie lächelt mich an und meint, das wäre genau hier. Mir fällt ein Stein vom Herzen. Durch die schmale Tür fahre ich mein Motorrad direkt vor die Zimmer. Jetzt ist die ganze Familie da und wir bekommen im Wohnzimmer leckeren Tee serviert, während unser Zimmer vorbereitet wird. Alle sind sehr um uns bemüht. Sie hatten gar nicht damit gerechnet, dass wir kommen.
23. November.

Kaum aus der Stadt heraus, landen wir in einer Polizeikontrolle. Kurz werden unsere Papiere kontrolliert und dann bekommen wir eine Menge Tipps zu unserer weiteren Strecke. Ohne Sicherung am Abhang führt der Weg an einem Steilhang entlang. An einer Baustelle ist die Erde von Lastwagen aufgewühlt. Eine Straße ist kaum noch zu erkennen. Bärbel geht sicherheitshalber voraus und schaut um die Ecke. Tatsächlich wäre ein Auto entgegengekommen. Wie zur Belohnung erstehen wir bei unserer Pause im nächsten Ort dicke Bananen mit rosa Fruchtfleisch, die wir uns im Schatten eines Baumes munden lassen. Wieder sind wir über 7 Stunden unterwegs gewesen. Ayacucho begrüßt uns mit Verkehrschaos und gesperrten Straßen. Aber Ayacucho beeindruckt mit unglaublicher Architektur. Kirchen, Arkadenhäuser und pittoreske Innenhöfe kennzeichnen das Zentrum.

24. November.

Zum Abschied erhalten wir eine kleine Weihnachtskrippe aus Keramik. Weil wir nicht sicher sind, welche Strecke wir nehmen, fragen wir einfach mal bei der Polizei nach. Diese empfiehlt uns die mittlere von drei Möglichkeiten zu befahren, da diese teilweise neu gemacht sei. Wir erleben in absoluter Ruhe große Herden von Alpakas und Lamas, bevor uns in Andahualyas das übliche Chaos wieder einholt.

25. November.

Früher als sonst, um halb neun Uhr morgens sitzen wir auf dem Motorrad. Gleich hinter dem Ort steigt die Strecke an. Waren es im Ort noch gemütliche 20 Grad, zeigt das Thermometer bereits nach kurzer Fahrt nur noch 10 Grad an. Immer wieder regnet es. Als wir über 4.000 Höhenmeter durchfahren, hängen wir in den Wolken. Teilweise ist die Sicht auf unter 30 Meter zurückgegangen. Nur noch im zweiten Gang kommen wir voran. Als wir etwas an Höhe verlieren, ist die Sicht wieder gut. In den Dörfern werden um diese Zeit die Tiere auf die kleinen, steilen Weideflächen geführt. Es ist ein ganz besonders Bild, wenn Mensch, Schaf, Kuh und Schwein gemeinsam den Weg zur Weide antreten. Interessant ist, dass die dunkelhäutigen Schweine mit ihren Ferkeln genauso brav ein herlaufen, wie die anderen Tiere. Immer wieder sehen wir jetzt freilaufende Schweine, die friedlich schmatzend und offensichtlich freudig über die Wiesen laufen. Hier kann wirklich von freilaufenden Tieren gesprochen werden. In Richtung des Ortes Abancay geht es in unzähligen, sanften Kurven und Kehren bis auf unter 2.000 Meter hinunter. Unglaublich, wie schnell es wärmer und wärmer wird. Flott geht es voran, wir erreichen sogar einmal mehr als 90 Kilometer pro Stunde. Eine Stunde später stehen wir am Gittertor der Hazienda. Wir sind die einzigen Gäste. Als ich vor fünf Wochen schon einmal hier war, war ich auch der einzige Gast. Wir genießen die Ruhe, das Rauschen des wilden Bergbaches und die vielen Blumen des Gartens. Nach all den Tagen in hektischen Städten ist es etwas Besonderes, die Stille zu genießen. Alpakas grasen friedlich vor unseren Augen.

26. November.

Sehr schön mit unendlich vielen Kurven und Kehren geht es hinauf auf das auf 3.400 Meter gelegene Hochtal. Ollantaytambo begrüßt uns mit grober Pflasterstraße. Wie bei den Muppets sitzen am Ortseingang zwei Rentner auf einer balkonartigen Holzkonstruktion. Sie regeln den Zugang zum Ort. Auf unsere Frage nach unserem Hotel lachen sie sich fast kaputt, weil wir genau gegenüberstehen. Beim Spaziergang durch die einst heiligste Stadt der Inkas können wir auch einen ersten Blick auf die Reste der alten Inkafestung erhaschen. Ollantaytambo ist die älteste durchgehend bewohnte Stadt ganz Amerikas. Tief beeindruckt gehen wir über die jahrtausendealte Pflasterung der Gassen.

27. November.

Nur mit unseren Rucksäcken beladen, wandern wir zum Bahnhof. Von hier müssen wir, um nach Machu Picchu zu gelangen, den Zug nehmen. Die Fahrt entlang des wilden Urubambaflusses ist faszinierend. Schroffe Berge links und rechts der Strecke, dunkle Naturtunnel und immer begleitet vom blauen Wasser des Flusses Urubamba, tingeln und rattern wir in Richtung Agua Calientes. Alles ist sehr touristisch und doch finden wir ein kleines, gemütliches Lokal zum Abendessen. Bei Gemüse-Empallada, einem Berg gebratener Pilze, zwei großen Bier und zwei großen Anisschnäpsen lassen wir den Abend ausklingen.

28. November.

Anders als all die anderen Gäste verlassen wir nicht bereits um vier Uhr morgens das Hostel, sondern stehen, weil uns die Inkafestung Machu Picchu ja nicht wegläuft, erst um sieben Uhr auf. Frisch gepresster Orangen- und Maracujasaft und wie immer Eier, diesmal als Spiegeleier, sind unsere Stärkung für den heutigen Tag. In vielen Kehren auf einer staubigen Piste geht es 400 Meter nach oben. Als wir auf dann auf dem Bergrücken stehen, sehen wir auf die mystische Inkastadt. Natürlich hat man so unendlich mal die Bilder gesehen, doch jetzt hier zu stehen, ist etwas ganz anderes. Kreuz und quer stöbern wir durch die historischen Mauern. Wir sehen die vier unterschiedlichen Mauertypen. Nummer eins für Tempel und Heiligtümer, Nummer zwei für Häuser der besseren Bewohner, Nummer drei für normale Häuser und Nummer vier für Gärten und Terrassen. Erst viele Stunden später sind wir wieder im Tal in Agua Calientes. Als wir am Marktplatz vorbeikommen, erklingt aus der offenen Kirchentür Gitarrenmusik. Neugierig gehen wir hinein. Es findet gerade eine Hochzeit statt. Unter den Besuchern geht es munter zu, Kinder springen lustig durch die Kirche, Frauen stillen ihre Kinder, es wird eifrig auf dem Smartphone geschoben und auch die Hunde der Gäste lauschen der Zeremonie. Kein großes Auto holt das Paar ab, denn die Stadt ist autofrei. So läuft die ganze Hochzeitsgesellschaft einfach einmal um den Brunnen des Markplatzes.

29. November.

Zum Frühstück übertreffen sich unsere Gastgeber beim Herstellen des frischen Fruchtsaftes. Aus vielen Früchten haben sie eine wahre Geschmackskomposition gezaubert. Mit dem Zug geht es wieder zurück nach Ollantaytambo und zur dortigen großen Terrassenanlage Inka. Die ehemalige Inkastadt Ollantaytambo ist eine besonders heilige Stätte, denn hier wurden die Herzen der Inkaherrscher beerdigt. Über kunstvoll an den Berg gefügte Terrassen führt eine Treppe steil nach oben.

Oben angekommen stehen wir vor den Resten des Sonnentempels. An der Rückwand sind bis zu fünfzig Tonnen schwere Steine kunstvoll aufgereiht. Es wird wohl für alle Zeit ein Rätsel bleiben, wie diese Kolosse von der anderen Talseite hierhergebracht werden konnten. Dieser alte Inka Ort, besonders die heißen Quellen, laden zum Verweilen ein. Es ist, als wenn eine wohlige Energie diesen Ort umgibt. Völlig ermattet lassen wir uns im nahe gelegenen Restaurant eines Schokoladenmuseums „Choco museo" nieder. Noch nie habe ich so eine gute Eisschokolade genießen dürfen. Winzigste Schokoladenstückchen zerfließen auf meiner Zunge. Es ist ein ganz besonderer Genuss. Ein besonderer Genuss sind auch die Crêpes, die mit dicker schwarzer Schokolade überzogen sind. Und zur Krönung bringt Bärbel aus dem Laden noch zwei Pralinen. Dermaßen beschwingt, schlendern wir durch die seit Jahrhunderten nahezu unveränderten Sträßchen des Dorfes. Wie, als wären wir in eine andere Zeit geraten, tauchen wie aus dem Nichts in den Gassen die Hochlandbewohner in ihren farbigen Trachten auf. Da es inzwischen dunkel geworden ist, die Gassen nur schwach beleuchtet sind, ist diese Szenerie besonders mystisch.

30. November.

Fast eben geht es über Riobamba nach Pisac. Die Inkaruinenstadt liegt rund sieben Kilometer, den Berg hinauf, entfernt. Riesige Terrassen umgeben die Inkabergfestung. Schade, dass diese Terrassen heute nicht mehr mit Mais bepflanzt werden, so wäre der Anblick viel authentischer. Über viele Kurven und einen 3.600 Meter hohen Pass erreichen wir Cusco. Vorbei an der sagenhaften Inkafestung Sacsayhuamán führt die Straße ins Zentrum. Ich kenne mich ja aus und finde auch ohne Navi den Parkplatz am Hintereingang unseres

Gästehauses. Da ich vor fünf Wochen schon einmal hier war, kann ich für Bärbel ein wenig Stadtführer spielen.

1. Dezember

Beim Frühstück werden wir vom Chef gesucht. Ich denke erst, ich soll das Motorrad nochmal umstellen. Doch er geht in sein Büro und kommt mit meinem Navi wieder heraus. Mir bleibt kurz der Atem stehen, wir hatten es noch nicht mal bemerkt, dass es fehlte. Das ganze Hotel hat sich um das Navi gekümmert. Mehr als dankbar drücken wir ihm die Hand. Mit dem Taxi fahren wir für 20 Soles zur Inkafestung Sacsayhuamán. Fassungslos stehen wir vor der dreistufigen Inkamauer, deren große Steinblöcke mit atemberaubender Präzision ineinander gefügt sind. Viele blutige Kämpfe zwischen den Inkas und den zur Eroberung angetretenen Spaniern fanden hier statt. Dieser strategisch wichtige Platz bietet aber auch einen berauschenden Blick auf Cusco und die Plaza de Armas. Zurück in die Stadt führt ein Fußweg mit vielen, steilen Treppen.

2. Dezember.

Um 7.30 Uhr stehen wir bereits vor der Basilika. Um diese Zeit ist es noch ruhig und wir können das Innere andächtig betrachten. Nur der grell blinkende Adventskranz irritiert. Draußen prasselt inzwischen der Regen und es hagelt sogar. Nachdem es fast aufgehört hat, schlängeln wir uns unter Vordächern zurück ins Hotel. Spätnachmittags gilt es noch das Museum Santa Catalina zu besuchen. Sehr beeindruckend, museumsdidaktisch modern, wird das damalige Leben dargestellt. Welch eine Düsternis muss das Klosterleben gewesen sein.

3. Dezember.

Morgens drehen wir noch eine kleine Runde mit dem Motorrad um den Plaza de Armas. Es fällt uns diesmal besonders schwer, wieder zu gehen. Einerseits hat es uns in unserem Gästehaus so gut gefallen, andererseits gibt es in Cusco noch so viel zu entdecken. Jetzt merken wir wieder, dass man zum Reisen noch viel mehr Zeit einplanen muss. Es ist relativ wenig Verkehr, so dass wir, trotz der sich noch über 15 Kilometer erstreckenden Vorstädte, schnell auf freier Strecke sind. Entlang der Bahnstrecke in einem sehr fruchtbaren und grünen Tal geht es Richtung Süden. Bei einer kleinen Pause sehen wir die Mühsal der Kleinbauern. Wie vor hunderten von Jahren wird das Feld mit einem Einscharpflug und zwei kräftigen Ochsen gepflügt. Der junge Besitzer unseres B&B interessiert sich ganz besonders für unser Motorrad und stellt viele Fragen. Am liebsten würde er es gleich kaufen. Da wir Hunger verspüren, gehen wir ins Zentrum der kleinen Stadt. Hier erhält man das ganze Angebot an Waren und Speisen für die einheimische Bevölkerung. Tourismus gibt es auf dem flachen Lande nicht. Ein Restaurant lockt uns mit einer appetitfördernden Speisekarte. Kaum sitzen wir, bekommen wir zwei kleine Schüsseln mit Birnenkompott. Leicht warm und fast schon weihnachtlich gewürzt schmeckt es sehr gut. Alles um uns herum isst das einheitliche Mittagsmahl, welches es hier sogar in zwei Varianten gibt. Einmal »klassisch« Hühnchen mit Reis und einmal Spaghetti mit Hühnchen und Gemüse. Gut ist, dass wir gerade beim Essen sind, denn es hat stark angefangen zu regnen. Zum Glück hat es aufgehört, als wir uns auf den Heimweg machen. Während unseres Mittagsschlafes regnet es in Strömen und dazu ist es ziemlich kalt geworden. Als wir uns zum Abendessen aufmachen, gießt es immer noch wie aus Kübeln. Mit Motorradkleidung, Schirm und Hut ausgestattet gehen wir los. Schon nach kurzer Zeit merken wir, dass wir doch auch noch unsere

Motorradhosen hätten anziehen sollen, denn unsere Jeans sind binnen weniger Minuten unterhalb der Jacke nass. Das Garagenlokal, welches ich am Mittag entdeckt hatte, hat leider geschlossen. Doch das chinesische Restaurant macht einen guten Eindruck. Irgendwie haben die Menschen hier ein anderes Gefühl für Kälte, stehen doch die Türen weit offen. So lassen wir unsere Jacken gerne an. Wärmen tut uns das schmackhafte Essen und die große Tasse Schwarztee.

4. Dezember.

Wohl gestärkt und mit vielen guten Wünschen für die Reise machen wir uns auf in Richtung Titicacasee. Gleich hinter Cusco steigt die Strecke, in sanften Kurven, von 3.400 Meter auf 4.300 Meter. Links und rechts sehen wir bis zu 6.000 Meter hohe, mit Schnee und Gletschern bedeckte Berge. In der Nacht hat es leichten Schneefall gegeben. Nur hundert Meter höher als wir gerade fahren, liegt puderzuckerartiger Neuschnee. Als wir nach einer Kaffeepause zu unserem Motorrad kommen, wartet ein anderer Motorradfahrer auf uns und begrüßt uns freundlich. Es ist Marco aus Argentinien. Er ist mit einem 100 er Moped und kaum Gepäck unterwegs. Dafür hängt eine Gitarre an der Seite. Sein Ziel ist Cartagena in Kolumbien. Wenige Kilometer weiter sehen wir den auf 3.808 Meter hoch gelegenen Titicacasee im Sonnenlicht glänzen.

5. Dezember.

Pünktlich werden wir in Puno an unserem Hostel von einem freundlichen Taxifahrer abgeholt. Ziel sind die auf dem See schwimmenden Inseln der Uros Indianer. An der Anlegestelle begrüßt uns Juan, ein echter Uros und wir nehmen schon mal in seinem kleinen Boot Platz. Der Außenbordmotor wird angeworfen und wir schippern mitten durch den Schilfgürtel des Ufers. Weit draußen steuert er eine einzelne Schilfinsel an. Wir treten zum ersten Mal auf den Schilfboden der Insel. Was für ein Gefühl. Nichts ist fest, alles gibt nach. Wir schwimmen auf dem See. Und doch stehen darauf kleine und große Hütten. Elsa, Juans Frau fragt nach unseren Wünschen zum Mittagessen. Zur Auswahl stehen: Pollo, Trucha und Omelett. Wir entscheiden uns für die Seeforelle. Auf einem von Juan selbst gebauten Schilfboot geht es hinaus auf das Wasser. Kaum zu glauben, dass es 90 Inseln, 450 Familien, 1.200 Einwohner, 1 Kirche, 1 Kapelle und 3 Grundschulen gibt. Und alles schwimmt auf dem Wasser. Juans Großvater und auch noch sein Vater kannten kein Geld, alles erfolgte über Tauschhandel: Fisch gegen andere Lebensmittel und Sonstiges. Elsa ruft, dass das Abendessen fertig ist. Es gibt wieder Hühnchen, Forelle und Omelett. Davor eine würzige Maissuppe. Es ist mittlerweile sehr kalt geworden. Auch im Essensraum sitzen wir in dicken Jacken. Dann kommt Juan mit einer großen Tasche herein und verteilt heiße Wärmflaschen für die Nacht. Schnell löst sich die Tischgesellschaft auf. Jeder will ins wärmende Bett. Mit Unterhemden und langen Hosen, Bettschuhen, Socken schlüpfen wir unter die Decke. Zuvor genießen wir aber den unbeschreiblich schönen Sternenhimmel.

6. Dezember.

Die Schwiegertochter von Elsa und Juan zeigt uns selbstgemachte Kissenbezüge mit typischen Ornamenten der Inselbewohner. Weil sie noch mehr Auswahl holen will, drückt sie kurzerhand Bärbel ihr sechs Monate altes Kind in die Arme. Der Kleine stört sich überhaupt nicht daran und schaut weiter munter in die Runde. Es fällt schwer, diese einzigartige Insel und ihre so herzlichen Menschen zu verlassen. Juan fährt uns mit seinem Boot wieder hinüber auf das Festland. Ein Abschied mit viel

Gefühl. Uns werden die Menschen immer in Erinnerung bleiben.

7. Dezember.

Auf dem Weg nach Arequipa sehen wir ungewöhnlich viele Alpakas und Vikunjas. Kaum satt sehen wir uns an den leuchtend rosa Flamingos auf einem 4.500 Meter hohen Salzsee. Auf nur noch 2.400 Meter liegt Arequipa, die weiße Stadt, wie sie auch genannt wird. Eine erste Rundfahrt durchs Zentrum, vorbei am palmengesäumten Hauptplatz und der großen, weißen Kathedrale geben uns einen ersten Eindruck der Stadt.

8. Dezember.

Die Sonne brennt gnadenlos vom Himmel, als wir um die Mittagszeit den ältesten Teil der Stadt, Lazarus, genannt ansehen. Völlig fertig marschieren wir jedoch nun lieber wieder zurück in die Kühle unseres Hotels. Erst abends, zur blauen Stunde, genießen wir die schöne Atmosphäre vor der Kathedrale. Arequipa hat sich in der Vorweihnachtszeit herausgeputzt. Nicht nur der große Weihnachtsbaum, auch die Krippe mit lebensgroßen Figuren verzaubern den großen Platz.

9. Dezember.

Das Kloster Santa Catalina ist eine Stadt in der Stadt. Es ist so weiträumig angelegt, dass die einzelnen Wege und Gassen sogar Straßennamen haben. Der ältere Teil, 1580 geweiht, ist heute Museum und UNESCO Welterbe, im jüngeren Teil leben noch zwanzig Klosterschwestern, die auch die kleine Cafeteria innerhalb der Anlage betreiben. An der Straßenecke gegenüber unserer Unterkunft verkauft jeden Tag ein Mann im Rollstuhl Getränke und Süßigkeiten an die vor der Ampel wartenden Autofahrer.

Jeden Tag ist er von frühmorgens bis es dunkel wird an diesem Platz. Mit fast jedem hält er ein kleines Schwätzchen, lacht viel und grüßt uns schon von weitem. Wir sind demütig beeindruckt von solcher Lebensfreude.

10. Dezember.

Nur noch Wüste und Steppe umgibt uns auf der Fahrt an den Pazifischen Ozean. Rau und unwirklich bleibt es für viele Kilometer. Kurz nach dem Fischerdorf Chala führt eine Schotterpiste zwei Kilometer hinunter ans Meer. In einer kleinen Bucht liegt das einzige Hotel in dieser Gegend, das Hotel Puerto Inca. Unser Blick geht hinaus auf das Meer und die Reste einer alten Inkahafenstadt. Zwei große Biere machen uns bettschwer. Nur das beruhigende Rauschen der Wellen des Meeres ist noch zu hören.

11. Dezember.

Auf der Panamericana, links der kalte Pazifik, rechts die Wüste, erreichen wir um die Mittagszeit den Ort Nazca. Den geplanten Ausflug zum Museum Maria Reiche verschieben wir auf morgen, denn um zwei Uhr mittags brennt die Sonne gnadenlos vom Himmel und die Temperatur im Schatten ist mittlerweile auf über 36 Grad gestiegen. Zeit für eine Siesta. Erst als es gegen fünf Uhr abends etwas angenehmer wird, gehen wir ins Zentrum. Am schönen Hauptplatz sitzen viele Einheimische im Schatten der großen Bäume und langsam kehrt Leben in die Läden und Restaurants ein.

12. Dezember.

Es geht zum Flughafen »Maria Reiche«. Eine Cessna 208 wartet auf uns. Kaum sind wir einige hundert Meter hoch,

beginnt das Flugzeug abrupt und mehrfach durchzusacken. Mir wird es ziemlich unwohl. Ich hänge mich ans Fenster, denn dort kommt etwas Frischluft durch das nicht richtig schließende Fenster. Über jeder der großen Scharrzeichnungen im Wüstenboden werden heftige Flugmanöver vollführt, so dass sowohl die linke Fensterseite als auch die Rechte die Geoglyphen sehen kann. Längst kann ich mich nicht mehr aufs Fotografieren konzentrieren, zu sehr ist es mir über. Wie froh bin ich, als das Flugzeug sanft aufsetzt. Dann kommt Bärbel auf mich zu, sie hat ganz hinten im Flugzeug gesessen und sagt, dass es ihr überhaupt nicht gut ginge. So sitzen wir erstmal auf einer Bank im Schatten um uns zu erholen. Viele Stunden später raffen wir uns auf und fahren in das rund 25 Kilometer entfernte Museum Maria Reiche. Beeindruckend wie diese aus Dresden stammende Frau ihr Leben der Kartografierung und Erforschung der Nazca Linien widmete. 1998 starb sie mit 95 Jahren und ist nahe dem Museum beerdigt.
13. Dezember.

Rund drei Stunden fahren wir durch die Wüste, vorbei an Sanddünen, riesigen Steinflächen und staubigen kleinen Dörfern. Nahe der Stadt Ica soll es eine einzigartige Oase inmitten hoher Sanddünen geben. Natürlich biegen wir ab und erreichen nach ein paar Kilometern die Lagune Huacachina. Über 100 Meter hohe Dünen säumen einen kleinen See, umbaut mit Hotels und Restaurants. Doch es ist ein sanfter, ruhiger Tourismus. Nur die lauten Motoren der Sandbuggies stören das Bild. Lange verweilen wir und betrachten das grüne Wasser, auf dem kleine Boote umherpaddeln. Auch wenn es noch so heiß ist, wir müssen uns aufraffen und noch einmal 60 Kilometer weiter. Ziel ist der Badeort Paracas am Pazifischen Ozean. Direkt am Strand liegt unsere Unterkunft. Unser Motorrad bekommt einen ganz besonderen Platz. So parkt es unweit der Rezeption direkt am Pool.

14. Dezember.

Bereits um 14 Uhr erreichen wir das rustikale Hotel direkt am Strand von Punta Rocas. Alles ist aufs Wellensurfen ausgerichtet. Herrlich diese Ruhe, kein Auto, kein Hupen, keine Dieselabgase. Plötzlich sehen wir sogar direkt am Ufer spielende Delfine. Dazu die Flugkünste der Pelikane und die Sturzflüge der Basstölpel. Leider ist das Strandrestaurant des Hauses in dieser Jahreszeit geschlossen. Zwei Gäste berichten uns von einem italienischen Restaurant, welches nur wenige Gehminuten entfernt sei. Zunächst sieht es aus, als wäre alles verschlossen, doch durch die Jalousien dringt Licht aus dem Gastraum. Ich will gerade klingeln, als schon die Köchin die Tür für uns öffnet. Dann werden wir in einem Redeschwall bestehend aus Italienisch, Spanisch und Englisch begrüßt. Eine Speisekarte gibt es nicht. Heute seien Spaghetti im Angebot erzählt uns der Chef. Dazu ein Vorspeisenteller vom italienischen Metzger. Original römische Wurstwaren, wie er uns stolz erzählt.

15. Dezember.

Mit einem Colectivo Bus fahren wir in die Nachbarstadt Punta Hermosa. Viel zu sehen gibt es nicht. Noch sind keine Touristen im Ort und so sind fast alle Lokale und Läden geschlossen. Unser Italiener hat heute geschlossen. Doch hungrig wollen wir nun doch nicht schlafen gehen. So gehen wir noch zur Hauptstraße. Bärbel ist so gar nicht angetan vom Angebot der beiden kleinen Straßenrestaurants. Doch macht eines davon auf mich einen sehr sauberen Eindruck und ich habe darüber hinaus mächtig Hunger. Ich bestelle mir das einzige Menü im Angebot, gegrilltes Hühnchen mit Pommes, Reis und einem kleinen Salat. Und, was soll ich sagen, es schmeckt wirklich sehr lecker. Ich mache mir ein wenig Sorgen, dass Bärbel gar nichts essen will, doch ich will sie auch nicht überreden. Gemütlich schlendern wir zu unserem Strandhotel zurück und genießen den letzten Abend am Strand des Pazifischen Ozeans.

16. Dezember.

Zum Frühstück dürfen wir noch einmal das Vorbeischwimmen einer ganzen Delfinfamilie bestaunen. Die 55 Kilometer zu unserem Hostel in Lima sind schnell zurückgelegt. Jetzt heißt es, alles komplett umzupacken, denn vieles soll ja in den Aluboxen des Motorrades bleiben. Nicht ganz so schnell sind die acht Kilometer zu Touratech in Lima geschafft, denn es herrscht Berufsverkehr in der Millionenstadt. Es ist uns ziemlich warm geworden, als wir vor dem Eingangstor stehen. Kaum haben wir geklingelt, öffnet schon Jochen das Tor. Leider sind Inés und Ivan im Moment nicht da. Etwas wehmütig lasse ich meine BMW zurück, doch ich weiß, sie ist in guten Händen.

17. Dezember.

Um Lima besser kennen zu lernen, machen wir bei einer FreeWalkingTour mit. Mit viel Engagement und Enthusiasmus werden wir zu den bekannten und unbekannten Sehenswürdigkeiten der Stadt geführt. Auch wie man mit dem Schnellbus fahren kann, eine Fahrkarte bekommt und doch keine Plastikkarte benötigt wird uns erzählt. Des Rätsels Lösung ist ganz einfach. Man fragt einfach Einheimische, ob sie zwei Fahrkarten lösen und gibt dann diesen das Geld. Inmitten eines Marktes dürfen wir zum Abschluss noch eine Piscoprobe machen. Etwas wacklig auf den Beinen beschließen wir, den Rest des Tages die Finger vom Alkohol zu lassen.

18. Dezember.

Tief unter uns liegt schon Lima, die Sonne verabschiedet sich für heute von uns, als unser Flugzeug eine scharfe Kurve nach Osten macht. Nach Osten, nach Hause, zu ein paar Tagen über Weihnachten und Neujahr im Kreise der Familie.

3 1/2 Wochen später
Wieder allein unterwegs

14. Januar 2016.

Wieder allein unterwegs, kommen mir die Gedanken über »Sofa oder Südamerika?« wieder und wieder in den Sinn. Es ist gut, dass ich einen Plan habe, denn ich bin mir nicht sicher, ob ich nicht doch lieber zuhause wäre.
15. Januar.

Beim Umsteigen in São Paulo sind meine Gedanken längst wieder in Südamerika. Nur rund 4,5 Stunden Flug sind es nach Lima und schon um die Mittagszeit bin ich im Hotel auf der Av. Larco im Herzen von Miraflores. Es ist wie heimkommen, so vertraut ist mir in diesem Viertel mittlerweile vieles. Das Abendessen genieße ich beim Italiener, kaum 20 Meter vom Hotel entfernt. Ich kann nicht einfach weitergehen, als ich vom Kellner begrüßt werde und er fragt, ob ich wieder in Lima sei. Unglaublich dieses Gedächtnis. So gibt's leckere Spaghetti mit selbst gemachter Pesto und zum Nachtisch herrlich nach Vanille duftende Pannacotta.

16. Januar.

Irgendwie setzt mir die Zeitverschiebung ziemlich stark zu. Um 3 Uhr nachts wache ich auf, bin hellwach und könnte sofort losfahren. Mehr schlecht als recht döse ich bis um sieben Uhr dahin. Um zehn Uhr morgens sind es heute schon 25 Grad im Schatten, da verwerfe ich meinen guten Vorsatz mit dem Bus zum Abholen meines Motorrades zu fahren. Deshalb leiste ich mir den Luxus, dass direkt vor dem Haus stehende Taxi zu nehmen. Neun Kilometer später stehe ich vor dem großen, gelb umrandeten Tor. Auf mein Klingeln tut sich nichts. Auch beim zweiten Mal höre ich nichts. So werde ich immer unruhiger. Doch dann kommt der Mechaniker von Touratech und öffnet mir das Tor und ich sehe mein blitzeblankes Motorrad in der Werkstatt. Ich drücke den Anlasserknopf. Mein Motorrad startet und ich stürze mich ins Verkehrsgewühl von Lima.

17. Januar.

Um sieben Uhr sitze ich auf meinem Motorrad. Vom Hotel aus fahre ich direkt auf die Küstenstraße. 450 Kilometer später, gerade als ich das Museum Maria Reiche passiere, zeigt der Tachometer meines Motorrades 30.000 Kilometer an. Allein 25.000 Kilometer bin ich auf meinem treuen Begleiter nun schon durch Südamerika unterwegs. Vorbei am Aussichtspunkt zum Betrachten der Nazca-Linien, steuere ich zielsicher das B&B El Jardin in der Stadt Nazca an. Es ist ein großes Hallo als Remy und Natalia mich begrüßen. Es ist, als würde man zu alten Freunden zu Besuch kommen.

18. Januar.

Ein schreckliches Geräusch dringt aus der Küche zu mir ins Zimmer. Es ist das Surren des Mixers. Ein schönes Geräusch, denn ich weiß, dass dort gerade mein frischer Fruchtsaft gemacht wird. Ich wollte heute zeitig losfahren, da über 570 Kilometer der Panamericana vor mir liegen. Doch bei so vielen leckeren Dingen lasse ich mir ganz viel Zeit und genieße Melonen, Trauben, Oliven, Marmeladen, Käse und ein goldgelbes Omelett. Um halb neun sitze ich auf dem Motorrad und fahre zur quirligen Stadt hinaus. Schnurgerade führt die Straße hinunter zum Meer. Was dann folgt, ist der wohl spektakulärste Abschnitt der Panamericana. Rechts das tosende Meer, dessen Wellen sich brachial an den schroffen Felsen brechen. Überall ist Gischt und der starke Wind trägt winzige Tröpfchen bis zu mir auf die Straße. Schnell ist mein Visier weiß vom Salzwasser. Auf der linken Seite wechseln sich bizarre Felsformationen und riesige Sanddünen ab. Immer dort, wo es Sanddünen gibt, muss ich besonderes Augenmerk auf die Straße haben, denn an vielen Stellen ist Treibsand auf der Straße. Über 400 Kilometer bin ich bereits unterwegs. So langsam tut mir nicht nur der Hintern weh, nein, so langsam verlässt mich auch die Lust am Fahren. Erst als ich den Vulkan Titsi aus der Ferne sehe, hellt sich mein Blick wieder auf, denn jetzt weiß ich, dass es nicht mehr weit zu meinem heutigen Ziel ist, der Stadt Arequipa. Auf dem Platz vor der weißen Kathedrale deutet nun nichts mehr auf Weihnachten hin. Der große, bunt funkelnde Weihnachtsbaum und die Krippe sind abgebaut.

19. Januar.

Kaum ist es hell geworden, schon läutet der Wecker meines Handys. Über 400 Kilometer und ein Grenzübergang nach Bolivien stehen auf dem Plan. Im Hochland, weit über 4.400 Meter ist es kalt geworden, gerade einmal 10 Grad. Als ich meine Überjacke anziehe, fällt mein Blick auf die Befestigung der Vorderachse. Mir wird ganz bleich vor Schreck, denn an der Achsklemmung fehlt eine Schraube. Wie lange ich wohl so schon herumfahre? 30 Minuten später stehe ich an einer winzigen Werkstatt. Mein Problem wird gleich aktiv angegangen. Eine passende Schraube mit entsprechender

Qualität ist zwar nicht vorhanden, doch wird eine andere Schraube abgesägt und passend gemacht und mit einer großen Unterlagscheibe montiert. Als ich frage, wie viel es kostet, strahlt er mich an und meint, dies sei ein Geschenk. Ich kann mich nicht genug bedanken. Als ich an Puno vorbeifahre, sehe ich wieder den tiefblauen Titicacasee. Die nächsten 30 Kilometer führt die Straße leider etwas abseits vom See nach Süden. Gerade als ich mal wieder meinem Navi misstraue, kommt ein Wegweiser zu der Grenzstadt. Nur noch wenige Kilometer und ich bin in Bolivien. Doch so einfach wird es mir nicht gemacht. Zuerst gilt es, meinen Ausreisestempel am Migrationsschalter von Peru zu holen. Fünf Minuten später bin ich schon wieder auf der Straße. Nun noch gegenüber zum Zoll, die Ausreise für mein Motorrad erledigen. Auch dies dauert nicht länger als 10 Minuten. Extra für mich wird die quer über die Straße gehängte Kette ausgehängt und ich kann die 200 Meter hinüber nach Bolivien fahren.

Bolivien

Der Migrationsschalter, wo ich meinen Einreisestempel bekomme, ist gleich gefunden. Auch das Einreiseformular. Meine Registrierung und meinen Stempel bekomme ich in fünf Minuten. Nun zwei Häuser zurück zum Warenzoll, wegen der temporären Einreise meines Motorrades. Doch zunächst werde ich zum Kopieren der Ausweise geschickt. Und, was noch viel wichtiger ist, im Kopierladen werden auch meine Daten in den Zollcomputer eingegeben. Dreizehn Bolivianos kosten mich die Kopien und das Computerformular. Mit all diesen Papieren gehe ich wieder zum Zoll. Und dann erzählt der Zöllner mir erstmal, dass es hier sehr einsam sei, seine Frau in La Paz wohnen würde und sie sich nur alle zwei Wochen sehen würden. Wir unterhalten uns noch, wie könnte es anders sein, über Fußball.

Irgendwann hat er noch ein paar fehlende Daten in den Computer eingegeben und ich bekomme meine gestempelten Papiere. Gerade als ich denke, ich bin nun fertig, meint er noch, ich muss noch zum neben dem Schalter liegenden Gebäude der nationalen Polizei gehen und mir noch einen zusätzlichen Stempel auf dem Einreiseformular holen. Ich trete ein und werde gleich wieder vor die Tür gesetzt, denn die beiden Beamten geben gerade einen Bericht in den Computer ein und wollen nicht gestört werden. Doch wie aus dem Nichts taucht ein freundlicher Polizist auf, der mir mit einem strahlenden Lächeln den wichtigen Stempel anbringt. Ich bin in Bolivien. Es ist spät geworden. Zu meinem heutigen Ziel, der kleinen Stadt am Ufer des Sees, Copacabana sind es jedoch nur noch acht Kilometer. Mit Blick auf den See beziehe ich mein Zimmer im Hostel. Die wichtigste Wallfahrtskirche von ganz Bolivien steht in dieser kleinen Stadt, die oft aus allen Nähten platzt, wenn tausende von Autos gesegnet werden. Doch heute ist es ruhig. Copacabana ist eine richtige Touristenstadt mit dem vollen Angebot an Souvenirläden und Restaurants, Wechselstuben und Bootsvermietern.

20. Januar.

Die halbe Nacht fegen schwere Gewitter über den See. Es blitzt, donnert und regnet bis in die frühen Morgenstunden. Ich mache mich gedanklich schon auf eine Regenfahrt bereit. Doch kaum brechen die ersten Strahlen der Sonne durch die Wolken, hört der Regen auf und an vielen Stellen bilden sich kleine bunte Regenbögen. Nur eine kurze Etappe ist es in die Millionenstadt La Paz. Nachdem auch die gepflasterten und schlüpfrigen Straßen aufgetrocknet sind, starte ich. Noch einmal darf ich auf der kurvenreichen Straße den Titicacasee genießen. Dann führt die Straße in vielen Kehren hinunter in den winzigen Ort San Pedro de

Tiquina. Von hier fahren die Fähren über eine Engstelle im See, dem Estrecho di Tiquina. Zunächst bin ich etwas ratlos, als ich die mindestens zehn am Ufer vertäuten Pontonfähren sehe. Sogleich werde ich heran gewunken. Mir bleibt ein wenig der Atem stehen, denn sowohl die Auffahrt als auch die Fähre selbst bestehen nur aus einzelnen Brettern mit breiten Lücken dazwischen. Präzise fahren ist also angesagt. Zu spät realisiere ich, dass dieser Ponton nur eine Auffahrt hat, so dass ich bei der Ankunft die Maschine zurückschieben muss. Aber da mache ich mir keine Gedanken, helfende Hände gibt es immer genug. Mit einer Holzstange wird die Fähre abgestoßen und gedreht. Sogleich wird der kleine Außenbordmotor angeworfen und wir fahren langsam über den Titicacasee. Leichter Wellengang kommt auf und ich halte mein Motorrad, nicht dass der Seitenständer in eine Spalte abrutscht. Im Boden gluckert viel Wasser hin und her, die Balken bewegen sich und auch sonst macht dieser Ponton keinen besonders vertrauenserweckenden Eindruck. Doch als ich sehe, was so alles auf den anderen Pontonfähren transportiert wird, muss ich über meine Zweifel lachen. Von mittelgroßen Bussen bis hin zu Kieslastern reicht die Palette. Angekommen am anderen Ufer kommt die Herausforderung. Ich muss rückwärts aus der Fähre hinausfahren. Kaum eine Sekunde später habe ich tatkräftige Helfer, die mich vom Ponton hinunterschieben. Zwanzig Bolivianos darf ich für Fähre und Hilfe bezahlen, umgerechnet rund 2,60 Euro. So langsam sollte ich tanken. Schnell ist eine kleine Tankstelle gefunden. Gerade will der Tankwart die Zapfpistole in die Hand nehmen, als er merkt, dass ich Ausländer bin. Er meint, er könne mir kein Benzin geben. Dazu muss man wissen, dass Ausländer in Bolivien mehr bezahlen und die Tankwarte dazu ein Formular ausfüllen müssen. Ich ziehe meine Mitleidsmiene auf und meine, dass ich unbedingt Benzin bräuchte, da ich sonst nicht mehr weiterfahren könne. Er überlegt kurz und schon wird mein Tank befüllt. Momentan befinde ich mich auf einem Hochplateau auf 4.100 Höhenmetern. Um in die Unterstadt von La Paz zu kommen, führt die Straße erstmal mitten durch einen chaotischen Markt- und Buskomplex. Teilweise geht es nur Zentimeter um Zentimeter weiter. Die Straße in die Unterstadt, die rund 1.000 Höhenmeter tiefer liegt, ist zum Glück kaum befahren. Und dann sehe ich sie, die neueste Errungenschaft der Stadt: Den Teleférico, die vom österreichischen Unternehmen Doppelmayr gebaute Seilbahn mit kleinen Achterkabinen. Es ist schon ungewöhnlich, diese Technik hier zu sehen, die man sonst nur aus den Skigebieten kennt. Im Zentrum drängeln sich links und rechts der Straßen hunderte kleiner Verkaufsstände, die alle Dinge des täglichen Bedarfs anbieten. Ich schlendere durch die Straßen und Gassen des Viertels und staune über die Vielfalt der Waren, die Vielfalt der Farben und die Vielfalt der Gerüche. Viele Verkäuferinnen sind in der Tracht der Hochlandfrauen gekleidet.

21. Januar.

Am alten Bahnhof beginnt die »Rote Linie« der neuen Seilbahn. Vollständig restauriert präsentiert sich der Bahnhof. Doch Züge fahren hier schon lange nicht mehr und heute dient der Bahnhof nur als Durchgang zum Modernsten, was La Paz derzeit bieten kann. Die Talstation der Seilbahn ist futuristisch und ist nur vergleichbar mit den größten und neuesten Seilbahnstationen in den Alpen. Drei Bolivianos, rund 40 Cent kostet die einfache Fahrt. Hoch über der Stadt schwebe ich nun. Riesige Säulen tragen die Tragseile der Bahn. Über den größten innerstädtischen Friedhof der Stadt läuft die Linie, hinauf nach El Alto. Einen riesigen Markt mit Autoersatzteilen finde ich hier. Dinge, die bei uns längst weggeworfen worden wären, werden hier angeboten. Und das Interesse der Käufer ist groß, aber auch das Fachwissen der Verkäuferinnen und Verkäufer. Überhaupt sind es hauptsächlich Frauen, die hier die Ersatzteile verkaufen. Zurück im Tal erhasche ich einen traumhaften Ausblick auf die umgebenden Berge. Über 6.000 Meter sind die in der Sonne glänzenden Bergspitzen hoch. Am Hauptplatz der Stadt reihen sich die Kathedrale, der Regierungspalast und viele weitere Regierungsgebäude aneinander. Im Schatten der Bäume sitzen viele Einheimische und genießen die einzigartige Atmosphäre. Viele Schuhputzer haben ihre festen Stammplätze auf dem Platz. Und offensichtlich auch viele Stammkunden, denn es wird palavert, was das Zeug hält.

22. Januar.

Viel Verkehr ist noch nicht und so komme ich recht zügig über die Bergstraße hinauf nach El Alto, diesmal nicht mit der Seilbahn, sondern mit dem Motorrad. Doch hier herrscht nun wirklich Chaos. Mitten durch den Busbahnhof für Kleinbusse führt die Hauptstraße. An einer Kreuzung geht gar nichts mehr. Genau in der Mitte treffen sich alle Busse und zwischen diesen passt kaum mehr eine Handbreit. Alles Hupen nützt nichts. Es geht keinen Millimeter voran. Drei Polizisten versuchen, Ordnung hinein zu bringen. Zentimeter um Zentimeter wird rangiert, bis eine Lücke so breit ist, dass eine Richtung wieder fahren kann. Dann aber habe ich es geschafft. Ich bin auf der vierspurig ausgebauten Straße Nr. 1, die direkt nach Süden führt. Auch eine Tankstelle finde ich ein paar Meter weiter. Und dann wieder das gleiche Spielchen. Als Ausländer könne ich kein Benzin bekommen. Doch diesmal brauche ich gar nicht viel zu erklären, denn in großen Buchstaben steht auf einem A3 Zettel genau, was zu tun ist und was ein Liter für einen Ausländer kostet, 8,68 Bolivianos, das sind 1,12 Euro.

Einheimische bezahlen nur 3,78 Bolivianos, rund 0,49 Euro. Die Höchstgeschwindigkeit ist auf 80 Kilometer pro Stunde begrenzt, doch daran hält sich niemand. Weder Auto, noch Bus, noch Lastwagen. Doch so schlimm, wie es sich anhört, ist es gar nicht, denn die meisten Fahrzeuge schaffen selbst bei Vollgas kaum die 100 Kilometer Marke. Bei der Einfahrt in den Ort Oruro, immerhin 50.000 Einwohner groß, geht es geruhsam zu. Kaum Verkehr, kein Hupen und das Anhalten auf der Straße und die Schilder der Straßennamen zu lesen ist kein Problem. Vorbei an einem farbenfrohen Markt finde ich das in einem alten Kolonialhaus untergebrachte Hotel ganz schnell. Langsam wird es dunkel, die Sonne ist bereits am Horizont verschwunden und schenkt mir einen magentafarbenen Sonnenuntergang vor tiefblauem Himmel. Es ist immer wieder schön die Klarheit der Luft in dieser Höhe zu spüren, zu sehen und zu erleben.

23. Januar.

In weniger als zwei Minuten bin wieder auf der Hauptstraße Nr. 1 in Richtung Süden. Die nächsten 150 Kilometer sind eintönig und bieten keine Abwechslung. Trockenes Steppenland, kaum Besiedlungen und flimmernde Luft am Horizont kennzeichnen meine Strecke. Nun aber verändert sich zunehmend die Landschaft. Es wird hügeliger und es geht in die Höhe. Gerade die letzten 25 Kilometer vor Potosi sind extrem kurvenreich und es macht mir mächtig Spaß, mal wieder das Motorrad schwingen zu lassen. Potosi war einmal eine der größten Städte der Welt und sie war die reichste Stadt der Welt. Der »Cerro rico«, der reiche Berg, lieferte durch seine Minen Silber in unermesslichem Umfang. Ende des 18. Jahrhunderts waren die Silbervorkommen erschöpft und der Kollaps der Stadt riss ganz Bolivien in die Armut. Heute wird noch von kleinen Kooperationen nach Silber und anderen Edelmetallen gesucht. Potosi ist reich an spanisch kolonialer Architektur, davon zeugen die vielen Kirchen im typischen Stil und die Häuser der ehemals reichen Stadtbewohner. Von der Dachterrasse des Hostels genieße ich den Sonnenuntergang und wie die Stadt und der Berg in ein blaues Licht getaucht werden.

24. Januar.

Nur 215 Kilometer stehen heute auf dem Plan bis zur Wüstenstadt Uyuni. Zweimal verfahre ich mich noch in Potosi bis ich auf der Straße in Richtung Westen bin. Über ein kleines Gebirge führt die Straße in vielen sanften Kurven, stets in Sichtweite der Eisenbahnschienen. Als ich über einen Bergkamm komme, verschlägt es mir fast den Atem. Ich sehe auf die riesige Ebene mit dem größten Salzsee der Welt, dem Salat de Uyuni. Und auch Uyuni kann ich erkennen. Und sogar am südlichen Ende den Eisenbahnfriedhof, den ich heute noch besichtigen möchte. Uyuni ist eine kleine, staubige Stadt, deren Charme sich erst beim zweiten Blick offenbart, besonders am Sonntag. Denn dann wird die Hauptstraße gesperrt und viele Marktstände und Garküchen werden für die einheimischen Bewohner aufgebaut. Doch zunächst versuche ich die alten Lokomotiven zu finden. Nirgendwo ist ein Hinweisschild zu sehen. So fahre ich in die ungefähre Richtung. Doch die Straßen hören plötzlich auf und nur Kiespisten führen weiter. Doch ich kann in einiger Entfernung alte Wagons entdecken. Eine Piste macht den besten Eindruck und tatsächlich führt sie mich direkt an den Eisenbahn-Friedhof. Unglaublich, was für ein Bild sich mir bietet. Unzählige, kleine und große Dampflokomotiven, viele Wagons rosten in der Wüste vor sich hin. Teilweise sind viele Teile ausgebaut oder herausgeschweißt worden. Es ist ein bizarres Bild, die Torsos so zu sehen. Einst waren es stolze Maschinen und der ganze Stolz der nach Westen führenden Eisenbahn. Doch der Transport von Salz war irgendwann nicht mehr lukrativ und so ließ man einfach das gesamte Material in der Wüste stehen. Viele Rucksacktouristen sind in der Stadt. Auch einige deutsche Stimmen höre ich. Viele Restaurants sind komplett auf Touristen eingestellt. Entsprechend hoch sind auch die Preise. Doch das Zauberwort »WIFI gratis« zieht und die meisten Plätze sind belegt. Da ich heute kein Internet mehr benötige, zieht es mich in ein winziges Lokal, in dem die Einheimischen zu Abend essen.

25. Januar.

Ich hatte mich schon auf eine 26 Kilometer lange Schotterpiste eingestellt, doch mich erwartet eine neue, frisch hergestellte Straße. Wie ich später erfahre, wurde diese erst vor ein paar Wochen anlässlich der hier statt gefundenen Rallye Dakar eröffnet. Wie auf einer Wolke gleite ich förmlich nach Colchani. Colchani, ein kleines Nest, mit einer Eisenbahnstation zur Salzverladung, ist der Einstiegsort zur Befahrung des Salzsees. Eine üble Waschbrettpiste führt in Richtung Salzsee. Nach rund fünf Kilometer fahre ich schon auf Salz. Mitten im Nichts steht ein Polizist. Er will nichts von mir, doch ich halte an und frage, wie ich zum berühmten Salzhotel auf dem See komme. Immer geradeaus meint er und gibt mir noch einen Tipp, ich solle unbedingt die sprudelnden Quellen besuchen. Er zeigt mir noch den Weg und schon kann es losgehen. Unglaublich, wie komfortabel es sich fahren lässt. So ganz ungefährlich ist es aber auf den kleineren Pisten doch nicht, denn immer wieder sehe ich Schlaglöcher, die mit salzhaltiger Lauge gefüllt sind. Doch es gelingt mir, allen auszuweichen und so wird mein Motorrad nicht mit Salzwasser eingesprüht. Die Quellen inmitten des Sees sind einzigartig. Es blubbert, sprudelt und spritzt. Vielfarbig sind die Wassertümpel. An dieser Stelle ist die Dicke der Salzkruste nur noch sehr dünn.

Und plötzlich wird mir bewusst, dass ich ja nicht auf einer festen Salzdecke fahre, sondern auf einer auf dem See liegenden Salzschicht, vergleichbar mit einer Eisdecke auf einem zugefrorenen See. In der Ferne entdecke ich das Salzhotel, davor ein riesiges Monument, welches anlässlich der Rallye Dakar aufgestellt wurde. Überall hängen Fahnen der Nationen, die an der Rallye teilgenommen haben. Noch viele Stunden fahre ich kreuz und quer über den Salzsee. Ich kann gar nicht genug bekommen. Ich hätte wirklich nicht gedacht, dass dieser Salzsee so eine Faszination auf mich ausüben würde.

26. Januar.

Viel Zeit, sehr viel Zeit lasse ich mir am Morgen, sind es doch einerseits nur 220 Kilometer zu fahren, andererseits bin ich diese Strecke ja bereits schon einmal gefahren. Ein Hinweisschild auf ein Eisenbahnmuseum innerhalb eines Bergwerks macht mich neugierig. Direkt vor mir stehen wunderbar erhaltene Dampflokomotiven, eine Drehscheibe und ein großer Lokomotivschuppen. Als ich jedoch weiter zu den auf dem Plan eingezeichneten Stationen gehen will, meint nun der Wachmann, dass dies nicht ginge. Schade, ich hätte mir noch gern etwas mehr angeschaut. Schon von weitem kann ich den Cerro Rico sehen. Kaum bin ich im Hostel angekommen, fegt ein heftiges Gewitter über die Stadt und bringt ziemlich viel Regen mit sich. Doch so schnell wie er gekommen war, so schnell ist es auch wieder weitergezogen. So langsam geht mir beim vielen Bergauf-Bergab die Puste aus. Schließlich befinde ich mich auf über 4.100 Meter und das merke ich.

27. Januar.

Heute soll es über die Grenze nach Argentinien gehen. Entsprechend habe ich alle Papiere schon vorbereitet.

Gut gelaunt und gut genährt mache ich mich auf den Weg. An der Auffahrt auf die Hauptstraße fahren sehr viele Kleinbusse vor mir. Alle sind mit Bergarbeitern vollgestopft, die zu den Minen gefahren werden. Und nach und nach biegen diese alle in Richtung Cerro Rico ab. Ich fahre ganz dicht an diesem Berg vorbei und kann jetzt die vielen kleinen Minen sehen, in denen die Edelmetalle aus dem Berg geholt werden. Alles sieht ziemlich einfach und primitiv aus. Immer noch liegt die durchschnittliche Lebenserwartung der Arbeiter bei nicht mehr als 40 Jahren. Durch eine leicht bergige, karge Landschaft führt mein Weg in Richtung Süden. Besonders faszinierend sind tausende und abertausende Kakteen, die an den Berghängen und links und rechts des ausgetrockneten Flusses wachsen. Einige tragen weiße Blüten, andere purpurrote. Kaum habe ich mich an diesem die Seele schmeichelnden Grün erfreut, öffnet sich die Landschaft zu einer weiten, steppenartigen und kargen Fläche. Mittlerweile lese ich schon 29 Grad auf meinem Thermometer. Eine Stunde später erreiche ich die bolivianische Grenzstadt Villazón. Eine kleine Schlange aus Kleinbussen und Pkw steht auf der Brücke über dem Grenzfluss. Gerade als ich mir überlege, wo ich wohl ein schattigeres Plätzchen zum Warten finde, winkt mich ein Polizist zu sich heran und sagt mir, ich könne ruhig bis an den Schlagbaum heranfahren und mein Motorrad im Schatten abstellen. Mit allen Papieren ausgestattet frage ich zunächst nach dem Migrationsschalter, der Ausreisestelle, von Bolivien. Zwei Schlangen gibt es- eine kürzere, die sich relativ zügig voran bewegt und eine längere, an der ich keine Bewegung ausmachen kann. Ich frage mich durch, welche denn für welche Zollaktion zuständig ist. Und ich habe Glück und kann mich an der kürzeren der beiden anstellen. Schon eine Viertelstunde später stehe ich an dem kleinen Fenster und reiche meinen Reisepass und meinen Einreiseabschnitt dem Beamten in seinem winzigen Büro. Berge von Zetteln türmen sich auf seinem Schreibtisch. Mein Anliegen ist in fünf Minuten erledigt. Mit einem Ausreisestempel versehen, reicht er mir den Pass zurück. Nun kommt die zweite Aufgabe in Bolivien. Ich muss herausfinden, wo der Zoll ist, damit auch mein Motorrad ausreisen kann. Denn auf der Seite des bolivianischen Migrationsschalters ist er nicht. Eine junge Zöllnerin zeigt mir den Weg. So muss ich auf die andere Straßenseite gehen und im dortigen Gebäude das linke Fenster aufsuchen. Diesmal dauert es etwas länger, denn diese Stelle ist sowohl für die Einreise von Fahrzeugen nach Bolivien, als auch für die Ausreise zuständig. Zwanzig Minuten später reiche ich der freundlichen Dame meine Papiere. Die Fahrzeugpapiere möchte sie gar nicht sehen, nur den Ausreisestempel in meinem Pass. Das Zolldokument ist bei ihr verblieben. Jetzt kommt der dritte Akt.

Kurs Süd in Argentinien

Die argentinische Personenzollstelle ist wieder auf der anderen Straßenseite. Doch anders als die südamerikanischen Reisenden brauche ich noch ein kleines Einreiseformular, welches er mir durchs Fenster herüberreicht. Nun gut, also wieder ans Ende der Schlange. Und während es langsam vorwärtsgeht, fülle ich die wenigen Felder des Einreiseformulars aus. Fünfzehn Minuten später habe ich es geschafft und stehe wieder am argentinischen Migrationsschalter. Pass und Fahrzeugpapiere reiche ich der Zöllnerin. Alles wird sorgfältig in den Computer eingetippt. Fünf Minuten später habe ich meinen ersehnten Einreisestempel. Letzter Akt ist der argentinische Warenzoll für die Einreise meines Motorrades. Ein äußerst höflicher Zöllner, der gerade Autos kontrolliert, sagt mir, dass ich ein wenig vorfahren solle, und dann mein Gepäck zur Durchleuchtung bringen muss. Ein mobiler, in einem

Lieferwagen untergebrachter Durchleuchtungsapparat ist dazu extra an die Grenze gebracht worden. Als hätte er meine Gedanken lesen können, antwortet er auf die noch gar nicht von mir gestellte Frage, warum man das Ganze macht. Damit nicht so viele Coca Blätter nach Argentinien geschmuggelt werden ist seine Antwort. Wenn ich alles wieder aufgeladen habe, solle ich zu ihm kommen, denn er würde mir noch ein schönes, er sagt wirklich schönes, Formular für die Einfuhr ausstellen. Kurz darauf holt er mich und wir gehen in sein Büro. Er benötigt Pass, Fahrzeugschein und Versicherungsbestätigung. Nun noch ausdrucken, meint er, das muss er noch. Dazu, schüttelt er vielsagend den Kopf, müsse er allerdings auf die andere Straßenseite zum Drucker gehen. Zwei Unterschriften darf ich noch anbringen und ich habe es geschafft. Als ich auf die Uhr schaue merke ich erst, wie spät es geworden ist. Fast drei Stunden habe ich für die Zollprozedur benötigt. Gerade will ich losfahren, als ich ein aufmunterndes Straßenschild sehe. »Willkommen in La Quiriaca«. Doch dies ist nicht die Besonderheit. Darunter steht »Ushuaia 5.321 Kilometer«. Ushuaia ist der südlichste Punkt auf dem südamerikanischen Kontinent, den ich anfahren werde. Irgendwie erfüllt es mich mit Stolz, dass ich irgendwann ein Straßenschild sehen werde mit der Aufschrift: »Ushuaia 1 Kilometer«.

28. Januar.

Kakteen und rote Felsen begleiten mich die nächsten Stunden. War ich heute Morgen noch auf über 3.500 Metern Höhe, komme ich nun tiefer und tiefer. Schon bei der Einfahrt in die Stadt Salta fallen mir die vielen schönen Häuser und die grünen Plätze auf. Ich kann es kaum glauben, dass ich diesmal sogar direkt am Hauptplatz der Stadt übernachten kann. Salta - La Linda, Salta - die Schöne, wird die Stadt in Argentinien genannt.

Und in der Tat, der Platz des 9. November mit der Kathedrale im spanischen Kolonialstil könnte nicht schöner sein: Limonenbäume, Ficusbäume und viele weitere blühende Bäume säumen den Platz. Dann höre ich Musik. Das örtliche Tourismusbüro hat eine kleine Bühne aufgebaut, auf der folkloristische Vorführungen präsentiert werden. Das Programm scheint anzukommen, denn sehr viele Zuschauer klatschen begeistert Beifall.

29. Januar.

Die Fahrt ist sehr kurzweilig, gibt es doch die unterschiedlichsten Landschaftsformen zu sehen, Tausende riesiger Kakteen säumen meinen Weg. Über ein kleines Gebirge komme ich in ein fruchtbares Tal, in dem die Stadt Catamarca liegt. Schnell finde ich meine Unterkunft und ich darf mein Motorrad sogar im überdachten Bereich des Innenhofes parken. Der Hauptplatz ist wunderschön illuminiert. Eine weit über einen Kilometer lange Fußgängerzone mit vielen Geschäften schließt sich am Hauptplatz an. Gegenüber der Kirche finde ich jedoch ein kleines Restaurant mit dem Charme einer italienischen Eisdiele der 70 er Jahre. Am Tisch gegenüber sitzt ein älterer Herr, der aussieht, als käme er direkt aus Deutschland. Doch er spricht wie ein alter Bekannter mit den Kellnern. Doch dann zieht er ein Buch heraus und liest. Und ich glaube es nicht, es ist ein deutscher Buchtitel. Jetzt hält es mich nicht mehr und ich muss den Herrn ansprechen. Es ist Hans, wie er sich vorstellt. Sein Großvater ist in den 20 er Jahren des vorigen Jahrhunderts nach Catamarca ausgewandert. Er ist Lehrer an der hiesigen Schule und unterrichtet unter anderem, wie könnte es auch anders sein, Deutsch.

30. Januar.

In der Nacht fegten heftige Unwetter über die Stadt. Als ich aus dem Fenster schaue, sehe ich überall überschwemmte Straßen. Jetzt, es ist acht Uhr morgens, loszufahren wäre ziemlich unklug, würde ich doch schon auf der Straße vor dem Hotel durch einen rund 40 cm hohen Wasserschwall fahren müssen. Zwei Stunden später hat sich Lage deutlich entspannt, so dass ich nun endlich losfahren kann. Überall sehe ich überschwemmte Felder und Seitenstraßen. Zum Glück ist die Hauptstraße etwas erhöht angelegt, so dass eine Befahrung möglich ist. Kaum bin ich in die Richtung meines heutigen Etappenziels abgebogen, stockt der Verkehr. Dort, wo die Straße sein sollte, schießt nun Wasser in hoher Geschwindigkeit vorbei. Selbst die Fahrer der großen Lastkraftwagen trauen sich nicht hindurch zu fahren. Ein Lastwagenfahrer meint, dass die nächste Straße erst rund 90 Kilometer weiter südlich in die richtige Richtung abbiegt. Ich brüte über meiner Landkarte und entscheide mich zu einer Doppeletappe von dann insgesamt über 800 Kilometern. Ich kalkuliere, dass ich vor Einbruch der Dunkelheit in der Großstadt Mendoza sein werde. Zum Glück hört der Regen auf, die Straße trocknet ab. Das Hostel in Mendoza finde ich, dank Navi, auf Anhieb. Sehr angenehm warm ist es in Mendoza und die erste Erkundung meines Viertels bringt mich direkt in ein altehrwürdiges Restaurant. Ältere Herren, Caballeros, in Argentinien »Kabascheros« ausgesprochen, bedienen die Gäste. Es ist, als wäre die Zeit stehen geblieben.

31. Januar.

Morgens gehe ich erst mal gemütlich in die Stadt. Jedoch findet sich kaum ältere Bausubstanz. Nichts von den sonst so typischen Häusern, Kirchen und kommunalen Gebäuden im Kolonialstil. Der Grund war eine Katastrophe. Am 20. März 1861 zerstörte ein Erdbeben die Stadt vollständig, so dass heute aus der Kolonialzeit nur noch die Ruinen der Kirche des Hl. Franziskus erhalten sind. Bei dem Beben mussten etwa 6.000 der 18.600 Einwohner ihr Leben lassen. Zwei Jahre später wurde die Stadt erneut aufgebaut.

1. Februar.

Mit einem Kleinbus, bewusst nicht mit dem Motorrad wegen der geplanten Weinproben, geht es Richtung Süden. Erstes Ziel ist die Bodega Lopéz. Gewaltige Chromnickelstahltanks stehen in riesigen Hallen. Hier wird Massenwein produziert. Doch es gibt auch eine exklusivere Linie. Und die darf in wunderschönen, großen Holzfässern reifen. Da momentan keine Ernte- und Kelterzeit ist, ist kaum ein Arbeiter zu sehen. Tief im Keller gibt es nun die erste Weinprobe. Über Land- und Tafelweine führt die Degustation bis hin zu feinen Reserva-Weinen. Die zweite Besichtigung führt nicht in eine Bodega, sondern in eine Olivenölfabrik. Auch hier ist es momentan ruhig, denn auch hier ist momentan keine Erntezeit. Nur in der Abfüllstation ist etwas Leben. Von Hand werden die Halbleiterflaschen befüllt und auch von Hand verschlossen. Im Verkaufsraum gibt es anschließend eine Ölivenölverkostung. Brote mit Öl und Olivenpaste, Brote mit Öl und getrockneten Tomaten, Brote mit Öl und frischen Tomaten und eine sehr geschmackvolle Mischung, die ich so noch nicht kannte, Brote mit Öl und getrockneten Weintrauben. Weiter geht es weit auf das Land hinaus. Wir sind in einer Bodega, die nur ganz geringe Mengen Wein produziert. Direkt im alten Gutshaus wurde ein kleiner Tisch für uns vorbereitet, auf dem schon die verschiedensten Weine auf ihre Verkostung warten. Wie ein Geschmacksfeuerwerk zerfließt das Aroma des Weines auf Zunge und Gaumen. Starke Weine sind es, die wir hier serviert bekommen. Meist haben diese über 14,5%. Obwohl ich schon deutliche Anzeichen des Alkohols verspüren kann, bringe ich es nicht übers Herz, diese edlen Tropfen in den Spukeimer zu gießen. Jedenfalls weiß ich nicht mehr, wie viele Gläser ich getrunken habe. Irgendwann kommt der Chef des Weingutes und bringt eine besondere Flasche. Kein Etikett, kein Aufkleber kennzeichnet die Flasche. Er erzählt, dass dies eine Flasche eines über zehn Jahre alten Rotweines sei. Dieser Wein schlägt alles bisher Probierte. Ein Genuss pur. Er erzählt weiter, dass der Wein, den er im Laden verkauft in rund 10 bis 15 Jahren auch so hervorragend sein werde. Man müsse eben nur ein wenig warten können.

2. Februar.

Am Vormittag zieht es mich in die Fußgängerzone und in ein Café mit Namen Havanna. Außer, dass ich Blog und Tagebuch schreibe, mache ich nichts. Nur da zu sitzen und Leute zu beobachten kann auch ganz kurzweilig sein.

3. Februar.

Die Stadt bietet wenig bis gar keine Abwechslung. So schlendere ich ziellos durch die langen Fußgängerzonen, trinke hier mal einen Espresso, dort mal eine Cola. Ein kleines Mittagsschläfchen verkürzt die Zeit bis zum Abend. Solch ein Tag mag zwar dem körperlichen Ausruhen dienen, meiner psychischen Verfassung ist er aber eher abträglich. Umso mehr freue ich mich auf den morgigen Tag, wenn es wieder weitergeht nach Süden. Doch meine ursprüngliche Planung muss ich komplett über den Haufen werfen. Durch ein schweres Unwetter ist die Verbindung über die Anden nach Chile unterbrochen. Eine Brücke wurde komplett weggespült. Das bedeutet in dieser Region einen Umweg von über 500 Kilometern. Soweit ist es zur nächsten Möglichkeit der Andenüberquerung.

4. Februar.

Da es mir egal ist, wann ich im heutigen Zielort Malargüe ankomme, lasse ich mir sehr viel Zeit für das Aufpacken des Gepäcks aufs Motorrad und auch für das Frühstücken. So sitze ich erst um zehn Uhr auf dem Motorrad. Ob dies so eine gute Idee war, frage ich mich, denn es sind bereits 30 Grad im Schatten. Durch das Gewirr der Straßen komme ich recht zügig auf die Ruta 40, die über Maipú, die Stadt der Weingüter, nach Süden führt. 60 Kilometer weiter wird es zunehmend kühler und kühler. Und auch das Landschaftsbild verändert sich. Überall grünt es. Kurz vor dem Ziel wieder eine Landschaftsänderung. Ich tauche ein in ein großes Waldgebiet aus Pappeln und Birken. Dicke Wolken sind aufgezogen, aber abgesehen von ein paar Tropfen, fällt kein Regen. Ich drücke mir selbst die Daumen, dass es in der Nacht und morgen früh nicht regnet, damit ich auf trockener Straße die Andenüberquerung in Angriff nehmen kann.

5. Februar.

Weil ich zu viele Croissants gegessen habe, die in Argentinien liebevoll »Media Luna«, Halbmond, genannt werden, spannt mein Bauch gewaltig. Doch in Vorbereitung auf einen langwierigen Grenzübergang kann dies nur gut sein. Durch grünes Ackerland, mit vielen Bäumen, fahre ich noch ein Stück auf der Ruta 40 bis nach Bardas Blancas. Dort zweigt die Straße ab, die mich nach Chile bringen soll. Immer entlang eines kleinen Flusses, dessen Wasser im Sonnenlicht glänzt, geht es höher und höher. Doch nun wird meinem Tatendrang erstmal ein Ende gesetzt. Ein lange Autoschlange bremst mich ein. Und wie dies so aussieht, steht man hier schon länger. Picknick Stühle stehen neben den Autos und es wird schon eifrig gevespert. Es ist die Schlange vor dem argentinischen Zoll. Ich frage, ob diese Schlange hier immer so lange sei. Es wären Ferien und viele Argentinier würden Urlaub im weitaus billigeren Chile machen. Dann darf ich sogar mit dem Motorrad bis zur Station vor fahren. Kaum fünf Minuten muss ich warten, bis ich meine Papiere zur Ausreise vorlegen darf. Und kaum eine Minute später habe ich schon meinen Ausreisestempel im Pass. Auch beim Zoll bin ich nur für Minuten. Zwei Stempel und schon ist auch dieser Vorgang erledigt. 36 Kilometer sind es bis zur Passhöhe und zur chilenischen Grenze. Und es sind sehr schöne Kilometer. Obwohl nur etwas über 2.500 Meter hoch, sieht es aus wie in einer Hochgebirgslandschaft der Anden. Kaum Vegetation, dafür atemberaubende Szenerien.

Chile

Fast hätte ich die Passhöhe verpasst, denn kein Hinweisschild oder ein »Benvinidos a Chile« kennzeichnet die Grenze. Ein wunderschöner Weitblick in Richtung Westen ist die Belohnung für mein Anhalten. Trotz Sonne ist es kühl, da ein frischer Wind über die Bergkuppe weht. In sanften Kurven geht es hinunter ins Tal der Provinz Maule. Schon von weitem sehe ich eine Autoschlange, es ist die chilenische Zollstelle. Wieder heißt es warten. Im großen Zollgebäude stehen rund 15 Personen vor mir. Also heißt es auch hier erstmal warten. Eine halbe Stunde später werden auch meine Daten in den Computer eingegeben. Kaum, dass mein Namen und das Geburtsdatum eingetippt wurde, erscheinen die restlichen Daten auf dem Bildschirm. Ich bin also noch von den früheren Reisen im Computer gespeichert. Zusätzlich zum Einreisestempel erhalte ich einen kleinen Computerausdruck, den ich, so sagt er, bei der Ausreise vorlegen muss. Zwei Schalter weiter ist der Warenzoll. Gleich werde ich nach dem großen Formular gefragt, welches die Argentinier zur Einreise benötigen. Ich erkläre, dass ich ein in Deutschland zugelassenes Motorrad dabei habe und deshalb, wie auch vom argentinischen Zoll so erklärt, ein neues, aber chilenisches Formular, benötige. Das glaubt mir der Zöllner aber nicht. Also erkläre ich alles noch einmal. Eine Vorgesetzte hat mittlerweile mitbekommen, dass es wohl Schwierigkeiten gibt. Ich erkläre auch ihr die Geschichte. Und ich habe Glück, denn sie sagt, ich habe Recht. Dann hilft sie dem Zöllner noch bei der Eingabe der Daten und schon spuckt der Drucker vier Blätter Papier aus. Jetzt nur noch viermal unterschreiben und ich habe es geschafft. Mit Handschlag werde ich verabschiedet und es wird mir gesagt, dass ich noch zur Lebensmittelkontrolle muss. Auch hier gilt es, nochmal ein Formular auszufüllen, dass ich weder tierische noch pflanzliche Präparate bei mir habe. Nun muss ich mit dem Motorrad zur Kontrolle des Inhalts meiner Koffer. Es wird hauptsächlich nach Lebensmittel gesucht. Meine Gepäckrolle will er gar nicht mehr durchsuchen, stattdessen wünscht er mir eine gute Reise. Jetzt, ja jetzt habe ich es geschafft, ich bin nach eineinhalb Stunden durch den Zoll. Eine wundervolle Berglandschaft begleitet mich nach Westen. Recht schnell geht es hinunter ins Tal. Alles ist sehr grün und sehr fruchtbar. Viele Pfirsichplantagen und sogar schon Weinreben sehe ich. Mittlerweile ist es warm, nein heiß geworden. 30 Grad zeigt mein Thermometer. Doch bis nach Talca sind es nur noch wenige Kilometer. Dank Navi ist auch das Hostel gleich gefunden. Welch eine geniale Lage, in einer ruhigen Seitenstraße und doch nur 50 Meter von der Haupteinkaufsstraße entfernt. Da es mittlerweile schon spät geworden ist, gehe ich gleich zum Essen. Talca ist eine der Städte, in der es fast nur Hühnchen gibt. Nun ja, ich bin hungrig, und der große Grill, den ich durchs Fenster sehen kann, macht einen guten Eindruck. Zum Gericht bestelle ich mir heute Abend ein Bier. Es gibt kleine und große »Schop«, eine Ableitung aus der deutschen Bezeichnung Schoppen. Ich belasse es bei einem »kleinen« Schop mit einem halben Liter.

6. Februar.

Pichilemu ist heute mein Ziel, eine Ferienstadt an der pazifischen Küste. Sechzig Kilometer geht es auf der Panamericana direkt nach Norden. Kurz nach Curicó biege ich ins Herz der Weinbaugegend »Valle Colchagua« ab. Überall links und rechts der Straße, bis hinüber an das Küstengebirge, ziehen sich die Weinreben. Hinweisschilder auf die verschiedenen Weingüter säumen von nun an die Straßen. Weiter und weiter fahre ich durch die Weinreben des Tales. Dann steigt die Straße an um das kleine Gebirge zu überqueren. Es ist ein Fahren auf sanften kurvigen Straßen durch dichte Nadelwälder. Jetzt ist sogar schon der Wind, der vom Pazifik herüber weht, zu spüren. Und nach der nächsten Biegung kann ich das helle Blau des pazifischen Ozeans sehen. Nur noch zehn Kilometer trennen mich von hier bis nach Pichilemu. Es ist Sommer und es ist Ferienzeit. Am Strand sonnen sich tausende Urlauber und fast ebenso viele Strandzelte sind aufgebaut. Im Stopp and Go-Tempo, meist bedingt durch die vielen Pferdekutschen, geht es die Küstenstraße entlang. Mein Hostel für die nächsten drei Tage ist leicht gefunden. Ich mache erstmal einen Rundgang über die mir bekannten Straßen, denn hier war ich vor einigen Jahren schon einmal. Ich finde das gute Fischrestaurant, die Lautsprecher tönen immer noch in den höchsten Tönen, ich finde das nette Café mit Blick auf das Meer. Doch dort, wo damals nur dieses eine Café war, gibt es nun mindestens zehn weitere. Am Abend zieht es mich in das Restaurant, in dem ich vor drei Jahren mit Bärbel schon einmal war. Wieder gibt es eine riesige Portion gegrillten Lachs mit einer noch größeren Portion Pommes. Dazu einen Krug frisch gezapftes Kunstmann Bier aus Valdivia. Mit vollem Magen gehe ich bester Laune nach Hause.

7. Februar.

Zum Frühstück sitze ich mit einem Gast aus der Schweiz im Garten. Als Jörg aus Kloten stellt er sich vor. Es sei seit vier Monaten mit dem Fahrrad unterwegs gewesen und würde von Ushuaia kommen. Ich staune nicht schlecht über diese Leistung, ist er doch 69 Jahre alt. Er erzählt viel, lacht viel und ist meist in der Küche zu finden. Und, wie er erzählt, isst er leidenschaftlich gern und gut. Ich mache Urlaub vom Urlaub und reihe mich in die vielen Menschen ein, die am Strand liegen. Doch irgendwann wurde es mir zu langweilig und ich mache mich in das kleine, bekannte Café am Ende des Strandes auf. Einen leckeren, mächtig süßen Eiskaffee schlürfe ich mit Blick auf das blaue Meer. Ansonsten habe ich es mir im Garten gemütlich gemacht, bin auf der Couch gelegen und habe viel gelesen. Dies ist doch ein umfassendes Tagesprogramm, finde ich. Zum Abendessen gibt es gegrillten Lachs, Crystal Bier und eine riesige Menge Pommes.

8. Februar.

Als ich zum ersten Mal auf die Uhr sehe ist es 9.10 Uhr. Ich habe mich also schon an den Pichilemu-Rhythmus gewöhnt. So bin ich auch erst kurz vor zehn beim Frühstück. Frischer Orangensaft und die leckersten Brötchen, die ich bisher auf der Reise gegessen habe, schenken mir einen schönen Start in den Tag. Wie jeden Tag ist es morgens bewölkt oder besser gesagt, es gibt Hochnebel. Und wie jeden Tag verschwindet dieser Nebel pünktlich um elf Uhr. Strahlende Sonne und blauer Himmel zeigen sich dann. Und vom Meer her weht unaufhörlich der kühle Wind des Pazifiks. Zwei Hunde gehören auch zu den Bewohnern des Hostels. Einer sieht aus wie ein Schaf und ist ewig müde. Doch wenn es Essen gibt, ist er unglaublich wendig und schnell. Der andere ist ein Bordercollie-Mischling. Stets unruhig hin und her laufend und ständig auf der Suche nach etwas Fressbarem. Ob Wurst, Käse oder die Reste eines Brötchens, alles wird gierig verschlungen. Und während ich so schreibe, liegen die beiden neben mir in der Sonne.

9. Februar.

Erst um halb zwölf hole ich mein Motorrad aus dem verschlossenen Abstellplatz. Doch bevor ich weiter Richtung Süden aufbreche, fahre ich erst noch an den berühmten Surfhotspot, den Felsen Punta del Lobos. Doch erstaunlicherweise sind heute kaum hohe Wellen zu verzeichnen, so dass auch die Profis unter den Surfern gar nicht erst vor Ort sind. Nur ein paar wenige sind am daneben liegenden Strand auf Brettern im Wasser. Schweren Herzens mache ich mich von diesem schönen Fleckchen Erde auf, um ins Valle Colchagua, ins Herz der chilenischen Weinproduktion zu fahren. Wieder geht es über das Küstengebirge hinüber ins nur etwa 100 Meter hoch liegende Weintal. Kaum fehlt der kühle Wind des Meeres, wird es heiß. Ein paar Kilometer weiter sehe ich einen Wegweiser, der auf das bekannte Weingut Los Vascos der Weindynastie Rothschild hinweist. Eine Schotter- und Sandpiste führt mich nach rund sechs Kilometern direkt ins Herz der Bodega. Leider habe ich Pech, denn um die Mittagszeit ist der Laden geschlossen und es gibt erst wieder ab drei Uhr mittags Führungen. Drei Stunden zu warten ist mir aber dann zu lange. Nachdem ich meine Unterkunft bezogen habe, mache ich gleich einen Spaziergang hinüber zum Hauptplatz. Vieles ist mir bekannt, doch die Hauptstraße erkenne ich fast nicht wieder. Größere Läden, vornehme Läden, viele Schuhläden und Geschäfte für elektronische Artikel gibt es nun hier. Die kleinen Geschäfte, die ihre Waren auf der Straße angeboten haben, gibt es nicht mehr.

10. Februar.

Ein leckeres Frühstück erwartet mich. Jose ist der perfekte Gastgeber, doch zu viel Gastgeber kann auch manchmal nerven. Selbst den Zucker schüttet er in meinen Tee. Viel zu viel, aber irgendwie kann ich ihm gar nicht böse sein. Extra für mich telefoniert er mit dem Weingut Montes, dass ich in jedem Fall komme und bei der Führung dabei sein kann. Natürlich spute ich mich, um pünktlich auf dem Weingut zu sein. Nur rund sieben Kilometer außerhalb Santa Cruz ist es gelegen. Bis an den Horizont reichende Weinreben empfangen mich. Dieses Weingut ist architektonisch etwas ganz Besonderes. Ultramodern präsentiert es sich inmitten der Weinberge. Allein die Gebäude und Außenanlagen sind exorbitant aufregend gestaltet. Die ganzen Anlagen sind ultramodern und es werden -eine Besonderheit- alle Weintrauben ohne Wasserspülung verarbeitet. Montes produziert sehr viel für den internationalen Markt. So sind diese Weine auch in Deutschland erhältlich. Nun folgt die Wein-Degustation. Herrliche Weine darf ich probieren. Doch, ich bin mit dem Motorrad unterwegs und es ist wirklich jammerschade, die Gläser nicht austrinken zu können.

11. Februar.

Weiter geht es auf einer ziemlich langweiligen Strecke auf der Ruta 5, der Panamericana Süd. Ziel ist das Weingut Viña Chillan des Schweizers Rudolf Rüesch, dort wo ich vor zweieinhalb Jahren schon einmal mit meiner

Freundin Bärbel gewesen bin. Denise, eine Südtirolerin aus Gröden, begrüßt mich und zeigt mir mein Zimmer. Seit zwei Monaten ist sie mit ihrem Freund Giorgio, der aus Brixen stammt, hier und sie führen das Gästehaus und das Restaurant. Sie und er sind sowas von sympathisch und ich kann gar nicht genug bekommen von ihren frischen Ideen und ihrer Euphorie. Es ist so schön zu erleben, wie junge Menschen eine Idee haben und sie dann auch ausführen. Ich habe richtig Respekt vor den beiden. Jetzt kommt auch Rudolf, der Inhaber des Weingutes vorbei und begrüßt mich herzlich. Gut sieht er aus, komplett entspannt und mit einer lustig sanften Ausstrahlung. Ich glaube es kaum, aber es ist schon neunzehn Uhr und ich habe mein Essen auf diese Zeit bestellt. Ich schlemme mit Tagliatelle in frischer Champignonsauce und einem knackfrischen, gemischten Salat. Dazu gibt es diesen unglaublich aromatischen und schweren Malbec. Ganz ehrlich, nach einer halben Flasche dieser köstlichen Verführung habe ich ziemliche Koordinationsprobleme. Zwei Stunden später wandele ich in bester Stimmung in mein Zimmer.

12. Februar.

Ich lausche dem Wind, der die Blätter der Bäume zum Rauschen bringt. Ich genieße das Zirpen der Grillen und das Gurren der wilden Tauben. Und so wird es Abend. So langsam meldet sich der Hunger, so dass ich hinüber ins Restaurant gehe. Wieder studiere ich die vielversprechende Speisekarte. Gerade habe ich mich für die Tagliatelle entschieden, als Denise sagt, dass es heute leider keine Tagliatelle gibt, aber dafür wären die Cannelloni mit Ricotta und Spinatfüllung gerade fertig geworden. Das klingt gut, das klingt sehr gut, so dass ich natürlich gleich diese Köstlichkeit bestelle. Aber der Genuss geht noch weiter. Eine frisch gemachte Pannacotta, serviert mit frischen Erdbeeren und einer, ebenfalls selbst gemachten, Schokoladensauce runden meine Mahlzeit ab. Fast nicht zu beschreiben ist es, wie diese Speise auf der Zunge zerfließt und den Geschmack dicker Sahne auf der Zunge hinterlässt. Viel zu schnell ist jedoch der Genuss zu Ende. Die Portion war »einfach« zu klein.

13. Februar.

Es fällt mir schwer, mich von diesem Flecken Erde und von Rudolf zu verabschieden. Nach wenigen Kilometern bin ich wieder auf der Autobahn in Richtung Süden, eine ziemlich langweilige Angelegenheit. Nach rund 250 Kilometern sehe ich den erlösenden Abbiegehinweis in Richtung der Kleinstadt Cunco. Jetzt sind es nur noch rund 40 Kilometer zu einem kleinen Stück Schwabenland inmitten Mapuche-Indianerland. Helmut, ein waschechter Schwabe aus der Nähe von Freudenstadt ist vor vielen Jahren in diese Landschaft gezogen. Der Liebe wegen, denn Helmut ist mit einer Mapuchefrau verheiratet und hat neben einer Unterkunft für Rucksacktouristen für bis zu sechs Personen, auch drei wunderschön gelegene Ferienwohnungen gebaut. Helmut ist ganz der Alte, so wie ich ihn von vor zwei Jahren kenne. Sympathisch, und er hat so viel zu erzählen. Besonders seine Insiderinformationen sind sehr wertvoll für meine Planung der Ausflüge der nächsten Tage. Und so vergehen die Stunden bis zum Abendessen sehr schnell. Wie könnte es anders sein, zum Abendessen gibt es angebratene, schwäbische Maultauschen und zum Nachtisch einen selbst gebackenen Heidelbeerkuchen.

14. Februar.

Ich bin bester Laune, geht es doch heute in den Parco National Conguillio zum Vulkan Llaima ein wahres

Motorradenduroparadies. Allerdings erst direkt am Eingang zum Park, an der Schranke beginnt die Schotterstraße. Doch erstmal gilt es, beim Parkwächter sich einzuschreiben und sechstausend Pesos Eintrittsgebühr zu bezahlen. Einheimische, beziehungsweise chilenische Staatsbürger zahlen nur ein Drittel des Preises. Kurvig und steil führt mich der Weg zunächst durch einen kleinen Nadelwald, um danach auf eine Hochfläche zu gelangen. Ein atemberaubender Blick bietet sich auf den im Sonnenlicht glitzernden Vulkan. Der Llaima, 3.125 Meter hoch, hat selbst im Sommer noch große Schnee- und Eisfelder rund um seinen Kegel. Majestätisch ragt er aus der schwarzen Lavaerde auf. Das Fahren ist ein wenig mühselig, besteht die Piste doch durchweg aus einer materialmordenden Wellblechpiste. Ich versuche den nur zehn Zentimeter schmalen Streifen am Rande der Straße zu treffen, auf dem es sich komfortabel fahren lässt, doch auch dies ist nicht ganz einfach, denn rechts davon ist die Piste sehr weich. Also heißt es einfach langsam fahren. Ich kann mich vom Blick auf den Vulkan gar nicht losreißen. Es ist ein wahrer Bilderbuchvulkan mit seiner perfekten Form. Auf einer pechschwarzen Piste fahre ich zur Laguna Verde. Smaragdgrün schimmert das Wasser im Gegenlicht der Sonne. Noch ein paar Kilometer weiter liegt der große See des Parks, der Lago Conguillo. Die extrem miserable Straße hinunter zum See erspare ich mir diesmal. Sind doch die folgenden Kilometer schlecht genug. Hier merke ich beim Gasgeben am Berg nun doch, dass mein Hinterreifen nicht mehr viel Profil aufweist. So lasse ich es bei meinem heutigen Ausflug auch nach weiteren drei Kilometern bei der Laguna Captrén. Die abgestorbenen Baumstümpfe im tiefblauen Wasser und die Araukanienbäume auf der 2.000 Meter hohen Bergkette ergeben ein ganz besonders schönes Panorama. Zum Abendessen hat Adela heute Lammkeule mit »Träublesoss« und Bratkartoffeln gemacht. Die Sauce ist sehr aromatisch und gut gewürzt und passt ganz hervorragend. Doch, wie auch schon gestern bringt das Dessert noch eine Steigerung. Ein Käsekuchen mit einer Schicht aus zuckersüßen Johannisbeeren.

15. Februar.

Die Strecke bis zur großen Stadt Temuco ist recht kurzweilig, geht es doch ständig durch hügeliges Gelände auf und ab. Doch spätestens an der Peripherie von Temuco ist der Spaß vorbei. Es ist eine große Stadt mit rund 200.000 Einwohnern und einer ziemlich verwirrenden Straßenführung. Doch recht schnell finde ich die Straße, die mich zum Pazifik führt. Es wird windiger und kühler. Das nahe Meer ist schon zu erahnen. Im nächsten Ort, in Puerto Saavedra ist viel los. Geschäfte, Restaurants und Supermärkte drängen sich entlang der Hauptstraße. Und es wird eingekauft, als gäbe es morgen nichts mehr. Gleich hinter dem Dorf biegt die Straße Richtung Meer ab. An einem kleinen Anleger werden Souvenirs und frischer Frisch verkauft. Auch gibt es zwei Restaurants, die Fischspezialitäten anbieten. Ich fahre aber noch ein paar Kilometer weiter und lande direkt am Strand des Pazifiks. Links und rechts ist der Strand von steil abfallenden Felsen eingerahmt. Vom Meer bläst ein starker Wind und meterhohe Wellen branden auf den Strand. Hundert Kilometer später bin ich wieder bei Helmut.

16. Februar.

Für heute habe ich einen motorradfreien Tag eingeplant. Und wie, als wüsste es auch der Wettergott, nieselt es am Morgen so stark, dass das Wasser von den Dächern tropft. Doch es ist herrlich, einfach nur aus dem Fenster zu sehen, die Ruhe zu genießen und ein wenig am Tagebuch zu schreiben.

17. Februar.

Es ist leicht bewölkt, als ich das erste Mal zum Fenster hinaussehe. Schnell sind meine Aluboxen und die Gepäckrolle am Motorrad angebracht. Und nach einem leckeren Frühstück verabschiede ich mich mit dem festen Vorsatz wiederzukommen. Als ich auf die Hauptstraße Richtung Villarica und Pucon einbiege, ist es, als würde ich auf der B31 entlang des Bodensees fahren. Auto an Auto kommt mir entgegen und auch in meiner Richtung sieht es nicht besser aus. Man merkt deutlich, dass in Chile noch zweieinhalb Wochen Ferienzeit ist. Doch der Blick auf den Vulkan Villarrica ist atemberaubend. Alle paar Meter »muss« ich anhalten um Fotos zu machen. Es ist eine wunderschöne und einzigartige Atmosphäre, die mir hier geschenkt wird. Es ist schwer, sich von dieser Szenerie loszureißen. Doch irgendwann drehe ich doch mein Motorrad um, um wieder hinunter an den See zu fahren. Im Ort Pucon lande ich mitten im Trubel. Die Hauptstraße quillt vor Menschen über. So ziehe ich mich lieber in die Ruhe des Innenhofes meines Hostels zurück.

18. Februar.

Vom Plätschern des starken Regens wache ich am frühen Morgen auf. Der Himmel ist wolkenverhangen, vom schönen Vulkan ist nichts zu sehen. Als ich in den Frühstücksraum komme, erzählt mit der Chef auch, dass es am Abend aufhört zu regnen und dass es in den nächsten Tagen das schönste Wetter geben soll. Unaufhörlich regnet es, eine Besserung ist nicht in Sicht. Dazu ist es ziemlich frisch geworden. Auch der Chef scheint momentan keine höheren Temperaturen zu erwarten, heizt er doch den schönen Kaminofen mit großen Holzstücken an. Schön ist es, im warmen Zimmer sitzend, dem Prasseln des Feuers zuzusehen.

19. Februar.

Am See entlang, immer den Vulkan Villarrica im Rückspiegel, geht es vorbei an der Stadt Villarrica in Richtung Westen. Nach fünfzig Kilometern biege ich auf die heute kaum befahrene Schnellstraße Nr. 5 ein. Durch sanftes Hügelland, landschaftlich nicht von uns zuhause zu unterscheiden, bin ich immer noch auf Kurs Süd-West. In Sicht ist bald die Stadt Valdivia, deren weiße Häuser in der Ferne im grellen Sonnenlicht strahlen. Noch ist es früher Nachmittag und ich beschließe, hinüber auf die Insel Tejo zu fahren, auf der die Brauerei Kunstmann seit den 1960 er Jahren Bier braut. Ich komme kaum zur Eingangstür herein. Innen ist absolut kein Weiterkommen mehr möglich. So beschließe ich am nächsten Tag nochmal vorbeizukommen. Ich fahre lieber zu meiner heutigen Unterkunft im Zentrum der Stadt und mache erste Erkundungen entlang des Flusses. Leider gibt es außer ein paar wenigen älteren Gebäuden nichts wirklich Schönes zu sehen. Doch das ist kein Wunder, denn die Stadt Valdivia wurde 1960 vom bisher stärksten aufgezeichneten Erdbeben mit der Stärke 9,5 getroffen. Nur wenige Gebäude blieben stehen. Die große Kathedrale der Stadt ist aus der Ferne recht schmuck anzusehen, aus der Nähe ist es jedoch ein grauer, wenn auch erdbebensicherer Betonklotz. Da gehe ich doch lieber in das altehrwürdige Café Haussmann und trinke einen guten deutschen Kaffee.
20. Februar.

Nur ein paar Programmpunkte stehen auf meiner heutigen Liste. Die Cerveceria Kunstmann und die Fahrt an die Küste zum Dorf Niebla. Die folgenden Kilometer sind Genussfahren pur. Entlang einer sanften Fjordlandschaft mit blauem Wasser, in der Sonne dümpelnden Fischerbooten, durch grünen Nadelwald erreiche ich nach fünfzehn Kilometern Niebla. Es ist ein kleines Feriendorf mit vielen Campingplätzen und Übernachtungshütten. Restaurants und Imbissbuden säumen die Straße. Weiter führt die Straße als Costanera, als Küstenstraße, entlang dem Meere. Steil am Hang entlang gibt es nach jeder Kurve neue, spektakuläre Ausblicke auf das tosende Meer zu bestaunen. Unvermittelt hört der Asphaltbelag auf und weiter geht es auf einer ordentlichen Erdstraße. Alle paar Kilometer sorgen winzige Dörfer für Abwechslung. Plötzlich endet die Straße an einem wunderschönen Aussichtspunkt. Weiter geht es hier nur noch zu Fuß. Kurz vor zwölf Uhr bin ich auf dem Parkplatz der Brauerei Kunstmann. Noch geht es halbwegs ruhig zu. Doch im Souvenirladen muss man schon einen Nummernzettel ziehen, denn vor allen fünf Kassen stehen lange Schlangen. Und auch vor der Restauranttüre warten viele Menschen auf den Einlass in ein paar Minuten. Die ersten Führungen sind bereits alle ausgebucht. Erst in drei Stunden wäre noch ein Platz frei. Ich überlege hin und her und beschließe nicht so lange zu warten, sondern lieber zurück in die Stadt zu fahren und dort ein wenig umherzuschlendern.

21. Februar.

Hundert Kilometer fahre ich auf der Autobahn, der Ruta 5, in Richtung Süden. Alles um mich herum sieht wie zu Hause aus. Die gleichen Bäume und Sträucher, eine ähnliche Hügellandschaft, die gleichen Rinderrassen und fast ähnliche, ältere Häuser. Doch dass ich nicht zu Hause bin, sehe ich, als die Straße einen kleinen Hügel erklimmt. Der Bilderbuchvulkan Osorno zeigt sich in voller Pracht am Horizont. Kilometer um Kilometer komme ich näher heran. Bald erreiche ich die kleine Stadt am Llanquihue-See, Puerto Varas. Zauberhaft liegt sie am Westufer des Sees, der etwa eineinhalbmal so groß ist wie der Bodensee. Die Nacht bietet ein romantisches Ensemble.

Es ist Vollmond und der Mond spiegelt sich im See, während im Hintergrund die Silhouette des Vulkans in violett zu erahnen ist.

22. Februar.

Hügelig geht es durch grüne Landschaften mit vielen Bäumen und großen Rinderherden. Fünfzig Kilometer weiter erreiche ich den kleinen Ort Fresia. Ein bisschen scheint die Zeit hier stehengeblieben zu sein. Wären da nicht die beiden modernen Tankstellen, so wäre es schwer, Neues zu entdecken. Rauf und runter, garniert mit sanften Kurven, führt mich die neu asphaltierte Straße durch die hügelige Landschaft. Ein paar Kilometer weiter wird gerade an der Straße gebaut. Etwas schwierig ist es für mich, die nächsten fünf Kilometer zu meistern, denn durch die Bauarbeiten ist der Belag an vielen Stellen ziemlich tief geschottert. Doch im ganz gemütlichen Tempo geht es trotzdem gut voran. Schnell bin ich wieder auf guter, neuer Straße. Ohne auch nur einen einzigen Kilometer auf der Schnellstraße 5 gefahren zu sein, erreiche ich die Außenbezirke von Osorno.

23. Februar.

Ein reichliches Frühstück gibt es im Apart Hotel Blumenau direkt auf das Zimmer. Um 9 Uhr stehe ich bei MotoAventura, denn hier möchte ich mir neue Reifen aufziehen lassen. Sonia, die Chefin, sagt, dass die Arbeiten an meiner Maschine am späten Nachmittag fertig seien und ob dies ginge, ob ich so viel Zeit hätte. Als sie hört, dass ich viel Zeit habe, lacht sie und meint, dass bisher alle Kunden aus Deutschland stets in Eile waren. In der Zwischenzeit gehe ich zu Fuß ins Zentrum der Stadt. Entlang der historischen Straße Mackenna finden sich noch viele gut erhaltene, große Holzhäuser der deutschen

Einwanderer. Um kurz nach siebzehn Uhr mache ich mich auf, um mein Motorrad abzuholen. Es steht schon fertig, auf neuen Reifen im Hof. Jetzt kann das Abenteuer Patagonien beginnen.

24. Februar.

Es geht wieder in die Werkstatt. Der Werkstattmeister stürzt förmlich auf mich zu und schiebt die Maschine gleich auf die Hebebühne. Seit 11.729 Kilometern ist das Öl im Motor. Da ich die Maschine aber nie stark belastet habe, sieht es, zumindest optisch, noch gut aus. Auch der Luftfilter wird gewechselt. Ob ich mir dies wohl nur einbilde, aber ich fühle, dass sie jetzt viel weicher läuft. Weniger Vibrationen und deutlich ruhiger.

25. Februar.

Tief und fest habe ich geschlafen. So ein Glas vom guten, schweren Rotwein ist offensichtlich ein hervorragendes Schlafmittel. Irgendwie bin ich ein wenig aufgeregt, denn ab heute heißt es für die nächsten Wochen zu zweit unterwegs zu sein. Nicht etwa, weil ich denke, dass es schwieriger wird zu reisen. Nein, ganz im Gegenteil, weil es nun für mich leichter ist, mich über die Erlebnisse des jeweiligen Tages austauschen zu können. Um halb elf laufe ich hinüber zu MotoAventura, um mit Sonia zusammen Marcus vom Flughafen abzuholen. Laut Flugplan soll seine Maschine aus Santiago um 10.55 Uhr ankommen. Mit dem Pick-up fahren wir zum winzigen Flughafen. Und durch die Tür kann ich Marcus am Gepäckband sehen. Die Wiedersehensfreude ist groß.

Carretera Austral

26. Februar.

Es ist der erste Tag meiner ganzen Südamerikatour, auf der ich nun mit einem zweiten Motorrad unterwegs bin. Genauso wie in Peru, als Bärbel als Sozia dabei war, ist es zu zweit deutlich kurzweiliger und unterhaltsamer. Schon das morgendliche Aufpacken der Maschine wird begleitet von einem kleinen Schwätzchen. Es nieselt. Es regnet. Irgendwie habe ich ein schlechtes Gewissen, dass der erste Fahrtag mit Marcus so verregnet ist. Ein kleiner Aufenthalt und eine Tankpause machen wir in Puerto Varas. Anders als vier Tage zuvor, als ich hier schon einmal war, können wir den Blick auf den Vulkan Osorno nicht genießen, hüllt sich dieser doch in dichte Wolken. Nach achtzehn Kilometern erreichen wir die Hafenstadt Puerto Montt. Immer noch regnet es. Etwas Schönes kann ich der Stadt nicht abgewinnen. Da sehe ich zum ersten Mal das Schild mit dem magischen Schriftzug „Carretera Austral". Ja, jetzt sind wir auf dieser legendären Straße die in den tiefen Süden Chiles führt, bis zum Endpunkt Villa O'Higgins. Doch genau auf dem ersten Meter Carretera Austral hört es auf zu regnen. Verschmitzt blickt die Sonne hinter den tiefgrauen Wolken hindurch. Malerisch führt die Straße direkt am Meer entlang. Schnell, sehr schnell ändert sich das Landschaftsbild. Es ist als würden wir durch die Fjorde Südnorwegens fahren. Plötzlich finden wir uns auf einer Schotterstraße wieder. Bis zu 100 Kilometer sind möglich, oder besser gesagt, traue ich mich zu fahren, doch erstmal fahre ich mit Bedacht rund 60 Kilometer. Marcus geht es richtigerweise langsam an. Das gibt mir die Möglichkeit immer wieder Fahraufnahmen von ihm zu machen, wenn er nach kurzer Zeit auftaucht. Riesige Farne säumen von nun an die Straße. Nachdem wir aus der Strecke, die durch tiefen Wald führte, herauskommen, stehen wir unvermittelt vor der Fähre, die uns in 45 Minuten auf die andere Fjordseite bringt. Nach Hornopirén geht es zügig, begleitet von atemberaubenden Ausblicken auf diese einzigartige Landschaft. Ein wunderschönes Hostel hat Marcus ausgesucht, mit leckerem Abendessen. Lachs mit selbst geschnitzten Pommes und einem frischen Tomatensalat. Anschließend sitzen wir auf einem Stoffsofa direkt vorm Kamin, in dem ein Feuer leise vor sich hin brennt. Herrlich ist es die Wärme zu genießen und dem Knistern des Feuers zuzuhören. Hundemüde fallen wir ins Bett und sind in Sekunden eingeschlafen.

27. Februar.

Herrlich duftet es aus dem Frühstücksraum nach frischen Brötchen. Wir können uns Zeit lassen, denn unsere Fähre geht erst um 10.30 Uhr. Es geht los. Wie eine Fahrt mit der Hurtigrute in Norwegen, geht es durch enge Fjorddurchfahren und zwischen vielen Inseln in Richtung Süden. Auf der Fahrt genießen wir drei Jahreszeiten im schnellen Wechsel. Zwischen herbstlichem Nieselregen und strahlendem Sonnenschein reicht die Palette der Wetterkapriolen. Doch es ist ruhige See, so dass der Gedanke an eine Seekrankheit nicht aufkommt. Nach dreieinhalb Stunden erreichen wir unser Ziel Leptepu. Mehr als eine Rampe, ein paar Häuser gibt es nicht. Zwölf Kilometer schönste Schotterpiste gilt es zu fahren bis zum nächsten Fährhafen. Eine deutlich kleinere Fähre liegt am Anleger. Nur die Hälfte der Fahrzeuge der anderen Fähre kann an Bord. Wir können gerade noch auf die Fähre auffahren. Ich bin so weit hinten, dass mein Hinterrad an die Laderampe anstößt. Diesmal haben wir raue See und die Wellen aus dem Pazifik können ungehindert von der Seite in die kleine Bucht einlaufen. Der Kurs der Fähre, den der Kapitän steuert, versucht das etwas zu kompensieren, doch beim Kurs auf den Anleger rollt die Fähre beträchtlich. Den Geist der Carretera dürfen wir nun immer wieder erleben. Seien es Fahrradfahrer oder Rucksacktouristen, wir grüßen uns mit freudigem Winken, lauten Hurrarufen oder wir halten kurz an, um miteinander zu sprechen. Nach 60 Kilometer Schotter genießen wir den puren Luxus einer asphaltierten Straße. Wenige Kilometer weiter sind wir in Chaitén, einem kleinem Ort an einer Meeresbucht, was unser heutiges Etappenziel sein soll. Etwas außerhalb ist unsere rustikale Unterkunft. Ein lustiger, etwas chaotisch organisierter Chef empfängt uns herzlich. Noch herzlicher werden wir vom Haushund empfangen.

28. Februar.

Wolkenloser Himmel begrüßt uns auf dem Weg ins Haupthaus zum Frühstück. Es sind zwar nur acht Grad, doch die Aussicht auf einen sonnigen Fahrtag versüßt das Essen zusätzlich. Viel Schotterstrecke haben wir heute zu bewältigen. Doch am kniffligsten sind die Streckenabschnitte, an denen gebaut wird. Meist ist die größte Schwierigkeit, den tiefen, oftmals weichen Schotter zu fahren. Mit Fingerspitzengefühl und in sehr gemächlichem Tempo meistern wir diese Bereiche. Auf der „normalen“ Schotterpiste lässt es sich recht kommod fahren. Schon am frühen Nachmittag kommen wir an unserem heutigen Etappenziel, dem Dorf Puyuhuapi an. Luise von der Hosteria Casa Ludwig begrüßt uns mit einem kleinen Stirnrunzeln, denn für heute hat sie uns noch gar nicht erwartet. Später stellt sich heraus, dass wir uns bei der E-Mail Buchung vor fast einem Jahr um einen Tag vertan hatten. Doch das Haus ist leer und so bekommen wir zwei kleine, gemütliche Einzelzimmer. Luisa und ihr Mann Jamie bewirtschaften das Casa Ludwig als B&B. Es ist ein wunderschönes, gelb gestrichenes Holzhaus aus dem Jahr 1957. Luisa selbst ist in Chile geboren. Ihr Vater ist 1934 ausgewandert und hat als einer der Gründerväter dieses Dorf im Süden Chiles in den 30 er Jahren des vorigen Jahrhunderts gegründet. Es waren Sudetendeutsche aus dem ursprünglichen Heimatdorf Rossbach, welches heute in Tschechien liegt. Malerisch liegt Puyahuapi an einem kleinen Meeresfjord. Viele deutsche Namen gibt es immer noch, sei es als Straßen- oder Hotelnamen. Auf Empfehlung von Luisa gehen wir anschließend an unseren Dorfspaziergang zum Essen in ein winziges Restaurant. Genau betrachtet ist es gar kein Restaurant, sondern eher das Wohnzimmer einer Familie. Leckeren Seehecht, Maluza, mit einer großen Portion Pommes, einem Schälchen Mayonnaise und Ketchup gibt es. An einem langen Tisch, gedeckt mit der guten alten Wachstischdecke mit Blumenmotiven, wird uns serviert. Lecker duftet es und es schmeckt herrlich. Eine kleine Dose Bier gibt es dazu. Unsere Köchin setzt sich gemütlich an den Nebentisch und schaut ab und zu, zu uns herüber, ob es uns auch wirklich schmeckt. Und wie es uns schmeckt. Dies sind für mich immer wieder die Momente, in denen ich es so sehr schade finde, dass ich nur einen Tag an so einem schönen Ort bin. Doch die Eindrücke sind in meinem Herzen gespeichert für einen erneuten Besuch.

29. Februar.

Zwei Grad zeigt mein Thermometer um acht Uhr morgens an. Ich beeile mich mit dem Bepacken des Motorrades, um wieder in geheizte Haus zu kommen. Wir genießen ein leckeres und liebevoll hergerichtetes Frühstück mit der herrlichen Aussicht auf den Fjord. 60 Kilometer Schotter liegen nun vor uns. Von der Nässe des nächtlichen Nebels ist die Piste allerdings noch sehr schmierig. An einer Brücke, an der wir Pause machen, haben wir ein nettes Gespräch mit einer chilenischen Familie, die wir in den letzten Tagen schon öfters getroffen haben. Wir bekommen sogar zwei Hände voll leckerer Pflaumen geschenkt, die wir uns schmecken lassen. Die ist der wahre Geist der Carretera Austral.

Coyhaique ist unser heutiges Ziel. Eine große und ziemlich gesichtslose Stadt. Warm ist es, so warm, dass wir gerne im Schatten der Häuser unterwegs sind.

1. März

An einer Stelle stürzt die provisorische Straße förmlich nach unten, um gleich darauf in einer überhöhten Linkskurve weiter talwärts zu führen. Die normalen Autos schaffen es gerade so, durch diese knifflige Passage zu kommen. Auch wir müssen höchst konzentriert diesen Part meistern. Doch alles geht gut. Dann dürfen wir, wie zur Belohnung, eine herrliche Aussicht auf einen tiefblauen See genießen, in dem goldgelbe Schilfinseln im warmen Sonnenlicht erstrahlen. Für heute wohnen wir in einer Cabaña, die wir am Ende des Dorfes auf einer leichten Anhöhe finden. Doch niemand ist weit und breit zu sehen, der uns Einlass gewähren könnte. In einem am Fluss liegenden Haus klopfe ich um zu fragen, wie wir den Besitzer erreichen können. Gleich nimmt ein junger Mann sein Handy zur Hand. Erleichtert sind wir, als wir hören, dass der Eigentümer am Haus sein wird. Ziemlich cool steuert er seinen Pick-up Wagen durch die Einfahrt. Er ist sehr nett und erklärt uns das Haus. Da wir morgen früh sehr zeitig weiterfahren wollen, bezahlen wir die Übernachtungsrechnung gleich in bar. Als er weg ist, merken wir erst, dass WC-Papier und Handtücher fehlen. So fahren wir erst einmal in den Ort und kaufen einen Sechserpack Bier, Klopapier, Kekse und Teebeutel ein. Gleich neben dem niedlichen Laden ist ein Restaurant. Ein Steak mit Pfeffersauce und leckerem Kartoffelbrei gibt es zum Abendessen. Beim Essen überlegen wir, ob wir auf dem Rückweg eine andere Unterkunft als die Cabaña nehmen sollen. Wir überlegen kurz und lassen uns die Zimmer im oberen Geschoss des Restaurants zeigen. Die Tochter des Besitzers erzählt uns noch, was es alles zum Frühstück gibt. Da kann man nicht nein sagen.

2. März.

230 Kilometer nur Schotter warten auf uns. Zum ersten Mal haben wir einen »Termin«, denn wir sollten um 12 Uhr an der Fähre über den See sein, der auf der Strecke nach Villa O'Higgins liegt. Die Strecke führt entlang eines steilen Fjordes zum Fährhafen, den wir um 11 Uhr erreichen. Genügend Zeit für einen leckeren Kaffee und frische Empanadas. Alles muss rückwärts auf die Fähre, da diese nur eine vordere Ladeklappe hat. Lastwagen, Pick-up mit Boot. Wir dürfen als Letzte an Bord. Es ist eine gemütliche Fahrt über den Lago Cisne. Rund 45 Minuten fahren wir an unberührten Küsten und Wäldern vorbei bis wir am Südende des Sees wieder anlegen. Nochmal 99 Kilometer atemberaubende Strecke dürfen wir genießen. Doch ist die Strecke wieder ziemlich anspruchsvoll, so dass wir meist im Stehen fahren. Vor lauter rechts und links schauen, vergessen wir die Anstrengung. Zweieinhalb Stunden später erreichen wir das Dorf am Ende der Carretera Austral, Villa O'Higgins. Stolz stellen wir uns vor dem Ortsschild auf und lassen uns und unsere Maschinen von einem netten Bewohner fotografieren. Es ist ein unbeschreibliches Gefühl. Eine Mischung aus Stolz, Freude und Glück über das erreichte Ziel. Bald knurrt jedoch unser Magen. Ein kurzer Blick auf die an der Wand hängende Karte des Dorfes zeigt uns, dass es nur zwei Restaurants gibt. Als wir eines erreichen, sind wir erst einmal ziemlich enttäuscht, da die Eingangstür abgeschlossen ist. Doch im hinteren Bereich entdecke ich eine Person. Kurzer Hand gehe ich zur Hintertür und frage, wann das Restaurant aufmacht. Wir sollen noch ungefähr eine dreiviertel Stunde warten, dann könnten wir wieder- kommen. Um die Zeit etwas zu verkürzen, erkunden wir noch die eine oder andere Straße im Dorf. Ich entdecke dabei zwei kleine Kirchlein, einen aufwendig erbauten Dorfplatz und viele kleine und

lustige Eindrücke aus dem Leben der Bewohner. Kurz nach neunzehn Uhr sind wir wieder vor unserem Restaurant. Wieder ist die Türe geschlossen, doch diesmal wir uns gleich geöffnet. An einem langen Tisch nehmen wir Platz. Ich frage nach einer Speisekarte, doch die gibt es nicht. Mittlerweile duftet es aromatisch und lecker aus der Küche. Wir erhalten gegrilltes Rindfleisch am Knochen mit Salzkartoffeln. Mit goldgelber Butter und einer Prise Salz sind die Kartoffeln ein wahres Gedicht. Dazu bekommen wir einen Tomaten- und Eisbergsalat, den wir mit Limettensaft, Salz, Pfeffer und Öl nach unserem Geschmack selbst anmachen können.

3. März.

Die Sonne scheint strahlend auf die Bergrücken und lässt den Schnee in strahlendem Weiß erscheinen. Heute ist erst einmal Waschtag angesagt. Poloshirts, Windstopperhemd und einige Unterhosen landen im Waschbecken. Es ist, mit Verlaub gesagt, eine pechschwarze, dreckige Brühe. Nach und nach wird die Wäsche jedoch sauberer und das Wasch- und Spülwasser verändert kaum noch die Farbe. Während die Wäsche trocknet, erstellen wir unsere Fahrtstatistik der Carretera Austral. Beginnend in der Hafenstadt Puerto Montt haben wir bis Villa O'Higgins 1.146 Kilometer zurückgelegt. Davon 476 Kilometer auf besten, meist neuen Asphaltstraßen. Und 670 Kilometer auf Schotter-, Erd- und Lehmstraßen. So kann man sagen, dass im Moment knapp 60 % der Carretera Austral unasphaltiert sind. Doch wir sind noch nicht am Ende dieser legendären Straße. Noch sieben Kilometer trennen uns davon. Vorbei am Flughafen, über eine große Hängebrücke geht es zunächst Richtung Süden. Eingeklemmt zwischen dem See und dem Steilhang schlängelt sich die Piste weiter. An einer Schiffsanlegestelle ist endgültig Schluss. Und wie für uns gemacht, steht dort auch ein Schild mit der Aufschrift „Fin de la Carretera Austral“. Ja, jetzt sind wir tatsächlich jeden einzelnen Kilometer gefahren.

4. März.

Um kurz vor acht starten wir unsere Maschinen. Wie die Tage zuvor, haben wir fast wolkenlosen Himmel und eine gute Sicht. Eine gute Sicht hat allerdings nur der Vorausfahrende, denn die Piste ist komplett trocken und entsprechend staubt es nun auch. Wir können daher nicht relativ nahe aneinander fahren, sondern müssen mindestens 300 Meter Anstand halten, damit der Zweite nicht ständig in der Staubfahne des vorausfahrenden Motorrads fahren muss. Bis zur Fähre sind es rund 100 Kilometer, die wir recht zügig zurücklegen. Schon kurz nach 10 Uhr sind wir am Fähranleger. Pünktlich kommt eine halbe Stunde später die Fähre. Auf den nächsten 120 Kilometern tun wir uns schwer. Immer wieder sind viele Kilometer frisch geschottert und dies erschwert das Fahren immens. Mehrmals machen wir nur Pause, um uns zu erholen. Doch als wir unser, vor ein paar Tagen gebuchtes Gasthaus in Cochrane erreichen, strahlen unsere Gesichter längst wieder.

5. März.

Zwei Grad zeigt das Thermometer, als wir die Motorräder beladen. Kein Wunder, war es doch sternenklar gewesen. Dafür werden wir mit einem herrlichen Morgenrot verwöhnt, welches den östlichen Himmel komplett einfärbt. Das Frühstück ist schon am Vorabend für alle Gäste bereitgestellt worden, auch Butter, Käse und Schinkenwurst. Doch dies hat für uns auch einen Vorteil, denn so kommen wir recht früh los. 7.45 Uhr starten wir die Motoren, um auf der Carretera Austral in Richtung Norden zu fahren. Richtung Norden deshalb, weil der

Grenzübergang nach Argentinien nördlicher liegt. Bis zur Abzweigung am Lago General Carrera sind es rund 70 Kilometer auf der uns schon bekannten Piste. Am Südufer des Sees werden uns atemberaubende Szenarien geboten. Entspannt erreichen wir die chilenische Grenzstadt Chile Chico. Die Grenzformalitäten gehen sowohl auf chilenischer, als auch argentinischer Seite schnell vonstatten. Kaum 45 Minuten benötigen wir für den Grenzübertritt und haben dazu noch mächtigen Spaß mit den Zöllnern. Aber jetzt genießen wir, nach über 1.100 Kilometern Schotterpiste, den Luxus einer asphaltierten Straße. Wir schweben förmlich zu unserem heutigen Etappenziel, der Kleinstadt Perito Moreno.

6. März.

Endlose Pampa umgibt uns. Bis zum Horizont reicht der Blick. Pampasgras und niedrige Sträucher wachsen im braunen, staubigen Grund. Viele Guanakos weiden friedlich auf den dürren Feldern oder wechseln die Straße. Erstaunlich ist, dass sie mühelos über die Weidezäune der Rinder und Schafe springen. Und immer öfter springen auch Emus vor unseren Motorrädern davon. Kurz nach 15 Uhr erreichen die Stadt in der Mitte von Nirgendwo, Gobernador Gregorius. Ein paar ungeteerte Straßen neben der Hauptstraße, eine Tankstelle, zwei Hotels und eine Kneipe, mehr gibt es nicht. Marcus hat die gute Idee, dass wir unseren Hotelbesitzer fragen, wo wir etwas zu essen bekommen. Engagiert erklärt er uns, dass es gleich ein Viertel weiter eine Pizzeria gibt. Aufgrund der guten Wegbeschreibung finden wir gleich die nahegelegene Pizzeria. Eine Pizza Salsiccia für Marcus und für mich eine Pizza Alemania bestellen wir. Dazu zusammen eine große Flasche argentinisches Bier. Beide Pizzen sind über und über mit Käse belegt und so sättigend, dass wir beim besten Willen nicht alles aufessen können.

7. März.

80 Kilometer Asphalt bei Sonnenschein können wir im ersten Streckenabschnitt in Richtung Tres Lagos genießen. Doch dann erwartet uns eine Schotterpiste mit Tiefschotter und sandigen Abschnitten. Irgendwie bin noch nicht richtig locker und fahre ziemlich verkrampft. Mehr schlecht als recht kämpfe ich mich bis zu einem kurzen Asphaltstück. Nach ein paar kräftigen Schluck Wasser fühle ich mich wieder gut. So gut, dass ich die üble Piste sogar mit einem Lächeln auf den Lippen meistere. Flott geht es voran. Im tieferen Schotter, in dem ich noch vor wenigen Kilometern ziemlich unsicher hindurchgefahren bin, fliege ich jetzt förmlich darüber. Unvermittelt kommt nach einer Kurve eine gewaltige Windfront auf uns zu. An das Fahren im Stehen ist überhaupt nicht mehr zu denken. Wir habe größte Mühe die Maschinen auf der Piste zu halten. Als ich zwei entgegenkommende Motorradfahrer sehe, halte ich neben ihnen an, um zu fragen wie weit es noch bis zum nächsten Asphaltstück ist. Wir müssen uns förmlich anschreien, um uns zu verstehen. Rund zehn Kilometer sollen es noch sein. Nun ja, dies ist eine gute Nachricht. Wir fahren im Orkansturm weiter. Weil ich zum Fragen auf die linke Spur gewechselt bin, versuche ich wieder nach rechts zu kommen. Doch vergeblich. Dann sehe ich am Horizont das erlösende Schwarz einer frischen Asphaltdecke. Wir haben es geschafft. Dies war wirklich Schwerarbeit. Erleichtert halten wir an und beglückwünschen uns gegenseitig zur heilen Ankunft. Näher und näher kommen wir dem gewaltigen Bergmassiv rund um den bekannten Berg Fitz Roy. Drohend hängen über uns pechschwarze Wolken. Nur wenige Tropfen Regen klatschen lautstark auf mein Visier. Wie eine Fata Morgana taucht am Horizont El

Chalten, unsere heutige Endstation, auf. Die touristische Zivilisation hat uns wieder eingeholt. Als wir in unserem mollig warm geheizten B&B sitzen, stürmt und regnet es stark. Doch wir haben gehört, dass bereits morgen früh die Sonne wieder scheinen soll.

8. März.

Sonniges Wetter begrüßt uns bereits am frühen Morgen, keine einzige Wolke lässt sich am Himmel erblicken. Für heute haben wir uns die Fahrt zum Lago de Desierto vorgenommen. Zunächst verläuft die Schotterpiste ziemlich unspektakulär in einem engen Tal zwischen niedrigen Bäumen. Doch nach einer Kurve präsentiert sich der Fitz Roy, der Berg im Herzen des Nationalparks in seiner ganzen Größe und Pracht. Nur schwer können wir uns von diesem beeindruckenden Bild verabschieden. Am Lago de Deserto endet die Piste. Von hier geht es nur noch zu Fuß oder mit dem Pferd weiter. Würden wir hier zu Fuß weitergehen und ein kleines Schiff benutzen, könnten wir in das nur 115 Kilometer entfernte Villa O'Higgins kommen. In einer urigen Bar, bei guter Musik und einem kühlen Bier lassen wir den Tag ausklingen.

9. März.

Sternenklar war die Nacht. Unsere Motorräder sind heute Morgen eingefroren, denn es sind minus zwei Grad. Doch nach einer Stunde wärmen uns die Strahlen der Sonne auf dem Weg nach El Calafate. Von dort sind es 80 Kilometer bis zu unserem Ziel, dem Perito Moreno Gletscher. Wir haben unglaublich Glück am Gletscher denn wir dürfen ein Jahrzehntereignis erleben. Eine Eiskathedrale, die heute Nacht oder Morgen einstürzen wird. Tausende Menschen tummeln sich auf den vielen Stegen und Aussichtsplattformen. Denn jeder will das

Einstürzen der einzigartigen Eiskathedrale live erleben. Im Moment kracht es nur vereinzelt, wenn der Gletscher kalbt. Viele Stunden wandern wir auf den stählernen Stegen entlang des Gletschers. Doch die Eiskathedrale stürzt nicht ein. So beschließen wir noch vor Anbruch der Dunkelheit nach El Calafate zurückzufahren. Direkt am Ausgang des Nationalparks besuchten wir das Denkmal für den berühmten Patagonien-Flugpionier Günther Plüschow. In Deutschland längst vergessen, ist er in Argentinien ein Held. Genau an dieser Stelle verunglückte er am 28. Januar 1938 zusammen mit seinem Copiloten Ernst Dreblow tödlich.

10. März.

Wieder ist uns das Wetterglück hold. Wieder scheint die Sonne. Einzig der Wind wird immer stärker. Schon von weitem sehe ich, dass die Türe zum Tankwarthäuschen geöffnet ist. Und tatsächlich, wir bekommen an dieser einsamen Tankstelle, in der Mitte von Nirgendwo, Sprit für unsere Motorräder. Mit vollem Tank können wir nun beruhigt direkt in den Nationalpark Torres del Paine fahren. Viel sehen wir jedoch momentan nicht, da dicke Regenwolken alles verhüllen. Als die Sonne wieder herauskommt, strahlt ein leuchtender Regenbogen direkt über unseren Köpfen. Ein kleines Willkommensgeschenk. Abends lassen wir es uns mehr als gut gehen. Ein unglaublich vielfältiges und sehr schmackhaftes Buffet ist angerichtet. Mindestens fünfundzwanzig verschiedene Vorspeisen lassen sich genießen. Schwerpunkte sind hierbei Fisch- und Meeresgerichte. Bei den Hauptspeisen hält sich das Angebot zwischen Fisch und Rindfleisch die Waage. Merluzza, Seehecht im Biermantel ist für uns beide, als Fischliebhaber, der absolute Höhepunkt als Hauptspeise.

11. März.

Bei orkanartigen Böen fahren wir in Richtung des Gletschersees Lago Grey. Hier kenne ich mich aus, denn vor einigen Jahren war ich hier mit Bärbel für zwei Tage Gast im Hotel Lago Grey, welches direkt am See liegt. Ein türkisfarbener, von der Sonne lichtdurchfluteter Eisberg ist am nahen Ufer gestrandet. Wir kämpfen, und dies ist keineswegs übertrieben, gegen den Orkan an, um in die Nähe des Strandes zu kommen. Sind wir zu weit vom Strand entfernt, blasen uns die aufgewirbelten Sandkörner um die Ohren. Sind wir zu nah am Wasser, bekommen wir die Gischt des Sees ins Gesicht. Irgendwann ist mir der Wind, der auch meine Haare wild umherwirbelt. einfach zu viel und ich ziehe meinen Helm auf. Dies hätte ich schon viel früher tun sollen, denn jetzt habe ich warme Ohren, einen warmen Kopf und kann gegen Staub und Gischt einfach das Visier heruntermachen. Begleitet vom Tosen des Windes fahren wir nur noch wenige Kilometer durch den Park. Bei diesem Wind hat es wenig Sinn zu fahren. So nutzen wir die Annehmlichkeiten unseres Hotels, sitzen in der Nähe des offenen Kaminfeuers und betrachten die Silhouette des Torres del Paine Bergmassivs vom Sofa aus.

12. März.

Welch ein Anblick, welch ein Panorama bietet sich mir, als ich aus dem Fenster auf die Felsnadeln der Torres del Paine sehe. Mehr und mehr beleuchtet die aufgehende Sonne das Bergmassiv. Surreal und mystisch zugleich verwandeln sich die Felsnadeln in Wesen aus einer anderen Welt, in Wesen aus einem Märchen, in Wesen, die zu leben scheinen. Egal ob Marcus noch unter der Dusche ist, oder sonst etwas macht, aber ich muss ihn jetzt aus dem Bad herausholen, damit er dieses mystische Schauspiel miterleben und vor allem dieses auch fotografieren kann. Nach nur etwas mehr als zehn Minuten wechselt das purpurrote Licht, in helles, weiches Licht. Die Felsen erstarren förmlich wieder und verschwinden leicht im Dunst des frühen Morgens. Bei der Fahrt aus dem Nationalpark genießen wir noch einmal die einzigartige Landschaft mit den vielen tiefblauen Seen und saftig grünen Wäldern. Noch ist es fast windstill, doch als wir uns der kleinen Hafenstadt Puerto Natales nähern, frischt der Wind wieder merklich auf. Nach einer kleinen Stadtrundfahrt müssen wir unsere Tanks randvoll befüllen lassen, denn bis in das über 240 Kilometer entfernte Punta Arenas gibt es keine Möglichkeit nachzutanken. Ziemlich langweilig ist die Fahrt durch die braungraue Einöde. Rund fünf Kilometer vor der Stadt soll das Fährterminal für unsere morgige Überfahrt nach Feuerland sein. Doch Fahrkarten gibt es heute nicht mehr. Wir sollen einfach morgen kommen, denn Motorräder werden immer mitgenommen.

Magellanstraße

13. März.

Es ist stürmische See mit acht bis neun Windstärken. Wir nehmen schon mal vorsorglich unsere Stugeron Reisetabletten ein. Der Kauf der Fährfahrkarten und die Auffahrt auf die Fähre sind schnell erledigt. Sorgfältig vertäuen wir unsere Motorräder. Der Kurs des Kapitäns über die Magellanstraße ist gekonnt, so dass die Fähre trotz des starken Seegangs möglichst wenig kränkt. Wir sind aber dennoch froh, im Hafen vor der Stadt Porvenir anzukommen. Nun befahren wir zum ersten Mal das legendäre Feuerland. Eine gute Schotterpiste führt entlang der aufgewühlten See quer durch den chilenischen Teil von Feuerland.

Auf nach Ushuaia

Ziemlich durchgeschüttelt und ein wenig fröstelnd erreichen wir im argentinischen Teil die gesichtslose Stadt Rio Grande am Atlantischen Ozean. Unsere Unterkunft ist ziemlich einfach. Die Türen sind gelb und pink, die Wände blau und alles ist ein wenig in die Jahre gekommen. Doch irgendwie lustig sieht diese bunte Mischung doch aus. Da heute Sonntag ist, haben die meisten Restaurants geschlossen. So tummelt sich fast ganz Rio Grande im Café und Restaurant Tante Sara. Mollig warm ist es und die Speisekarte bietet ein paar einfache Speisen an. Ein Hamburger mit viel trockenem Brot und Pommes ist heute unser Abendessen. Ein Glas guten Weißwein für Marcus und ein Glas Rotwein für mich runden aber unseren Abend gut ab.

14. März.

Da wir heute nur 220 Kilometer vor uns haben, lassen wir uns viel Zeit zum Frühstücken. Kaum noch weht der Wind, als wir unsere Motorräder starten. Durch flaches Steppenland geht die Fahrt die nächsten 150 Kilometer zügig voran. Doch dann ändert sich die Landschaft. Hohe Berge, tiefschwarze Wälder und kaltblaue Seen prägen nun das Landschaftsbild. Sogar einen kleinen Pass gibt es. Im Winter ist dies das Skigebiet der nächsten Stadt Ushuaia, der wir uns nun nähern. Bei herrlichem Sonnenschein und strahlend blauem Himmel kommen wir in der Hafenstadt an. Vorbei am Containerhafen, mitten durch das Zentrum, gelangen wir zu der etwas am Hang liegenden Pension. Herzlich werden wir von den Gastgebern aufgenommen und erhalten sogleich mit anderen, gerade angekommenen Gästen aus der Schweiz, eine Einführung in was es alles zu erkunden gibt. Wir schlendern anschließend durch die Hauptstraße, stets auf der Suche nach schönen Aufklebern für unsere Motorradkoffer. Marcus, als absoluter Feinschmecker, möchte unbedingt Königskrabbe essen. Im ersten, uns vom Hauswirt empfohlenen Restaurant, steht diese Delikatesse zwar auf der Speisekarte, jedoch gibt es diese heute nicht im Angebot. So müssen wir das Restaurant wechseln und landen dafür in einem ganz besonders gemütlichen. Und hier gibt es auch für Marcus die Königskrabbe nicht nur auf der Speisekarte. Ich entscheide mich für einen gegrillten Lachs mit meinem geliebten Kartoffelbrei. Alles ist sehr lecker gekocht. Als Abschluss des Tages gehen wir noch in eine gemütliche Bar, um noch einen Espresso, ein Glas Wein und ein Glas eines Kräuterschnapses zu trinken. Ich brauche unbedingt etwas die Verdauung Anregendes, denn das Stück Schokoladentorte, welches ich mir am Nachmittag gegönnt habe, liegt bleischwer im Magen.

15. März.

Am frühen Morgen machen wir uns auf, das Ende des Ruta 3 aufzusuchen. Rund 18 Kilometer südwestlich der Stadt liegt dieser besondere Punkt. Kurvig, eng und geschottert führt der Weg durch Wälder, vorbei an Bächen und Flüssen, vorbei an kleinen Seen und Lagunen bis in die Bucht von Lapatai. An einem Holzschild mit der Aufschrift »Fin de la Ruta 3« endet unsere Reise in Richtung Süden. Weiter geht es mit dem Motorrad nicht mehr. Die Berge spiegeln sich im klaren und ruhigen Wasser der kleinen Bucht. So unglaublich es klingt, doch heute herrscht Windstille. Noch ist unser Besichtigungstour des heutigen Tages nicht vorbei. Von Bärbel habe ich den Tipp bekommen, dass es am »Ende der Welt« eine Schmalspureisenbahn gibt. Lustig sehen sie aus, die beiden bunt lackierten Dampflokomotiven. Überall zischt es und schneeweiße Dampfwolken entströmen der Lokomotive. Es ist, als wäre eine Modelleisenbahn ein ganz klein wenig größer gemacht worden. Um uns etwas aufzuwärmen setzen wir uns in das gemütliche Lokal der Bahnstation und erfreuen uns an einem Tee und einem leckeren Milchkaffee. Schon seit ein paar Tagen stimmt irgendwie die Chemie zwischen Marcus und mir nicht. Über jede noch so kleine Kleinigkeit regen wir uns gegenseitig auf. Vielleicht haben wir uns in den letzten Wochen zu wenig persönliche Auszeit vom gemeinsamen Tagesablauf gegönnt.

Kurs Nord

16. März.

Es kommt, wie es kommen musste. Um acht Uhr wechsele ich nur ein paar kurze Worte mit Marcus, jeder geht von nun an seinen eigenen Weg. Wir wollen uns nochmal am ersten Zoll treffen. Doch ich bin zu spät, er ist, wie ich auf Nachfrage erfahre, schon weg. Ich entschließe mich schon heute, direkt auf die Fähre und hinüber aufs Festland zu fahren. Ab dem argentinischen Zoll beginnt Schotter für die nächsten 125 Kilometer. Ich komme gerade an der Fähre an, als die letzten Fahrzeuge beladen werden. Die Sonne scheint und es gibt kaum Seegang bei der Fahrt über die Magellan Straße. 50 Kilometer weiter und schon wartet die nächste Grenze. Am Migrationsschalter geht es sehr schnell, sitzen doch der chilenische und der argentinische Beamte direkt nebeneinander. Schön zu sehen, dass sich die einst verfeindeten Staaten nun doch näher gekommen sind. Die Abwicklung der Formalitäten für mein Motorrad auf chilenischer Seite geht in Sekunden. Dann stelle ich mich am argentinischen Zoll an. Als ich an der Reihe bin, meint die Zöllnerin, ich muss, da es ein Motorrad ist, auf die andere Seite zum anderen Zoll hinübergehen. Dort angekommen meint die dortige Mitarbeiterin, ich solle gegenüber zum Schalter gehen. Ich erkläre zart, dass ich gerade von dort komme. Die beiden Damen unterhalten sich daraufhin über die ganze

Halle hinweg. Dann meint eine zu mir, ich könne hier kurz warten, sie hole einen anderen Zöllner. Der kommt nach 10 Minuten gut gelaunt mit einer Kanne Tee. Er tippt, er probiert, er tippt, er probiert, doch offensichtlich klappt etwas nicht. Dann fragt er mich, wo die Nummer des Kennzeichens stehe. Kaum hat er diese eingegeben, schon kommen zwei Formulare aus dem Drucker. Beide noch unterschreiben und „schon" habe ich den Grenzübergang geschafft. Bei der Einfahrt nach Rio Gallegos wird es wärmer und wärmer. 21 Grad zeigt das Thermometer. Das mitten in der Stadt liegende Hotel habe ich so gleich gefunden. Nach 570 Kilometern, zwei Grenzübergängen und einer Fährüberfahrt über die Magellan-Straße bin ich erschöpft und will einfach nur noch schlafen.

17. März.

Das Thermometer zeigt nur noch fünf Grad an. Um acht Uhr starte ich aus der Hotelgarage. Kaum bin aus der Stadt raus, stecke ich im Stau. Von weitem sehe ich schwarzen Rauch aufsteigen. Ich kann mir denken, was das ist. Es ist eine Straßensperre der landesweiten Streikaktionen gegen die Spar- und Steuermaßnahmen der Regierung. Ich kann zwar ganz nach vorne durchfahren, doch dann lassen mich die Streikposten nicht mehr weiterfahren. Auch ein paar freundlich gewechselte Worte helfen nicht weiter. Ein netter Polizist erklärt mir, dass es leider keine andere Möglichkeit gibt, auf die Ruta 3 zu kommen. Aber um neun Uhr würden der Streik und die Straßensperre beendet werden. Nun ja, was bleibt mir anderes übrig als 45 Minuten zu warten. Kaum zu glauben, aber Punkt neun Uhr wird die Straßensperre aufgehoben und ich kann sogar als erster durchfahren. Der Himmel ist grau, die Temperatur ist bei fünf Grad und die Strecke geht durch öde Pampaslandschaft. An jeder zweiten Tankstelle gehe ich ins dortige kleine Café um mich aufzuwärmen. Mit einem habe ich jedoch richtig Glück: Der Wind kommt während der ganzen Fahrt fast ausschließlich von hinten. So verlieren auch die Windwirbel der entgegenkommenden Lastwagen ihren Schrecken. Auch nach 500 Kilometern hat sich an Landschaft und Temperatur nichts geändert. Ein kurzes Aufhellen mit ein paar spärlichen Sonnenstrahlen bringt die Temperatur immerhin auf zehn Grad. Immer noch nicht kuschelig warm, jedoch so viel, dass ich die Griffheizung auf die niedrige Stufe stellen kann. Ab Caleta Olivia nimmt der Schwerlastverkehr schlagartig zu. Lastwagen an Lastwagen quält sich die miserable Küstenstraße entlang. Die Verkehrsführung durch Comodoro Rivadavia ist ziemlich chaotisch. Doch da ich weiß, dass mein heutiges Quartier fast an der Küstenstraße liegt, finde ich es recht schnell. Mein einziger Gedanke nach 777 Kilometern Tagesetappe ist, jetzt so schnell wie möglich unter die warme Dusche zu gehen.

18. März.

Als ich aufwache, ist es stockdunkel. Doch ich kann die Sterne am Himmel sehen, so dass ich mit einem regenfreien Fahrtag rechnen kann. Ein paar Kilometer muss ich auf der Ruta 3 nochmal in Richtung Süden fahren, um auf die dann nach Westen abgehende Ruta 26 zu gelangen. Kaum bin ich auf dieser Straße, umgibt mich ein unglaublicher Verkehr. Große und kleine Busse, Tanklastwagen, Firmenpickups fahren in großer Zahl nach Westen. Des Rätsels Lösung zeigt sich mir nach der nächsten Bergkuppe: Bohrtürme, Tankanlagen, Abfüllstationen und eine schier unglaubliche Zahl an Ölpumpmaschinen breitet sich über die bis an den Horizont reichende Ebene aus. Ich bin im Ölfeldzentrum Argentiniens. Über fast 100 Kilometer ziehen sich die Industrieanlagen des Ölfeldes. Dann bin ich nur noch von der unendlich scheinenden Pampa umgeben. Nur rund um und in den kleinen Orten am Rand der Straße sind Bäume, meist Pappeln gepflanzt worden. So auch in Sarmiento, in dem Ort, in dem ich wieder auftanke. Rund 260 Kilometer sind es von hier zur nächsten Tankstelle. Wichtig also, dass der Tank bis zum letzten Tropfen gefüllt wird. Starker Seitenwind, oftmals auch von vorn, bläst in Sturmstärke über die baumlose Ebene. Um wenigstens zwischen 85 und 90 Kilometer Geschwindigkeit fahren zu können, muss ich ordentlich Gas geben. Doch, ganz ehrlich, ich hatte nicht damit gerechnet, dass ich dermaßen viel verbrauchen würde. Viel zu früh leuchtet die Reserveleuchte auf. Noch rund 50 Kilometer sind es bis zum nächsten Ort, zur nächsten Tankstelle. Einzig die Gewissheit, dass ich zwei mal drei Liter Reservesprit dabei habe, beruht die Nerven. Doch stets spiele ich mit dem Gedanken, ob ich gleich nachfüllen soll, oder warte, bis der Tank leer gefahren ist. Das Ortsschild von Gobernador Costa und die im Ort befindliche Tankstelle nimmt mir diese Entscheidung ab. Nach Esquel verändert sich die Landschaft schlagartig. Die nahende Andenkette macht sich bemerkbar. Immer höher werden die Berge und saftig grüne Wälder begleiten meinen Weg. Sogar einige schneebedeckte Berggipfel entdecke ich am Horizont. Es ist ein Fahren, wie durch die Alpen in der Schweiz im Herbst. Nun kommen noch tiefblaue, sich durch die Täler schlängelnde, Seen hinzu. Kein Wunder, dass diese Gegend eine der touristischen Hochburgen Argentiniens ist. Weniger schön ist die Einfahrt über die Randbezirke von San Carlos de Bariloche. Staubige unasphaltierte Straßen, Blech- und Holzhütten in großer Zahl. Je näher ich dem See und damit dem Zentrum der Stadt komme, desto sauberer und wohlhabender wird es. Doch es ist unübersehbar, dass der Zahn der Zeit an den meisten Häusern und Hotels genagt hat. Fassaden bröckeln und die meisten Wände würden einen neuen Anstrich gut gebrauchen können. In der Hauptstraße, der Mitre, reihen sich Geschäfte und Lokale aller Art dicht aneinander. Da ich direkt an dieser Straße wohne, habe ich nur wenige Meter, um die Auslagen der Läden zu genießen. Und genießen ist das richtige Wort, denn offensichtlich ist Schokolade der Hauptrenner der Stadt. In allen möglichen Facetten gibt es diese süße Verführung. Geschäfte mit mehreren hundert Metern Verkaufsfläche bieten nur Schokoladenprodukte an.

19. März.

Darauf habe ich mich gestern den ganzen Tag gefreut. Das ist, dass ich heute keinen einzigen Meter fahren werde. Ein wenig merke ich schon die Spuren der letzten drei langen Fahrtage. In den Waden habe ich Muskelkater, genauso in der Schulter und die Handflächen schmerzen. Doch sonst geht es mir hervorragend. Wie zur Belohnung führt es mich zu einer Cafeteria mit Schokoladenverkauf. Hunderte verschiede kleine Köstlichkeiten schimmern in den goldenen Vitrinen. Verführerisch duftet es nach Zimt, Kakao und Kaffee. Ich erhasche einen Fensterplatz und bestelle mir einen Cafe con Leche. Was mir dann serviert wird, ist fast ein Kunstwerk, optisch wie geschmacklich. Drei Schichten kann ich durch das große Glas bewundern. Ganz unten ein Streifen warme Milch, dann ein Streifen schwarzer Kaffee und als dritte Schicht einen dicken Milchschaum. Doch dies ist noch nicht alles. Darüber ist ein winziger Hauch Kaffeepulver, eine größere Menge schwarzes Kakaopulver und eine Prise Zimt gestreut. Herrlich duftet es mir entgegen. Viel zu schade zum Trinken. Mein Freund Marcus müsste nach unserem ursprünglichen Plan heute auch in Bariloche sein. Schon von weitem sehe ich sein Motorrad im Hinterhof des Hotels. Ich bin froh, es in heilem Zustand zu sehen.

20. März.

Ruhig geht es zu. Kaum jemand ist am Vormittag unterwegs, auch Autos fahren nur vereinzelt. Nur ein paar Cafés haben geöffnet Erst am späten Nachmittag, nach 17 Uhr pulsiert die Stadt wieder. Jetzt ist alles auf den Beinen und genießt den herrlichen Spätsommertag am 20. März. Auch ich bummele kurzärmlig durch die Hauptstraße und genieße die herrlichen Düfte, die aus den vielen Chocolaterien strömen. Auf der Suche nach einem Restaurant entdecke ich ein altes Holzhaus, welches liebevoll restauriert ist. Auch mein Blick durch die Fenster lässt Gemütlichkeit zwischen den alten Holzwänden erkennen. Sogleich gehe ich hinein und eine wohlige Wärme aus einem Kaminofen strömt mir entgegen.

21. März.

Am kühlen frischen Morgen bei strahlendem Sonnenschein fahre ich hinaus aus Bariloche. Vorbei am dunkelblauen, noch leicht dampfenden See. Bereits sechzig Kilometer weiter tanke ich, denn der nächste Abschnitt hat auf rund zweihundert Kilometern keine Tankmöglichkeit mehr. Trockener und trockener wird die Landschaft. Zum Glück bleibt die Landschaft hügelig und geht nicht in die unendlichen Ebenen der östlichen Pampa über. Und zum Glück weht der Wind nur ganz leicht. So genieße ich das gemütliche Dahingleiten auf der menschenleeren Straße. Immer wieder kann ich im Westen einige Berge der Andenkette erspähen. Dann schält sich aus dem Dunst ein mächtiger Vulkan hervor. Nach zwei Fahrstunden bin ich am Fuß dieses mächtigen Vulkans angekommen. Es ist der Lanin, der sich aus der Ebene auf 3.747 Metern erhebt. Wieder einmal fällt mir das Wort „Bilderbuchvulkan“ ein, so beeindruckend schön ist seine Form. Er wird in der Sprache der

Einheimischen Mapuche Indianer als »erstickt"« als »lanin« bezeichnet. Und in der Tat gilt dieser Vulkan als erloschen. Auch wird der Vulkan als Wächter der Araukarien bezeichnet, der bizarren Bäume, die gerade in dieser Region zu finden sind. Wenige Kilometer weiter beginnt der Nationalpark Lanin und genau am Eingangsschild endet auch die Asphaltstraße. Doch ich habe kaum Augen für die Piste, ist doch die Fahrt durch die großen Araukarienwälder einfach zu schön. Nach rund zwanzig Kilometern erreiche ich den argentinischen Grenzposten.

Zum letzten Mal Chile

Auf chilenischer Seite bin ich ebenfalls im Nationalpark, der die ganze Region bis hin zum Villarrica Vulkan umschließt. Ich darf eine wunderschöne, leicht kurvige Straße, zwischen grünen Nadelbäumen, hinunter ins Tal zu den Seen fahren. Am liebsten wäre ich die ganze Straße nochmal zurückgefahren, um den Fahrgenuss noch einmal genießen zu können. Doch ich habe für heute einen besonderen Plan. Ich möchte mich bei einer der vielen Treckingagenturen in Pucon für eine Besteigung des Villarrica Vulkans anmelden. An einer Agentur fallen mir in deutscher Sprache verfasste Schilder auf. Das lockt logischerweise an. Tatsächlich wird hier auch Deutsch gesprochen. Verena, eine junge Deutsche macht ein Praktikum für drei Monate. 90.000 Pesos kostet der Spaß, inklusive spezieller Kleidung, Schuhe, Versicherung, Nationalparkeintritt. Nicht gerade wenig, doch darf Spaß ja auch einmal etwas kosten. Ich freue mich richtig auf morgen. Für die notwendige Stärkung gibt es Lachs, Papas und einen chilenischen Salat. Der Koch meint es offensichtlich besonders gut mit mir, ist doch die Portion Lachs so groß, dass man daraus bequem drei Portionen hätte machen können.

22. März.

Um 5.50 Uhr klingelt unbarmherzig der Wecker. Stockdunkel ist es draußen. Die Outdoorhose anzuziehen und den Rucksack mit zwei Litern Wasser und reichlich Müsliriegel und Bananen zu befüllen, sind meine nächsten Aktivitäten. Viertel nach sechs Uhr bin ich gerüstet und marschiere zum vereinbarten Treffpunkt in der Agentur. Mit Schutzkleidung, Wasser, Verpflegung, Rutschbrett und Steigeisen hat der uns zur Verfügung gestellte Rucksack ein hohes Gewicht. Zum Glück drücken die Bergschuhe nicht, so dass ich guten Mutes bin, keine Blasen zu bekommen. Etwas nach sieben Uhr steigen wir alle frohgelaunt in den Kleinbus. Fünfzig Minuten später bin ich am Parkplatz der Liftstation. Von hier führt ein alter Lift auf etwa 1.800 Meter Höhe. Der Einstieg erfolgt bei voller Geschwindigkeit. Ein Schlag gegen die Beine von hinten ist damit schon vorprogrammiert. Einen Schutzbügel und eine Auflage für die Füße gibt es nicht. So sitze ich ziemlich verkrampft auf der harten Bank. Erst, als ich die Bergstation sehe, wird es mir wohler. Jetzt gilt es, aus dem Lift zu springen. Ein Mitarbeiter hilft mir und nimmt mich kraftvoll an der Hand. Ich bin auf 1.882 Metern Höhe, bis zum Gipfel sind es noch 1.000 Höhenmeter. Eine Stunde soll nun der erste Teilaufstieg gehen, dann machen wir eine kurze Pause, erläutern uns unsere Führer. Recht steil geht es im Zickzack über ausgetretene Pfade den Berg hinauf. Schritt für Schritt, immer im gleichen Tempo. So stellt sich bei mir ein sehr guter Rhythmus ein, der nicht einmal besonders anstrengend ist. Kaum zu glauben, wie schnell die erste Stunde vergangen ist. Der Ausblick ist herrlich. Tief unten, noch im Dunst des Morgens, liegt der See Villarrica und die Stadt Pucon. Ein kitschiges Morgenrot umhüllt uns mit satten Magentatönen. Doch allzu viel Zeit bleibt nicht für die Besichtigung. Es geht weiter. Wie lange ich gelaufen bin, kann ich nicht einmal sagen. Doch ich bin froh, dass es wieder eine Pause gibt. Nicht die Puste ist es, die mich ein wenig schafft, nein, es sind die Beine und Waden, die nach einer Pause verlangen. Es ist eine besondere Pause, denn hier werden die Steigeisen an die Bergschuhe montiert. Von nun an sind wir auf dem Gletscher unterwegs. Faszinierend für mich ist es, wie gut ich mit den Steigeisen laufen kann, wie sicher ich mich fühle. Und sogar der Blick nach unten macht mich nicht Bange. Das große Eisfeld ist bezwungen. Weiter und weiter geht es durch eine bizarre Landschaft. Immer beschwerlicher wird der Anstieg. Es ist längst kein Gehen mehr, es ist ein Klettern zwischen den bizarren und scharfkantigen Steinen. Höher und höher geht es hinauf. So langsam merke ich meine Beine und ich spüre auch, dass meine Trittsicherheit mehr und mehr nachlässt. Ich frage meinen Führer, wie lange von hier noch der Anstieg zum Gipfel des Vulkans dauern wird. Er meint, dass wir diesen »schon« in 40 Minuten erreichen. Nun ja, ich muss nicht alles haben und beschließe für diesmal, an diesem Punkt aufzuhören. Außerdem ist die Aussicht von diesem Punkt atemberaubend schön. Nach einer Stärkungspause geht es wieder hinunter. Noch beschwerlicher als der Aufstieg, ist der Abstieg in den Geröllmassen. Ich bin froh, als wir nach einer gefühlten Ewigkeit wieder das Gletscherfeld erreichen. Über einige Stunden geht es nun wieder auf einfacherem Gelände hinunter. Als wir an der Liftstation ankommen, freue ich mich, nun bequem zum Parkplatz fahren zu können. Doch da habe ich mich zu früh gefreut. Talabwärts kann der Lift nicht benutzt werden, da ein paar Rollen nicht mehr sicher sind, wird mir erklärt. In tiefer Lavaasche geht es steil nach unten. Jeder Schritt wird zwar weich abgefedert, jedoch rutsche ich dabei stets auch ein ganzes Stück den Hang hinunter. Anfangs macht das echt noch Spaß, doch bald merke ich, wie die Beine mehr und mehr ermüden. Doch ich komme gut im flachen Teil an. Nur noch ein kurzer Fußmarsch trennt mich vom Ausgangspunkt. Mit schweren Beinen wandere ich in mein Hostel zurück.

23. März.

Als es lecker nach warmen Brötchen duftet, hält mich nichts mehr im Bett. Nicht viel später sitze ich unten im warmen Frühstücksraum und genieße eines der warmen Brötchen. Einfach nur Butter und selbstgemachte Erdbeermarmelade und schon fängt das Genießen an. Nach dem Frühstück gehe ich zuerst in die örtliche Eisenwarenhandlung, um Isolierband zu holen und damit meinen wackligen rechten Blinker wieder zu befestigen. Zweiter Einkauf für heute sind neue Socken. In der Zwischenzeit sind alle meine Socken kaputt und haben Löcher. Zur Abendessenszeit ist es kühl geworden, doch dies scheint die Restaurantbetriebe nicht zu stören, sind doch bei fast allen die Türen sperrangelweit offen. So suche ich mir heute mein Lokal nach geschlossenen Türen aus. Die Auswahl ist wirklich nicht groß. Ich werde jedoch fündig und genieße. Direkt neben dem Ofen lässt sich das frisch gezapfte Bier nämlich besonders gut genießen.

24. März.

Es ist noch kühl und windig, doch ab und zu schaut die Sonne zwischen den Wolken hervor. Auch der gestern fast den ganzen Tag von Wolken verdeckte Vulkan ist in seiner ganzen Schönheit zu sehen. Es fällt mir schwer, mich von diesem Ort zu trennen. Ich kann nicht sagen, warum. Ist es die Gemütlichkeit des Ortes und seiner Menschen, ist es die wunderschöne Landschaft mit dem tiefblauen See, oder ist es dieser mystische Vulkan? Ich glaube, es ist die besondere Mischung all dieser Komponenten an einem Ort vereint. Es ist wenig los auf der Ruta 5 Autobahn. Schon kurz vor vierzehn Uhr fahre ich in Richtung meiner heutigen Unterkunft. Die Straße ist ungeteert und nach einem Kilometer geht es über einen Feld- und Waldweg zum B&B. Gerade als ich zur Einfahrt abbiegen will, treffe ich schon Roland, den Besitzer des B&B, als er gerade mit seinem Pick-up das Eingangstor öffnet. Unglaublich herzlich werde ich empfangen, es ist so als wäre ich schon unzählige Male hier gewesen. Es ist ein grünes Paradies mit kleinen Bächen, exotischen Pflanzen und einem großen Gemüsegarten. Lange unterhalte ich mich mit Roland, der früher auf Yachten der Reichen und Schönen, meist ausgestattet mit MTU Motoren, in der ganzen Welt unterwegs war. Und diese Motoren kommen, wie Roland selbst, aus Friedrichshafen am Bodensee. So können wir zwei uns auch über unsere gemeinsame Heimat unterhalten. Doch etwas ruhelos ist er nun wieder geworden. So möchten er und Wendy das B&B wieder verkaufen und etwas anderes machen. So genau weiß er nicht was, vielleicht mit einem Wohnmobil monatelang durch Nordamerika fahren oder etwas ganz anderes. So vergeht die Zeit wie im Fluge und schon wird der Tisch für das Abendessen gedeckt. Eine große Schüssel mit knackfrischem Salat, kleinen Tomaten, Zwiebelwürfeln und Minzblättern kommt als erstes auf den Tisch. Dann folgt ein genau auf den Punkt gegartes Steinpilzrisotto, liebevoll dekoriert. Und als Hauptgang ein butterzarter Rinderbraten mit einer vor Kräutern duftenden Soße. In einer extra Schüssel dazu große, leicht angeröstete Kartoffelspalten mit Mohrrübenwürfelchen, die ebenfalls mit vielfältigen Kräutern verfeinert worden sind. Es ist, als würde ich in einem Sternelokal dinieren. Wendy hat aus ihrer ganzen Erfahrung als Köchin auf den Luxusyachten dieser Welt, ein exzellentes Menü gezaubert. Zauberhaft geht es weiter. Ein locker leichtes Yoghurtdessert mit Minze und Beeren aus dem eigenen Garten runden diesen kulinarischen Abend ab.

25. März.

Nach zwei Kilometern bin ich wieder auf Ruta 5 in Richtung Norden unterwegs. Die Sonne scheint und die Temperatur pendelt sich bei 20 Grad ein. Schön zum Fahren, wäre da nicht diese doch sehr langweilige Fahrt über die Autobahn. Kurz vor Curicó verlasse ich die Autobahn, da ich im kleinen Ort Sagrada Familia beim Weingut La Fortuna vorbeischauen möchte. Doch zunächst fahre ich in den rund neun Kilometer entfernten Ort, um zu tanken. Die Tankwartin frage ich nach dem Weingut, da mein Navi die Straße nicht kennt. Sie meint, ich müsse in Richtung Ruta 5 fahren und dort sei es auf der linken Seite. Ich fahre somit wieder zurück und fahre und fahre. Erst kurz vor der Autobahn sehe ich das etwas eingewachsene Schild. Doch ich habe Pech, denn da Karfreitag ist, hat alles geschlossen, wie mir der nette Wächter am Eingangstor erklärt. Am Osterdienstag seien alle wieder da und ich könnte dann auch das Weingut besichtigen. Leider bin ich aber zu der Zeit schon in Valparaiso. So fahre ich ins nur wenige Kilometer entfernte Curico, wo ich heute übernachte. Während ich mit Bärbel zuhause skype, knallt es laut, das ganze Haus wackelt und noch einige Sekunden lang klappern die Fenster. Ich erschrecke ziemlich und bin erst dann beruhigt, als alles wieder ruhig ist. Anschließend gehe ich im Internet auf die Seite des Seismologischen Instituts von Chile um nachzusehen, ob es ein Erdbeben gewesen ist. Und dort steht an oberster Stelle, dass um 19.37 Uhr Ortszeit, rund 21 Kilometer südlich von Curicó ein Erdbeben mit der Stärke 4.9 stattgefunden hat. Von den heutigen zehn Erdbeben in ganz Chile war es das Stärkste.

26. März.

Schon 60 Kilometer vor dem Zentrum beginnen die Außenbezirke der 12 Millionen Stadt Santiago. Noch ist kaum Verkehr, so dass ich mein Hostel schnell erreiche. Wie meistens, lasse ich in großen Städten das Motorrad stehen und nutze viel stressfreier die öffentlichen Verkehrsmittel. Es zieht mich zur alten Markthalle. Der Fischmarkt ist in vollem Gange und es ist eng, laut und stinkig. Leider gibt es im Zentrum der alten gusseisernen Halle fast keine Geschäfte mehr. Restaurants für Touristen haben sich breit gemacht und vom alten Charme ist nicht mehr viel übrig.

27. März.

Den ganzen Tag schlendere ich ziellos durch die Stadt. Hier mal ein Kaffee. Dort mal ein Kuchen. Abends im angesagten Viertel eine Pizza, ein Schop Bier und anschließend, da der Kaffee ausgegangen ist, einen Pisco-Sour. So lässt es sich leben.

28. März.

Es herrscht Hochnebel und es nieselt. Kurz vor Valparaiso ist der Nebel so dicht, dass ich kaum noch fahren kann. Ich halte mal an, um mich zu orientieren. Da stoppt neben mir ein Auto der Stadtpolizei und der Beamte meint, dass ich nicht nach links abbiegen darf. Ich erkläre ihm, dass ich die Avenida Alemania suche. Er lacht und meint, dass wäre ziemlich kompliziert, aber ich solle einfach dem Polizeiwagen hinterher fahren. Sie würden mich direkt zur gesuchten Straße bringen. Kreuz und quer geht es durch die steil am Hang liegenden Wohngebiete. Dann sehe ich das Straßenschild Av. Alemania. Hier war ich schon einmal vor ein paar Jahren und ich kenne mich wieder aus. Vorbei am alten Hostel, in dem ich mit Bärbel das letzte Mal war, fahre ich durch die alten, schönen Stadtviertel. Steil geht es zu meinem Hostel bergauf. Und schon kommt mir Floriana, die Besitzerin entgegen und öffnet die kleine Garage. Ein herrlicher Ausblick von der Terrasse auf Stadt, Hafen und Meer begeistert mich. Jedoch die Gedanken an den Rücktransport meines Motorrades machen mich traurig.

Abschied von meinem Motorrad

29. März.

Um 9.30 Uhr habe ich den Termin im Büro der Spedition. Freundlich werde ich empfangen. Alles ist schon vorbereitet. Vom Pass, der Einreisekarte, meinem deutschen KFZ-Schein und vom Zolldokument werden erstmal Kopien gemacht. Nun begleite ich seinen Kollegen zum Notar, wo ich die Vollmacht erteile, dass die Spedition die Verzollung sowie den Transport in meinem Namen durchführen darf. Ich erhalte wieder meinen Pass und schon ist alles erledigt. Am Nachmittag, so gegen vierzehn Uhr, soll ich das Motorrad zum Zolllagerhaus außerhalb von Valparaiso bringen. Mehr ist nicht zu erledigen. Das war ja mal unglaublich einfach. Einfacher als ein Grenzübergang. Meine Maschine ist mittags bereits wieder mit den Alukoffern beladen und so langsam werde ich nervös, da dies die letzte Fahrt mit meinem Motorrad auf südamerikanischem Boden ist. Zwanzig Kilometer weiter bin ich in einem Dorf direkt an der Autobahn. Hier soll das Containerterminal sein. Noch einmal drei Kilometer weiter entdecke ich aus der Ferne eine riesige Anzahl von in die Höhe strebenden Containern. Dort angekommen, halte ich an der Einfahrt und erkundige mich nach dem Büro, ständig beäugt von einem an der Leine hängenden ziemlich böse aussehenden Wachhund. Dann wird es lustig, denn ich bekomme einen Bauhelm und eine Warnweste. Dies soll ich bei der Fahrt über das Gelände anziehen. Wieder bei meinem Motorrad, setze ich dann doch lieber meinen eigenen Helm auf und hänge den Bauhelm über meinen linken Rückspiegel. Schon als ich in die große Halle fahre, sehe ich in einer kleinen Parkbucht drei weitere Motorräder. Und es ist genug Platz für mein Motorrad. Rückwärts parke ich ein, ziehe den Zündschlüssel ab und jetzt kommen mir echt die Tränen. So einsam und verlassen steht sie da, meine treue Begleiterin. Über 40.000 Kilometer und fast elf Monate waren wir zusammen in Südamerika unterwegs. Ohne Panne, ohne Defekt und ohne Schwierigkeiten. Stets zuverlässig ist sie jeden Morgen gestartet und hat mich sicher über die übelsten Pisten des Kontinents gebracht. Gerade als ich mir die Tränen aus den Augen gewischt habe, kommt ein Gabelstapler angefahren. »Ich bin José«, stellt sich der Fahrer in gutem Englisch vor. Und er sei der Hallenmeister. Spät am Nachmittag bin ich wieder im Hostel. Doch mein Blick über die Dächer der Stadt hinaus auf das Meer ist melancholisch. Die Gedanken sind bei meinem Motorrad. Doch an dem Gedanken, es in sechs bis acht Wochen in Hamburg wieder abholen zu können, erfreue ich mich wieder und ein Lächeln kehrt in mein Gesicht zurück. Welch ein wunderbares Glück hatte ich auf all diesen vielen Kilometern durch so viele unterschiedliche Länder dieses Kontinents. Mein Schutzengel hatte stets eine schützende Hand über mir. Kein Unfall, noch nicht einmal eine gefährliche Situation hatte es gegeben. Ich bin sehr, sehr dankbar für dieses wunderbare Glück auf meiner langen Reise.

30. März.

Gedankenverloren schlendere ich durch Valparaiso und bummle durch die Gassen, Viele Fahrten mache ich mit den wunderschönen Schrägaufzügen. Mal ein Kaffee hier, mal ein Kaffee dort. Immer noch bin ich melancholisch, doch ich sollte es nicht sein, denn das Abenteuer Südamerika geht ja weiter.

31. März.

Heute will ich mir noch die Nachbarstadt Viña del Mar ansehen. Mit dem Taxi fahre ich zum Hafenterminal der S-Bahn. Von dort bringt mich die Bahn ins 15 Kilometer entfernte Zentrum der Stadt. Welch ein Kontrast zu Valparaiso. Es ist eine andere Stadt, es ist eine Mischung aus Appartement Häusern, Hotels an der Promenade und Einkaufszentren. Alles ist sauber und geordnet. Hätte ich gewusst, dass mich das überhaupt nicht anspricht, wäre ich in Valparaiso geblieben.

1. April.

Einen ganzen Tag mit Einkäufen, Spaziergängen an der Promenade, Casinobesuch und Mittagsschlaf verbringen ist mehr als öde. Ich bin froh, dass es morgen wieder weitergeht.

2. April.

Zum zentralen Busbahnhof der Stadt ist es viel zu weit zum Laufen und so fahre ich mit meinem schweren Gepäck mit dem Taxi dorthin. Für 4.000 Pesos erstehe ich eine Fahrkarte und gehe gleich hinaus zu den Abfahrtstellen. Praktisch ist, dass ich mit der Fahrkarte auch einen reservierten Platz bekommen habe, so dass es egal ist, wann ich in den Bus einsteige. Kaum sitze ich, geht die Fahrt auch schon los. Durch das weiche Schaukeln des Busses werde ich schläfrig und schlafe kurz darauf ein. Erst beim Erreichen der Stadt Santiago wache ich wieder auf. Mein Hostel finde ich schnell. Als ich ausgepackt habe, sehe ich erst, dass mir Bärbel eine SMS gesendet hat und sie schon in der Abflughalle in Frankfurt ist. Ich bin sehr glücklich, dass ich sie morgen am Flughafen in die Arme nehmen kann.

3. April.

Schon früh am Morgen mache ich mich auf zur Metro. An der Endstation stehen bereits Busse, die zum Flughafen fahren. Schon um 10 Uhr bin ich in der Ankunftshalle. Langsam, viel zu langsam rinnen die Minuten dahin. Doch dann ist es soweit. Bärbel ist angekommen. Einen kleinen Stadtbummel durch Santiago gönnen wir uns noch, bevor wir uns ein leckeres Abendessen schmecken lassen.

Osterinsel

4. April.

3.500 Kilometer westlich des südamerikanischen Festlandes liegt die wohl einsamste Insel der Welt, die Osterinsel. Und genau dorthin geht es heute. Als wir nach fünf Stunden Flug aus dem Kabinenfenster die nur 24 Kilometer lange und 13 Kilometer breite Insel sehen können, wird uns warm ums Herz. Nach der Landung und dem kurzen Transfer in unsere Ferienhütte stellen wir gleich fest, dass sich vieles seit unserem letzten Besuch verändert hat. Vieles ist nun deutlich touristischer geworden.

5. April.

Rapa Nui, wie die Insel in der Sprache der Einheimischen heißt, bedeutet »Nabel der Welt«. Und genau diesen Nabel der Welt wollen wir mit einem kleinen Motorrad erkunden. Der ursprüngliche Vermieter hat zwar unsere Reservierung, aber kein Motorrad mehr. Doch gegenüber, bei der Konkurrenz gibt es eine 250 er Yamaha, die wir für die nächsten zehn Tage mieten. Die erste Ausfahrt führt entlang der Küstenstraße zu unserem ersten Moais. Diese riesigen Steinfiguren mit ihrem mystischen Gesichtsausdruck haben die Osterinsel weltbekannt gemacht. Wie schon gestern Abend, zieht es uns zum Sonnenuntergang am Ahu Tahai. Blutrot geht die Sonne im Meer unter. Davor die Silhouetten der Maois. Es ist, als würden sie jeden Moment zum Leben erwachen.

6. April, 7. April, 8. April ... ...

Zeit und Raum verschwinden allmählich und werden durch polynesische Zeitlosigkeit ersetzt. Längst haben wir keinen festen Plan mehr, wohin wir heute, morgen oder übermorgen hin wollen. Wir fahren einfach los und genießen die wenigen Straßen der Insel oder machen auch mal den einen oder anderen Querfeldein-Abstecher auf Feldwegen. So landen wir unvermittelt an der größten Zeremonienplattform, dem Ahu Tongariki. Die Moais stehen wie vor hunderten von Jahren mit stoischem Blick zum Zentrum der Insel. Ehrfürchtig lassen wir unser Motorrad stehen und gehen die letzten Meter zu Fuß zur Plattform. Es ist, als hätten wir in einer Zeitmaschine die Jahrhunderte zurückgedreht. Anderentags gelüstet es uns nach »Badeurlaub«. Am einzigen Strandstrand der Insel, am Strand von Ana Kena, empfängt uns ein Südseeidyll wie aus dem Bilderbuch. Eine halbmondförmige Bucht mit goldgelbem Sandstrand umrahmt von Palmen, deren Wedel fast bis ins aquamarinblaue Wasser reichen, bringt uns zum Schwärmen. Zwischen süßem Nichtstun und Besichtigungen pendeln wir auch in den folgenden Tagen. Sei es eine Fahrt zum großen Vulkankratersee Rano Kao oder zum Steinbruch Rano Raraku, dem Ort, an dem die

Moais einst entstanden sind. Die Pisten zum höchsten Berg der Insel, dem Mauriga Terevaka dürfen nicht befahren werden. Also machen wir uns auf, diesen zu Fuß zu erklimmen und werden mit einer atemberaubenden Sicht belohnt. Sehen wir doch von hier oben, wo die Insel im Westen, Osten, Norden und Süden endet. Und sonst gibt es ringsum nur das unendliche Blau des Pazifischen Ozeans.

Und während die Sonne im Westen langsam untergeht und die Insel mit ihrem Farbenspiel verzaubert, geht mir durch den Kopf, dass mein Sofa zuhause wohl noch lange auf mich warten muss. Es gibt so viele schöne Dinge auf der Welt, so viele interessante Landschaften, Städte, Dörfer und Begegnungen, die es noch zu erleben gilt.

-

Karl Spiegel
LOSGEFAHREN

22 kleine Reisegeschichten auf zwei Rädern.

ISBN 978-9403750521

22 kleine Reisegeschichten handeln von Fernweh, Freiheit und Abenteuer. Sei es auf der Carretera Austral im tiefen Süden von Chile, auf der mitten im Pazifik liegende Osterinsel, den rauen Färöer und Falkland-Inseln, Shetland oder im tropischen Bali, stets ist Karl Spiegel auf seinem Motorrad unterwegs. Er erlebt dabei die Schönheit und Vielfalt unserer Welt, die Geheimnisse fremder Kulturen sowie die Urgewalten der Natur. Es sind 22 Abenteuer aus Chile, Dänemark, der Dominikanischen Republik, Estland, Frankreich, Großbritannien, Indonesien, Irland, Italien, Kanada, Malta, Peru, Portugal, Russland und Spanien.

Dieses Buch wurde in Übereinstimmung mit den GPSR-Richtlinien der EU zur Sicherheit von Produkten erstellt.

Die Verordnung über die allgemeine Produktsicherheit ist der aktualisierte Rahmen der Europäischen Union, um sicherzustellen, dass alle Verbraucherprodukte, einschließlich Bücher, für Verbraucher sicher sind.

Dieses Buch wurde von Libri Plureos GmbH gedruckt. Der Drucker hat Sicherheitszertifikate für die verwendeten Materialien wie Tinte, Papier und Kleber ausgestellt.

Die Produktkennung ist: 9789463675185

Der Autor ist für den Inhalt des Buches verantwortlich und hat das Buch von Bookmundo produzieren lassen.

Sollten Sie Fragen zur Sicherheit des Produkts haben, kontaktieren Sie uns bitte.

Bookmundo
Delftsestraat 33
3013AE Rotterdam
Die Niederlande
info@bookmundo.com